U0453158

市政、城市治理
与近代中国城市社会发展

方秋梅 ◎ 著

中国社会科学出版社

图书在版编目（CIP）数据

市政、城市治理与近代中国城市社会发展／方秋梅著 .—北京：中国社会科学出版社，2022.12
　ISBN 978-7-5227-1128-7

　Ⅰ.①市… Ⅱ.①方… Ⅲ.①城市管理—研究—中国—近代②城市发展—研究—中国—近代 Ⅳ.①F299.295

中国版本图书馆 CIP 数据核字（2022）第 231410 号

出 版 人	赵剑英
责任编辑	安　芳
责任校对	张爱华
责任印制	李寡寡

出　　版	中国社会科学出版社
社　　址	北京鼓楼西大街甲 158 号
邮　　编	100720
网　　址	http：//www.csspw.cn
发 行 部	010-84083685
门 市 部	010-84029450
经　　销	新华书店及其他书店

印　　刷	北京君升印刷有限公司
装　　订	廊坊市广阳区广增装订厂
版　　次	2022 年 12 月第 1 版
印　　次	2022 年 12 月第 1 次印刷

开　　本	710×1000　1/16
印　　张	15.5
字　　数	258 千字
定　　价	98.00 元

凡购买中国社会科学出版社图书，如有质量问题请与本社营销中心联系调换
电话：010-84083683
版权所有　侵权必究

目　录

前　言

从个体城市市政到全国城市治理
　　——近代中国城市史研究路径的一种探索 …………………… (3)

市政生态与城市兴衰

近代武汉市政与城市环境变迁研究刍议 …………………………… (13)
论晚清汉口堤防建设对城市环境变迁的影响（摘要）……………… (19)
堤防弊制、市政偏失与1931年汉口大水灾 ……………………… (21)
沦陷时期的社团变异与城市衰败
　　——以汉口市公益分会及公益联合会为个案的考察 ………… (44)
近代汉口市政发展与城市形象的变化 ……………………………… (58)

市政变革与城市社会发展

立宪—自治：清末武汉革命党人的活动平台 ……………………… (81)
辛亥革命与近代汉口市政体制转型 ………………………………… (86)
从民间市政参与看辛亥革命对民初汉口商界的积极影响
　　——以1912—1915年汉口城市重建为视点 ………………… (106)
"二次革命"后的上海商团问题（1913—1926）
　　——兼及近代中国商团整体研究 …………………………… (124)

市政参与与城市社会治理

中华全国道路建设协会的市政参与及其对近代中国城市化的影响
　　——以《道路月刊》为中心之考察 …………………………（155）
果与因：中华全国道路建设协会的市政参与与民国市政发展研究
　　——以《道路月刊》为中心之考察 …………………………（171）
模拟市政：近代中国的学校市 ……………………………………（183）
市属委员会组织与近代中国城市社会治理格局变动问题初探
　　——以上海、汉口为中心 ……………………………………（211）

附　录

探讨近代中国市政发展　开辟城市研究史新领域
　　——评方秋梅的两部城市史专著 ………………冯天瑜（233）

前　言

从个体城市市政到全国城市治理

——近代中国城市史研究路径的一种探索

时光飞逝，笔者从攻读博士开始进入近代中国城市史研究领域，到现在不觉已近20个年头，其间较少旁骛其他领域，主要研究成果是两部专著①，此外尚有若干篇近代武汉（汉口）、上海城市史和近代中国民间市政参与方面的论文。现在，笔者觉得自己的近代中国城市史研究可以告一段落，决定将部分独立于两部专著之外或者在专著论述的基础上有所深发的论文结集出版，并借此回顾一下自己曾经的近代中国城市史研究轨迹，以为学术反思之铺垫。

笔者在编辑的过程中，尽量纠正论文中存在的讹误偏失，同时对论文内容不做过多更改。书的最后，附录专家书评一篇，以为学术再出发之鞭策。

本书结集的论文分为三大专题，研究的地域范围逐渐拓展，从武汉到全国；时间总体上依时序先后，从晚清到民国时期。每个专题下的论文大体依成文或发表时间先后为序。不同专题的论文所研究的具体领域虽有交叉，但主题各有侧重②，大体有脉可循。

---

① 两部专著即《近代汉口市政研究（1861—1949）》《近代中国城市社会发展进程中的民间市政参与研究》，由中国社会科学出版社先后于2017年、2018年出版。
② 例如，列入第一专题中的《沦陷时期的社团变异与城市衰败——以汉口市公益分会及公益联合会为个案的考察》一文也有关于社团参与市政和城市社会治理问题，但论述区域局限于汉口，落脚点是沦陷时期的社团变异和城市兴衰，属于地方个体城市史研究，就没有列入第三专题；列入第二专题的《从民间市政参与看辛亥革命对民初汉口商界的积极影响——以1912—1915年汉口城市重建为视点》，虽然也论述社团参与市政和城市社会治理，但落脚点是辛亥革命对城市社会的影响而不是民间市政参与本身，故没有列入第三专题。

一　市政生态与城市兴衰

笔者在研究近代汉口市政史的过程中，较早地关注汉口堤防。本专题是以堤防与市政生态为核心的近代武汉城市兴衰史相关研究，共编列4篇论文及1篇论文摘要。

市政生态包含两个层面的内容。第一个层面是以自然地理为基础的城市地理环境状态，如城市水资源十分丰富，江河湖汊水氹的广泛存在，构成近代武汉（汉口）市政展开的自然地理环境基础。在受到市政建设的影响后，城市地理环境呈现出越来越社会化的状态，这又成为市政进一步展开的基础。因此，市政生态的第一个层面是城市自然和人文地理环境，可以称为市政的地理生态。

市政生态第二个层面是市政得以展开的社会基础，尤其是市政展开后形成的市政发展总体状况，如道路、堤防等城市基础设施建设，交通、治安、消防、社会救济等公共事业及水电、煤气等公用事业创办、发展等，相关市政管理组织、市政体制的建构、运作及与此相关的其他市政问题（这些问题可能溢出了城市区域和市政当局的能力范围），以及与此相关的城市内外社会状况。因此，市政生态的第二个层面也就可以称为市政的社会生态。

武汉（汉口）是水灾频发的城市，堤防因之成为最基础的市政建设与管理事项之一，并往往被置于市政建设优先地位。因此，在研究近代武汉城市史之初，笔者就自觉不自觉地关注市政与城市环境问题，并在后来的研究中持续关注城市堤防问题。本专题中有2篇论文集中论述堤防相关问题，先后为晚清汉口堤防、民国中期汉口堤防[①]。它们在时间上是贯通的，大体勾勒出晚清至民国中期汉口堤防的基本情况。

堤防建设及相关管理构成近代武汉（汉口）市政的社会生态整体的

---

① 《堤防弊制、市政偏失与1931年汉口大水灾》一文在论述堤防、市政与1931年汉口大水灾的关系时，既追溯了1931年大水灾之前的汉口堤防情况，又在论述灾后补救举措时梳理了大水灾之后到1938年武汉沦陷之前汉口堤防的情况。

一部分，它与近代武汉（汉口）城市兴衰息息相关。就汉口而言，晚清汉口堤防建设是对近代汉口市政生态的一次重大改变，更是近代汉口城市勃兴的重要契机。1931年大水灾前后的堤防变化以及相关管理体制的变动与调整，则是近代汉口在市政生态方面具有鲜明地方特色的现象。其中，堤防建设的不力与管理的低效，抗击大水灾的失败，是近代汉口市政生态趋向恶化的直接表现，也是导致近代汉口城市走向衰落的一大要因。

从"堤防—市政生态"角度考察的武汉城市史，不仅包括武汉城市环境史，也不仅局限于武汉堤防史及与此相关的其他武汉市政史，还可以反映武汉城市社会治理史的某些侧面。因此，与堤防相关的地理环境生态及社会生态，构成了整个近代武汉（汉口）市政生态基础的一部分，展现出近代武汉（汉口）作为中国地方城市个体的地方性。挖掘地方个体城市市政生态的特色，将有利于避免个体城市史研究的模式化。

沦陷时期武汉市政生态急剧恶化，与此相应的是，作为颇具地方特色的城市社团组织——汉口市公益分会及公益联合会，其市政参与相较于此前发生了很大的变化。这一变化既直接与汉口城市整体衰败紧密相关——直接受制于变异而恶劣的市政生态，同时又很好地反映出当时汉口市政生态基本状态和城市整体衰败的基本情形。

变动的市政生态可以展现流变的城市形象，反映公众对城市的整体印象变化。纵向考察晚清至民国末期汉口不同历史阶段市政发展及相应的城市形象变化，可以发现，近代汉口市政的兴衰、市政生态的良窳，在很大程度上决定了城市的兴衰。

总之，从市政生态角度研究城市史，即便是地方个体城市史研究，也不能局限于市政事项本身，应该尽可能构建以市政为中心的从城市地理环境到城市社会整体乃至更宽广社会整体的立体研究。

二 市政变革与城市社会发展

在研究近代武汉城市史和近代汉口市政史的时候，笔者已开始关注近代标杆城市——上海。并且，从2007—2019年，笔者先后参加与辛亥革命相关的会议不下10次,提交的会议论文均是研究辛亥革命与近代武汉和近代上海城市史的。事后,这些论文多公开发表,有部分论文内容后来整合到前述专著中。本专题是以辛亥革命和市政变革为中心的武汉(汉口)和上海城市社会史研究,共编列论文4篇,其中3篇论述武汉(汉口)、1篇论述上海。其内容均与市政体制变革密切相关。

在研究近代武汉市政史的过程中,笔者发现辛亥革命是近代武汉城市史乃至近代中国城市史研究中无法回避也不能回避的重大历史事件,它对近代武汉市政史、近代上海市政史等个体城市市政史乃至近代中国市政史产生了深远影响。对此,学术界已有一定的研究,但还有待深入。

革命是近代中国城市社会发展的一大动力,同时也具有极大的破坏力。近代中国乱象纷呈,革命与战争是其极端体现。革命通常导致国家政治体制甚至国体的根本性变动,这一点最易为研究者关注。而革命如果爆发于城市,这场革命必定是城市社会治理失序的产物,又必将对此后的城市社会治理与城市社会发展产生深刻影响。这是因为,革命既可能导致国家政治体制乃至国体发生根本性变动,也可能同时导致城市社会治理秩序重整和市政体制的变动。在近代中国,这不是可能,而是现实。

近代武汉(汉口)和上海分别是中国内陆和沿海的标杆城市,它们均饱受战争创伤,也都经受了辛亥革命洗礼。其中,武汉系辛亥首义之区,上海系武汉之外的最重要的辛亥革命运动中心。这两座经历过辛亥革命的城市在市政方面所受到的冲击都是空前的。

值得注意的是,清末革命运动又与立宪—自治运动息息相关。对城市社会而言,清末的立宪—地方自治运动实质上是一场市政改良运动。[①]武汉等地的革命党人,将革命运动与立宪—地方自治运动巧妙地结合到一起,将立宪—地方自治运动作为运动革命的平台。

---

① 地方自治运动落实到城市应该就是城市自治运动,对于城市而言,就应该是一场城市体制变革运动。但清政府推行的地方自治运动,其目的在于以自治辅助官治,其本意不想城市自治,只是想以此改良城市治理。

在武汉，清末革命党人为了开出革命运动的新局面，渗透到城市社会各界尤其是商界各阶层，通过推动地方自治运动，加速商界参与城市社会治理的进程和商会、保安会等社团组织参与市政管理与市政变革的进程，促使商界整体由改良倒向革命。可以说，清末武汉的革命党人与商界一起成为政府之外的市政变革的中坚力量（按：有的商人本身就是革命党人）。最终，辛亥革命颠覆了原有城市社会治理秩序，市政体制的重建势在必行，从而大大加快了武汉（汉口）和上海的市政体制变革进程。这一点，在民国时期有了充分显现：城市在国家治理中地位得到提升，专门化的现代市政机构纷纷在城市建立，现代市制确立，市政体制的现代转型初步完成。

武汉和上海的商界在1911年积极参与了辛亥革命，它们因此在城市社会治理和市政变革中获得了更大的话语权。民初汉口商界在1912—1915年城市重建中的积极参与，和"二次革命"后的上海商界为保障城市社会安全而对重建武装商团的执着与努力，均是明证。

汉口商界参与城市重建直接目标是争取城市重建主导权，其理想目标是建立商界主导的市政厅，这其实代表了民初汉口商界在市政方面的最高诉求。民初汉口商界不论是争取城市自治或争取成为特别市，还是争取建立武装商团以维护城市治安，其本质诉求均是为了争取市政主导权。上海商界在辛亥革命之后取得的市政管理权比汉口大，南市和闸北均建立了受县知事监督而由绅商主持的市政厅，但在"二次革命"以后，商界的市政管理权和城市社会治理权因受到中央及地方的派系势力的影响而大为削弱。在城市安全无法得到保障的情况下，上海商界不满足于建立受制于军政势力监督下的保卫团，而是力争建立商属武装——武装商团，其拥武诉求旨在主导市政。也就是说，辛亥革命将在传统社会居四民之末的商人和商界推到历史前台，商人和商界因之成为促进民初中国市政体制的一种中坚力量。

因辛亥革命而起的民初汉口城市重建问题是地方性、个别性问题——汉口是在所有遭受1911年辛亥革命兵燹的城市中市区损毁最为严重的城市，且受损程度远远大于其他任何城市。相对于全国其他城市而言，汉口城市重建只是个案，不具有普遍性。而同样因辛亥革命而兴的上海商团虽具有地方性，但民初上海商团问题既是地方性问题，又是全国城市中的一个典型,具有明显代表性或普遍性。但不论是属于个体城市的地方性问题——个案问题,还是在全国众多个体城市中所具有的代表性或普遍性问题——典型问题,我们都可以从中透视辛亥革命之后城市社会发展过程中市政变革的一些共性和中国市政变革的整体情况,即民初中国市政在晚清的基础上有进一步的发展,商界在城市社会治理中有更大的话语权,社会影响力大增,但它们争取市政主导权的努力受制于军政势力而未达目的。

三 市政参与与城市社会治理

前两个专题均涉及民间社团组织的市政参与及市政体制变革,一定程度上反映出近代中国城市社会治理的实际情况。本专题研究有较大拓展,涉及参与市政的民间社团组织有三:一为中华全国道路建设协会,二为学校市,三为市属委员会。前者为全国性个体社团组织,当然其分会为地方性社团组织;它们显然不同于商会,但其市政参与也深刻影响了近代中国市政发展和城市社会治理。

在研究近代武汉市政史的过程中,笔者发现,武汉民间社团尤其是商人社团对市政的参与积极推动了武汉市政革新和市政体制变革,进而发现,其实民间市政参与是近代中国城市中广泛存在的一种社会现象,也是城市社会治理的重要组成部分。

不仅参与市政的群体众多,而且社团参与市政的形式多种多样,性质也有所不同;个体城市内部商人社团组织参与市政的情况非常普遍;有的社团还是跨区域或全国性的。

不仅商界积极参与市政,学界除了留学生之外,还有其他群体与社团曾积极参与现代市政实践,推动市政变革,如潮动一时的国内在校学生组织了一种十分独特的市政参与社团——学校市,复旦大学市政学会、国立政治大学的市政调查会等;学者们组织的中国市政问题研究会、中国市政工程学会等。

参与市政的不仅有同行同界性社团组织,还有跨界性甚至全国性社团组织的市政协会或其他名目的协会,如中华全国道路建设协会等。上述社团组织，均为民间性组织。

此外，还有一种参与地方个体城市市政的委员会组织。它们中有纯粹民间社团组织，有民间社团组织的代表与官方人员的合组。

中华全国道路建设协会系全国性社团组织，它建立于1921年，一直存续到20世纪30年代后期，是全国性社会组织，在全国各地建立有分会，其机关刊物是《道路月刊》。通过办刊、举行会议、演讲、向政府建言献策等多种多样的组织活动，该会在全国范围内对民国时期的市政产生比较广泛的影响，以一种超越地方个体城市利益的组织存在服务于市政革新以及全国市政革新和城市社会治理。

学校市既是一种特殊形式的学生自治组织——其组织形式模拟市政府，因此也是一种特殊的市政实践形式和学校治理模式或校内治理模式（按：有的学校市只在部分班级或年级设立并实行管理）。从1918年出现于上海，到民国中期在全国许多城市纷纷建立，前后存在大约25年。其具体模拟的市政府组织形式各式各样。学校市通过拟构市政府，形成特殊的民间市政参与形式。虽然学校市对"市政"的管理并不能主导教学中的"教"，但这种模拟市政终归是参与了对学校这一特殊城市社会区域的治理，在一定时段内一定程度上改变了城市社会局域的治理形态。

市属委员会是市政府建立后在市政管理和城市社会治理过程中形成的各种委员会组织，它们广泛存在于全国城市。其中，社团性（即非官方性质的）市属委员会的存在也非常普遍。如果从1921年广州市政府时期算起，那么该类社团存在近代中国的时间将近30年。纯粹民间社团性市属委员会组织多存在于地方个体城市的各行各业中，如学校内部组织的教务委员会、绸缎业内部的执监委员会等，体现了民间自治色彩，是对政府城市社会治理的补充。而由民间社团组织的代表与官方人员合组的市属委员会组织，如劳资仲裁委员会、冬赈（救济）委员会、市场评价委员会、房租审定委员会等，则是通过委员会组织形式，将社团力量整合到官办市政体制之内，强化政府的城市社会治理能力。由于是官民合组，这种形式能够较好地在市政运作之后起到沟通官民、充分利用民间资源以优化城市社会治理的作用。

从民国中期开始，中国城市逐渐形成以城市政府主干组织为核心，以市政府下属的市属委员会组织及其他官方组织、非官方市属委员会等城市社团组织为辅助的城市社会治理协作共治基本格局。① 这是笔者在专著《近代中国城市社会发展进程中的民间市政参与研究》基础上进一步研究得出的认识。

回望曾经的近代中国城市史研究之路，不觉哑然失笑。2003 年的时候笔者为了攻读博士学位，"闯"入了近代中国城市史领域，一个对城市史茫无所知者，带着满脑子困惑，甚至偶有迷失，在师友们的鼓励和帮助下，以无知者的大无畏，一路摸索前行，在冥冥之中仿佛又有所遵循：在研究区域上，由武汉（汉口）延及上海，再拓展至全国更多的重要城市；在研究领域上，由近代个体城市市政研究，到近代中国民间市政参与研究，再到近代中国城市治理研究。实际上是围绕近代中国市政体制转型问题，从个体城市史研究开始，拓展到全国城市史研究。这权且算是近代中国城市史研究的一种路径吧。

---

① 民意机构弱势的时候，市属委员会组织则为市政府附属机构；强势的时候，则为市政府主干机构。沦陷时期的中国城市市政社会生态畸变，日伪统治下的城市社会带有强烈的殖民性。市政府受制于侵华日本军政宪特等势力；市属委员会组织依然广泛存在，但活动空间大幅缩小；民间社团组织的自治性趋于有名无实。

市政生态与城市兴衰

近代武汉市政与城市环境变迁研究刍议[①]

晚清以来，中国城市市政建设波澜起伏，城市规模从总体上处于扩展之中。与此相应，城市环境发生了巨大的变化，上海、广州、武汉等濒临江河湖海的城市莫不如此，武汉的情形尤其突出，值得探究。本文将就近代武汉市政与城市环境变迁研究问题谈谈自己粗浅的看法。

一 既有研究成果

有关近代武汉的市政与城市环境变迁问题，当代已经出现了不少的编、研成果，仅就著述而言大致可以把它们分为如下几类：

武汉城市史类：《近代武汉城市史》[②]《武汉地名志》[③]《汉口五百年》[④]《简明武汉史》[⑤]《近代武汉城市发展轨迹——武汉城市史专论集》[⑥]《武汉史稿》[⑦]《一位总督·一座城市·一场革命：张之洞与武汉》[⑧] 等。

[①] 本文是笔者有意识地研究近代武汉市政史的首篇学术论文，原刊于《湖北成人教育学院学报》2007年第3期，兹略有修正。
[②] 皮明庥主编：《近代武汉城市史》，中国社会科学出版社1993年版。
[③] 武汉地名委员会编：《武汉地名志》，武汉出版社1990年版。
[④] 皮明庥：《汉口五百年》，湖北教育出版社1999年版。
[⑤] 皮明庥主编：《简明武汉史》，武汉出版社2005年版。
[⑥] 皮明庥主编：《近代武汉城市发展轨迹——武汉城市史专论集》，天津社会科学院1990年版。
[⑦] 皮明庥、欧阳植梁主编：《武汉史稿》，中国文史出版社1992年版。
[⑧] 皮明庥：《一位总督·一座城市·一场革命：张之洞与武汉》，武汉出版社2001年版。

武汉市志类：《汉口租界志》①《武汉堤防志》②《武汉市容环境卫生志（1900—1995）》③《武汉排水》④《武汉市志·城市建设志》⑤《武汉市志·卫生志》⑥等。

武汉掌故、史话类：《武汉掌故》⑦《武汉地名丛谈》⑧《武汉史话丛书》⑨等。

历史地理之类的如：《武汉沿革考》⑩《汉水中下游河道变迁与堤防》⑪等。

其他类如图集《武汉历史地图集》⑫，有总有分地系统介绍古今武汉市情的综合性工具书，《武汉通览》⑬，等等。

上述编研成果，它们或多或少地论及近代武汉市政与环境变化的关系：或就近代武汉市政建设的某个和某些方面（如修筑堤防、马路、码头）与环境变化的关系进行论述，或就武汉城市地理的某个角度（如武汉城市地名考释、武汉城市区域的变化）论及近代武汉市政与武汉城市环境变迁之间的关系，或是在论述某一重要历史人物（如刘歆生、张之洞）、叙述近代武汉城市发展历程时涉及这个问题。这些成果不仅为我们深入研究武汉城市史打下了坚实的基础，也为我们进一步探讨近代武汉市政与武汉城市环境变迁的关系，提供了诸多有益的线索。

---

① 汉口租界志编纂委员会编，袁继成主编：《汉口租界志》，武汉出版社2003年版。
② 邹宗莫主编：《武汉堤防志》，武汉防汛指挥部办公室1986年印。
③ 武汉市市容环境卫生管理局：《武汉市容环境卫生志（1900—1995）》，1997年内部发行。
④ 武汉排水编辑委员会编：《武汉排水》，武汉市市政建设管理局1990年版。
⑤ 武汉地方志编纂委员会编：《武汉市志·城市建设志》，武汉大学出版社1996年版。
⑥ 武汉地方志编纂委员会编：《武汉市志·卫生志》，武汉大学出版社1993年版。
⑦ 肖志华、严昌洪主编：《武汉掌故》，武汉出版社2000年版。
⑧ 徐明庭等：《武汉地名丛谈》，中国档案出版社2004年版。
⑨ 涂文学主编：《武汉史话丛书》，武汉出版社2003年版。
⑩ 扬铎编：《武汉沿革考》，中国档案出版社2004年版。
⑪ 鲁西奇：《汉水中下游河道变迁与堤防》，武汉大学出版社2004年版。
⑫ 武汉历史地图集编纂委员会编：《武汉历史地图集》，中国地图出版社1998年版。
⑬ 皮明庥、李权时主编：《武汉通览》，武汉出版社1988年版。

二 中国近代城市环境变迁
研究必须转变观念

上述成果由于还没有就近代武汉市政与环境变化之间的关系问题进行系统的论述，我们很难从中较全面地认识武汉市政的作为与不作为，武汉市政的兴盛与衰败，武汉政治上的治乱、经济上的兴衰，给武汉城市环境产生的广泛而深远的影响，从而也就难以深入地认识武汉历史上的近代城市决策者、管理者、居住者，他们的举措、行为对武汉城市环境的深刻影响，难以深入认识武汉城市现代化与近代以来武汉城市环境变迁的复杂关系，难以充分认识武汉城市现代化过程的曲折性和问题的复杂性。这不能不说是武汉城市史、武汉城市环境史研究方面的重大缺憾。

当然，我们要深入探讨近代武汉城市环境的变迁，并不容易，其中非常重要的一点就是：我们在中国近代城市环境变迁的研究方面，首先必须转变观念。

近代从晚清到民国的这一时段，在这 100 年左右的时间里，一座城市的环境肯定会发生这样或那样的变化。但我们往往认为，以短短的 100 年左右的时间是很难言一个城市的环境，尤其是自然环境发生了"变迁"——急剧的变化。因为在我们的观念中，往往一涉及"变迁"，尤其是环境方面的"变迁"，就理所当然地认为那必是长时间段的，至少应该以数百年计。然而，我们应该看到，这 100 年左右的时间，正值武汉等城市的"近代都会期"①，是武汉等城市的早期现代化时期。就武汉而言，在此期间，环市堤防得以修筑，现代化的马路屡有兴修，现代化的交通在武汉出现，下水道、厕所、火葬场等卫生基础设施得以修建，自来水和电得以生产和广泛应用，现代化工厂先后建立，如此等等，武汉现代化的工业体系基本奠定，城市基础设施初步实现了现代化。伴随着武汉城市现代化的，是城市人口规模的扩大，人口密度的总体增大，市区范围的拓展，城市自然环境和卫生环境等的急剧变化。对此，近人已有明

---

① 皮明庥：《简明武汉史》，武汉出版社 2005 年版，第 2 页。

显感受。仅就堤防修筑对武汉城市环境造成的变化而言，民国时人对此已有"田海沧桑一瞬移"的今昔之慨了。① 时至今日，我们研究近代武汉城市环境，包括研究近代武汉城市的自然环境，就不能局限于长的时间段。即便是不算长的时间段甚至是短的时间段，只要事实上这段历史有研究的必要，我们就应该努力地探求。在近代城市环境研究上只局限于长时间段，容易使我们在研究的时候，形成厚古薄今——注重古代而忽视近现代，将环境史等同于历史地理的研究取向。梅雪芹在其著《环境史学与环境问题》的第一部分"环境史学"中这样说道："然而，在环境史产生、发展了三十多年，并已成为一个比较成熟的历史分支学科之后，我国史学界对它仍然十分淡漠。"② 不过她也强调环境史研究的长时段，将"长时段视角"为环境史学科的首要的基本特征。③ 笔者认为，之所以我国史学界对环境史仍然十分淡漠，原因之一就是研究者往往对环境史的研究局限于长的时间段，将环境史等同于历史地理。要突破这一局限和旧的范畴，我们就必须转变观念，不局限于长的时间段，不局限于历史地理的视野，我们可以采用新的研究视角，如市政的角度，就是一个很好的研究近代中国城市环境史的角度。

三　研究武汉近代城市环境变迁面临的主要困难

（一）收集资料

当代学者的编、研成果固然不难收集，但是各相关时期的历史地图和环境变化资料的收集，就颇费周折，它们很分散，而且往往深藏在档案馆的档案里，淹滞在图书馆的特藏书库里。单靠个人的力量，皓首也不能穷经，是难以收集到比较完善的程度的。对于研究武汉地方史乃至与武汉近代环境变迁而言，大规模地收集武汉地方史资料尤其是市政史资料，是十分必要的。不从资料上下功夫，近代武汉环境变迁乃至武汉

---

① 徐明庭校注：《武汉竹枝词》，湖北人民出版社1999年版，第200页。
② 梅雪芹：《环境史学与环境问题》，人民出版社2004年版，第18页。
③ 梅雪芹：《环境史学与环境问题》，人民出版社2004年版，第12页。

地方史的研究是很难有新的突破的。

(二) 多学科知识的沟通

研究近代武汉城市环境变迁，将涉及多种学科知识，诸如历史地理学的、城市史的、城市生态学的、市政学的，等等，如何把多学科的知识综合地运用起来，对于研究者来说的确是一个很严峻的考验。尤其是在面对如何将相关的自然科学的知识与历史学的知识结合起来的时候，我们往往望而却步，临渊羡鱼。这是不难理解的。

(三) 近代武汉市政史研究的相对滞后

从近代市政与近代城市环境变迁的实际情形来讲，近代武汉市政与近代武汉城市环境变迁是近代武汉城市发展过程中息息相关的两个方面，一方面，近代武汉城市环境变迁影响着近代武汉市政的进一步开展；另一方面，如前所述，近代武汉市政对近代武汉城市环境产生了深刻的影响。正是因为近代武汉市政对近代武汉城市环境产生了深刻的影响——以至于不研究近代武汉市政，我们的近代武汉城市环境研究简直无从着手，所以深入研究近代武汉市政，对于深入研究近代武汉城市环境变迁十分重要。

从学术评价的关联度上讲，一方面，近代武汉城市环境的变化，是我们评价近代武汉市政的一个参数；另一方面，近代武汉市政的曲折展开，又是权衡近代城市环境变化的主要社会尺度之一。然而，令人遗憾的是，当前近代武汉市政研究，由于种种原因，仍处于相对滞后的状态。近代武汉市政研究的相对滞后，使得我们在权衡近代武汉环境变化的时候，缺少了一个很好的可资利用的社会尺度，这种状况势必制约近代武汉环境史的研究。

就人类与环境的关系而言，往往是人类首先被动地面对自己的环境，在环境的压迫下，才开始主动地改变环境的，力求主动，于是环境又对人类的主动做出反应，如此反复，人与环境之间互为主、客体，互为主、被动关系。要更好地探求人事，就要很好地研究人所面对的环境。城市环境是人类生存环境的一种，要更好地研究近代以后城市中的人与事，就要很好地研究近代以后城市环境。研究城市环境，最终还是为了尽人事。否则，近代城市中的人与事（如施政者如何行市政，行得到底如何之类的事）也难以研究深透。从这个意义上说，近代武汉市政史研究的相对滞后，不但制约着近代武汉环境史的研究，而且将最终制约近代武汉市政史本身乃至整个近代武汉城市史研究。

正是因为存在上述困难，所以我们在研究中国近代城市环境变迁的时候，除了转变观念，采用新的研究视角如市政的视角之外，还应注意广泛收集资料，开展跨学科研究，加强近代市政史研究。

论晚清汉口堤防建设对城市环境变迁的影响（摘要）[①]

按：本文内容在拙著《近代汉口市政研究（1861—1949）》中已有呈现，为了展示笔者研究近代中国市政的足迹，同时为避免重复，兹将其内容摘要如下。

城市地理环境的变化是人与自然互动的结果。汉口是一个依堤为命的城市，从其发展历程来看，一方面江河湖港等的变化明显影响城市的生存和发展；另一方面历史时期人的活动影响着汉口江河湖港等的演化和变迁。在近代汉口，对城市地理环境影响最为深刻的社会活动是各种市政工程建设，其中尤以晚清堤防兴筑的影响最为深远。故而我们若要追寻近代汉口城市发展足迹，就不免要回顾近代汉口堤防兴筑的历程及由此导致的城市环境变迁轨迹。从这个意义上说，研究晚清堤防建设对近代汉口城市环境所产生的影响，是我们研究近代汉口城市建设和发展的重要基础，也是研究近代汉口城市史的基础性工作。

晚清以来沿江租界堤防、汉口堡、铁路堤尤其是张公堤的修筑，对汉口城市环境产生了巨大而深远的影响。其直接影响有：市内及周边水域、水系发生变迁；市区内外陆地面积自然增加；城市气候和卫生环境发生巨大变化。其后续影响为：汉口市区和市郊的低地、洼地迅速被人为增高，市区陆地面积迅速地人为拓展，近代汉口城市陆地面积和市区不断得以拓展，新一轮的官办和民办市政建设得以在汉口展开，由此亦

[①] 本文系比较全面梳理晚清汉口堤防建设与城市环境变迁的专文，原刊于《江汉论坛》2009年第8期，人大报刊复印资料《中国近代史》2009年第12期全文转载。

可见晚清堤防兴筑给汉口市政建设带来的巨大的导向性影响。

兴筑堤防以捍卫城市安全以及为城市发展争取更广阔的发展空间的做法，毫无疑问是一种市政行为，它所导致的近代汉口城市环境变迁，又促进了近代汉口城市土地开发、城市空间拓展以及市政的进一步展开，为近代汉口市政勃兴奠定了基础，从而为城市环境的后续变迁准备了条件。晚清以来汉口城市的发展就是在人与城市环境的频繁互动中展开的。

堤防弊制、市政偏失与1931年汉口大水灾[1]

从1861年汉口开埠至1949年中华人民共和国成立前,汉口城市发展的进程跌宕起伏,它经历了两个明显的大发展时期:一个是晚清,一个是20世纪20年代末至30年代中期。就汉口的华界控制区而言,前一时期的发展以张之洞执政时期最为突出,后一时期的发展以刘文岛执政时期最为显著,这已经成为学界的共识。然而,1931年8月初,一场深刻影响汉口城市命运的大灾难降临下来——汉口陆沉!汉口城市那腾腾勃勃的发展气势在近代从此不再,能干如吴国桢者(1932年10月—1938年10月任汉口市市长)也莫能扭转乾坤。究其原因,有汉口建制变动的影响,有战争的影响,也有水灾尤其是1931年大水灾的影响。

就1931年的汉口大水灾而言,有天时的原因,有地势的原因,也有人事的原因。对于前两者,我们姑置不论;对于后者,或当深究。对1931年汉口的大水灾,当局、当时者已不免追究当事官员个人的责任。直到今天,谈到1931年汉口大水灾时,武汉市民也无不愤恨于国民党地方政权的腐败,以何成浚为首的湖北省政府及以何葆华为首的汉口市政府官员的失职,这是不难理解的,也是合情合理的。学术界在探讨1931年汉口大水灾的社会成因时,也没有超越这种从宽泛的社会体制层面和就事论事的人事层面探讨问题

---

[1] 本文原载于冯天瑜主编《人文论丛》2008年卷,中国社会科学出版社2009年版。

的高度。①

  笔者认为，仅仅追究与堤防相关的个人的责任，或笼统地指责地方政府的腐败，都不足以充分地说明问题。就拿汉口市市长何葆华来说，他在1931年汉口防水时期贪污堤防经费，的确凿无可辞，我们无须为其辩白。但如果将1931年汉口堤溃成灾的主要责任算在何葆华头上，那则是极不公允的。1931年8月初汉口陆沉之前，何葆华在任也不过大约1个月的时间——他是7月才接替刘文岛担任市长的，而当时的汉口周边已然是"水漫金山"，一片汪洋，汉口防汛抢险的最佳时机已经错过了。况且，堤防的安全保障更多地有赖于汛前的堤防建设工作。如果要深究汉口地方行政负责人的责任，那么他的前任刘文岛更应当被追究。而刘文岛当政时期，汉口的市政建设和城市现代化步入快车道，他的政绩至今为武汉人感念不已。作为汉口市市长，刘文岛理应在汉口大水灾之前就积极组织防汛。然而，就是这样一位在民国时期最为武汉市民称道的汉口市市长，他在1931年大汛之期，眼看着铁路堤行将溃决，也意识到堤溃的结果必定是水淹汉口，竟然在便于取土抢险的时候，坐视抢险良机的错失。从市政府的角度上讲，刘文岛执政时的汉口市政府算是民国时期汉口市最廉洁的政府，它在汉口大水灾之前应该积极防汛抢险，但是它却没能全面地组织大汛时期汉口环市堤防的防汛抢险工作。因此，不论是从哪个角度来看，刘文岛及以其为首的汉口市政当局在汉口大汛之期的表现和作为很是令人费解。这究竟是为什么呢？

---

  ① 目前有关1931年汉口大水灾成因的研究成果中，以乌宗莫主编《武汉堤防志》（武汉防汛指挥部办公室1986年编印）、章博《武汉一九三一年水灾救济研究》（华中师范大学，硕士学位论文，2002年）、余涛《二十世纪三十年代湖北的水灾及水利建设》（华中师范大学，硕士学位论文，2005年）对1931年武汉大水灾成因的论述最为深入，它们对1931年武汉大水灾形成的社会原因的近因的分析，包括1931年大水灾前夕相关部门相互推诿，防范不力，省市政府最高领导层及水利官员玩忽职守，贪污公款，漠视民生。但是，以上研究均未对这些背后的原因进行深层发掘。另外，还有1篇上述史性质的文章，直接述及1931年汉口大水灾，很有史料价值，这就是吴国柄《我与汉口中山公园及市政建设》（《武汉文史资料》第31辑）一文。该文以亲历者的身份，从1931年大水灾与汉口市政建设之间关系的角度，叙述了汉口环市堤防管理分工的大致情况及时任汉口市市长刘文岛、工务局局长陈克明在1931年汉口大水灾发生前夕的防水态度，为我们深入研究1931年汉口大水灾的成因提供了极有价值的参考信息和有益的启示。

事实上，汉口遭受水灾与否，与堤防的善与不善直接相关。而堤防的善与不善又直接与当时堤防管理体制及汉口的市政规划、建设密切相关。因此，我们只有将当时汉口环市堤防的管理体制和市政规划与建设纳入考察的视野，才有可能洞察1931年大水灾形成的深层社会原因。同时，我们也将更加合理地评价和权衡20世纪20年代末30年代初的市政建设成就以及民国中后期堤防与汉口城市命运之间的特殊关系，对于汉口堤防的重要性、近代汉口市政的独特性和复杂性也将会有着更为深切的感受和认识。以上两点正是本文立意之所在。

一 国民政府统治时期汉口堤防管理体制及其弊端

国民政府迁都武汉之后及南京国民政府时期，汉市环周主要堤防，其管理和培修在相当长的时间内没有明确纳入市政的范围内。

1926年9月，国民革命军攻克汉阳和汉口；同月，湖北政务委员会成立；10月，汉口市政府成立。1927年1月，国民政府迁都武汉，汉口市和武昌市均被划为京兆区。1927年4月，湖北省政府正式成立，是月武汉三镇合并为武汉市，汉口仍属京兆区。在这期间，湖北省于1926年11月至12月先后设立堤工局、水利局，隶属建设厅。1927年1月又由以孙科、蒋作宾、宋子文三人为委员，组织了湖北堤工委员会。当时，国民政府的要员多为湖北省政府的成员，湖北省财政与武汉国民政府的财政又并未分开，汉口又属京兆区，张公堤的培修问题是作为湖北省堤工范围内的事情提出讨论的。在讨论湖北堤工经费案时，詹大悲曾指出："张公堤如不即修，不但附近各县尽将淹没，即汉口亦遭波及。"① 1928年12月，省政府为经费简省、指挥便利起见，决议将水利局并入建设厅，另由建设厅组织水利工程处，行政方面归建设厅第二局主办。1929年9月，建设厅以水利事繁，复提议仍旧成立水利局，直

---

① 《中国国民党中央执行委员会国民政府委员临时联席会议第十三次会议议事录》，郑自来、徐莉君主编：《武汉临时联席会议资料选编（1926.12.13—1927.2.21）》，武汉出版社2004年版，第219、231页。

隶省政府。① 在此前后，汉口的张公堤的管理和培修一直由湖北省负责。据报载："自民国十六年，盖是年全省堤防行政，方告统一，堤防建置，始有的款，实为全省堤工一新元也，缘民国十五年洪水为灾，境内沿江沿汉，堤防溃决多处，哀鸿遍野，民不聊生，救死不暇，遑言复修，政府俯念民瘼，附征关税、特税、田赋百分之十，以为建筑之资，设水利局以主其事"。水利局从1927年春开始修筑全省堤防，这年度以堵筑溃口为主要工作，次及挽月加修护岸等工程，汉口环市堤防中的张公堤得到了加修，从1928年度至1930年度这三个年度，水利局堤防以护岸为主要工程，次及石矶或挽月岁修等工程，张公堤在每个年度里都在一定程度上得到了培修。② 其中1929年，建设厅修补张公堤，总费用为4万元。③ 由此形成了一个惯例，张公堤的培修管理由省政府负责。以至于汉口特别市成立、省市之间明确划界之后，情形也难以改变。

汉口市界问题几经周折才得以解决。本来，汉口市成立后没有重新划界，而是以原夏口县界和原汉阳县城区为辖域范围。1927年4月武汉市政府成立至1929年7月汉口特别市成立以前，汉口先后分属于武汉市政府、武汉市政计划委员会、武汉市工程委员会、武汉市市政委员会、武汉市政府、武汉特别市政府，但其行政辖区"在武汉市市政府时代以前，并未确定"。而1929年7月汉口特别市成立时，将汉阳城区也划归汉口特别市管辖。后来，又以汉阳"划归市辖，诸多不便"，1930年4月省市联席会议划界时划定"汉市政府管辖区域，南自龙王庙至舵落口，以襄河中流为界。西北由舵落口沿张公堤，北至戴家山，均以该堤内脚为界。由吕家河迤东，至张家口（应为张家河口，即谌家矶河口——笔者注），以河流中心为界。正东自龙王庙，以至张家河口，以长江中流为界"。④ 当时报载此事曰："……经省市双方会商同意，拟将汉阳城区，仍

---

① 《鄂省十年来水利机构沿革、堤款收支概数》，《武汉日报》1936年4月14日第2张第3版。亦可参见《十年来之中国经济建设（1927—1937）》，（中国台北）"中国国民党中央委员会党史委员会"藏本，1976年影印初版，第6页。

② 《修筑全省堤防工作概要》，《湖北中山日报》1930年12月1日第3张第3版。

③ 《建设厅修补张公堤 工款总数约四万元》，《武汉中山日报》1929年5月7日第7版。

④ 《汉口市政府建设概况》（1930年），武汉市档案馆藏，档号bB13/2，第一编《总务》，第20—22页。亦见《湖北省概况》（1931年），第323—325页。

旧归入汉阳县署,以容纳人民之请求,除免除行政上之种种困难,自应准予照办,并照所划辖区定界,俾市政得专致力于汉口市政之建设……查省市划界一案,前经省市两府联席会议议决,张公堤以堤脚内线归市府,襄河及扬子江均以中心线为界……"①按这样的划分,包括张公堤在内的汉市环周堤防(租界堤防除外)均属汉市辖区。5月,国民政府行政院予以核定,汉口市区范围由此基本稳定下来。既然张公堤和沿江(除租界堤防)、沿河的堤防都在汉市辖区范围内,那么其管理和培修都应属市政范围之内的事情。

然而事实上,如前所述,张公堤的培修和管理向由湖北省负责,而"靠近长江、襄河的江汉堤,归江汉堤工局管理,直属中央水利部,与地方政府无关","江汉堤东起谌家矶,西至龙王庙,经过租界到襄河口上。襄河堤由龙王庙到水厂,路线很长","江汉堤和张公堤在谌家矶联接",沿江汉剩余地段,由谌家矶"到下太古是铁路堤,下太古到分金炉是百姓自建的,分金炉到租界都是填土没有堤。龙王庙到水厂也是百姓自建的"。②铁路堤属沿江堤段的干堤,应在江汉干堤的范围,由江汉工程局负责培修,也不在汉口市政的范围之内。如此一来,汉市环市市辖区内主要堤段,实际上都没有被纳入汉口市政范围之内;汉市环市堤防的界域辖属与管理辖属呈现出严重分离的状况。这辖属分离的状况,造成中央、湖北省与汉市堤防维护过程中的"踢皮球"现象,从而不只是给汉市堤防的培修带来不利,还最终损害了汉口市的市政利益。

1930年,张公堤急需培修,市府致湖北省建设厅函曰:

> 张公堤建修已久,培修不时,损坏之处甚多……以上所呈,均系查勘时实在情形,现在水涨期近,而该堤又关系本市生命财产甚大,似宜呈请市府函建设厅令饬阳夏堤工工程处逐日派员检查,并须注意上列各点,随时加以培修,以策安全,于必要时,尚须组织

---

① 《汉阳县区划归省政府管辖后 建厅昨令武昌工程处知照》,《湖北中山日报》1930年5月9日第3张第3版。
② 吴国柄:《我与汉口中山公园及市政建设》,政协武汉市委员会文史学习委员会编:《武汉文史资料文库·工商经济卷》,武汉出版社1999年版,第481页;该文亦见《武汉文史资料》第31辑。

抢险队二三百人，以防患于万一等情，转请鉴核前来，查该局（指湖北省水利局——笔者注）呈复各节，尚属详实，究应如何培修之处，贵厅自有权衡，惟该堤关系市区安危，敝府未便忽视，爰饬该局查勘，以供贵厅参考……①

对此，建设厅复函市府表示已函请湖北省政府水利局查照办理，但省府在张公堤的修筑方面并未投入多少经费。

张公堤闸因年久失修，情势危险，实在令人担忧。当年夏天，当地农民曾呈请市府饬工修理。"市府据呈后，因该堤历系省府主修，故早已转函建厅派员前往查勘，饬工修筑。"② 后来，湖北省水利局鉴于张公堤金潭、银潭（即庚、辛两段）基于深潭，连年跌锉，堤身内侧收分不及二收，内脚极虚，险象环生，大有出险的可能，主张做彻底翻修。由于彻底翻修耗资巨大，当时湖北省的财政的确十分困难，每月收入约 93 万元，一般月支出为 160 万元，军费月支出约 90 万元，每月财政赤字 150 万元至 160 万元，③ 而当时汉口特别市的财政收入，每月平均数十万元，相对开支众多的省府而言，其建设经费充裕得多。④ 于是，省水利局致函要求汉口市省市协修张公堤，谓：

> 万一险出不测，则锦绣繁华之汉市及数百万民生，皆有陆沉其鱼之叹。今拟通将全堤内侧帮成二五收至三收分，并详勘庚辛各段，如能彻底翻筑，即挖尽淤泥另填低土，并于其下打入深长桩木，则根基稳固，每年一切滑坡加修杂工，皆可免除。再有谓庚辛两段，

---

① 《市府昨函建厅对培修张公堤之商榷　建厅函水利局查照办理》，《湖北中山日报》1930年4月11日第3张第3版。

② 《筹设张公堤闸门　市府据呈后已转函建设厅核办》，《湖北中山日报》1930年6月28日第3张第2版。

③ 《鄂省财政状况》，《湖北中山日报》1930年12月13日第3张第2版。

④ 《汉口市政概况》（1933年），《财政》之第20页；《武汉日报》曾报道说汉口特别市时代每月平均收入为69.3万元（《今非昔比　两年汉市财政　平均每月收入不到三十万元　仍受大水灾影响而不景气》，《武汉日报》1936年3月17日第3张第3版）；刘文岛在1931年2月谈汉口市的市政情况的时候曾经说，"本市约收捐税四十余万元"（《刘文岛谈汉市建设》，《湖北中山日报》1931年2月20日第3张第3版）。

宜挽月堤者，职局选派工程人员一并查勘，一俟勘估册报，即呈钧府核定。但此堤系汉口市内管辖，密迩之处，亦即汉市全市保障，其修筑经费，拟请钧府与汉口市商定，由职局与市府公摊拨储特别经费，由职局与市府工务局共同组织堤工处，刻期开工，限一年完全告竣，以为汉市永远无虞之藩屏，等情据此。查张公堤保障贵市关系甚巨，现既险象环生，自应共筹修筑。据称由该局与贵府公摊拨储经费，会同贵府工务局，限期修筑各节，实属至当办法。除指令外，相应咨请贵府查照办理，并希见复为荷。①

应该说，当时省水利局以张公堤属汉市辖区、与汉市安全密切相关为由，提出省市协修张公堤，是合情合理、对双方都有好处的建议。可是次日，在汉口市第83次市政例会上讨论省市协修张公堤问题时作出的决议，只是"交秘书处查案签具意见，提出下次会议决定"②，并没有马上函复。进而在第84次市政例会上又决定，"市库支绌，咨复省府暂照加修计划办理。至必须彻底翻修时，再行会商"③，实际上拒绝了省水利局的协修建议，说明汉口特别市政府根本就不想打破张公堤由省修的惯例，以免将张公堤的培修纳入市政开支的范畴。到1931年6月江水泛涨时，国民政府已决定改汉口市为省辖市，汉口市党部又函请省政府从速修筑张公堤，水利局才又派人抢修。但是一个彻底翻修张公堤的机会已然丧失。张公堤直到大水灾之后，才纳入汉市市政的范围。

江汉堤的修筑也存在"踢皮球"现象。1931年5月，汉口市政府人员已经发现江汉堤堤岸情势紧急，但是汉口市市长刘文岛和工务局局长陈克明却认为"长江前半归江汉工程局，就是洪水进来"，汉市府方面也没有责任，于是只下令抢修张公堤。而市府方面找江汉工程局局长接洽培修江汉堤事宜时，得到的回答却是"没钱也没人"。在这种情况下，刘文岛和陈克明依然坚持即使江汉堤溃决，水淹汉口，市府方面也没有责任的态度，不予积极抢修。

---

① 《翻修张公堤 省府咨市府助款》，《湖北中山日报》1930年12月11日第3张第2版。
② 《市政府昨开常会》，《湖北中山日报》1930年12月12日第3张第2版。
③ 《市政府第八十四次会议》，《湖北中山日报》1930年12月19日第3张第2版。

1931年6月，江汉堤下太古一段水满，火车停驶，此时市内溃水很多，取土不易，抢修为难，市府方面仍未采取有效的防洪措施。① 而当时就连一个普通的记者都认为，"防险工作，应特别注重玉带门一带。因为从形势上，一望而知该处铁路堤身过于脆弱，而堤内水淌，又皆未填筑，倘有疏虞，则全镇将无一块干净土"。"全镇将无一块干净土"的极端忧虑不幸而基本成为事实。1931年8月1日，"从丹水池溃口处灌满了后湖的江水，复行打破双洞门而入汉口市区"，此后，汉口被淹近100天，整个汉市几无"一块干净土"②。"当年，这个汉口市区，仅宗关街堤、福新路堤（长约900米）幸存，水厂及申新、福新、泰安、胜新等厂各自抢筑围堤得以保全；大王庙电厂自筑围堤，并大力抽排，尚未淹没。此外，市区仅黄陂街、长堤街等少数较高地带留有片断干土。汉口市未淹面积0.5平方公里"③，而汉口市当时的陆地面积为462市方里（约115.5平方公里，未淹陆地占陆地总面积的1/231）。这就是1931年大水汉口市陆沉后的惨象！

上述汉市府与湖北省府乃至中央政府相关机关之间有关堤防修筑的分歧、交涉及其中相互推诿现象，说明当时的堤防体制与市政体制之间存在着矛盾：一方面，按照市政体制，地方之事本应由地方办理，但当时中央与地方分修市区堤防的体制，本来就是对汉市辖域的一种分割，造成堤防与市政的分离，既使得一些本应由市府负责培修的堤防却由中央或省府代办，又使得另一些应由市府负责培修的堤防因经费关系市府也寄希望于中央或省府而不愿意培修；另一方面中央政府与市政府乃至省政府与市政府之间，并没有就汉市辖域内的环周各段堤防的市政责权做出彻底明确的划断，张公堤培修问题最能说明这一点。当市府不想修筑的时候，它就力图回避张公堤培修的市政属性，当省府或江汉工程局希望市府承担张公堤培修之责时，它们就极力强调张公堤培修本属市府应尽之责。这样，在堤防培修工程中就很容易形成市府与省府之间、市

---

① 吴国柄：《我与汉口中山公园及市政建设》，政协武汉市委员会文史学习委员会编：《武汉文史资料文库·工商经济卷》，武汉出版社1999年版，第480—481页。
② 《社评：眼泪的纪念》，《汉口中西报》1932年8月1日第3版。
③ 乌宗莫主编：《武汉堤防志》，武汉防汛指挥部办公室1986年编印，第17页。

府与中央相关机关之间相互推诿责任的局面。其间，行政惯例也产生了一定的影响，1931年之前市府与省府就张公堤培修问题产生的交涉即很好地体现了这一点。但说到底，还是因为张公堤的辖域长期被分割的结果——张公堤实际上被从市政辖域中割离了出来。

当然，堤防培修的一个核心问题是经费，市府向省府或市府向中央机关推卸堤防培修责任，在很大程度上是经费上的考量。当初汉市府拒绝省府协修张公堤的一个理由就是经费困难，而省府也是因为经费困难才建议省市协修的。英国人穆和德曾在1921年论及当年湖北水灾时指出，当时"对付洪水的基本解决办法又往往超出地方的努力……中国河道的保护——主要考虑防洪——完全依赖加固堤防，那么要使大水驯服地流淌在河道里，就必须经常修补"①。事实上，民国中期堤防修筑的情况还是如此。因此，当时堤防的修筑的确也需要中央政府的统筹办理，江汉工程局的设置是必要的，问题的关键是中央政府、省政府与市政府之间应该如何处理好统筹堤防管理与保障市政职权完整性之间的关系，市政府自身应该怎样处理市政与堤防之间的关系。

1931年大水灾前对于汉口环市堤防的这种消极的管理体制，还影响了汉口市政当局的市政指导思想、市政规划和市政行为，并最终对堤防的培修产生了严重消极影响。

二 "马路优先"原则下的汉口堤防与1931年的陆沉之灾

除了堤防体制之外，市政府的市政指导思想、市政规划和市政行为也深刻地影响着1931年大水灾发生之前汉市辖区内堤防的培修。

市政指导思想、市政规划对堤防重视的程度直接影响着汉市辖区内堤防的修筑。汉口市成立后，市政方面直接受孙科的指导和影响。孙科曾经执掌广州市政，汉口市建立后，孙科应汉口市市长刘文岛（也是首任汉口市市长）之邀，结合自己对汉口市的观察，将自己在广州的市政

---

① ［英］穆和德等：《海关十年报告——汉口江汉关（1882—1931）》，李策译，香港天马图书有限公司1993年版，第141页。

经验介绍给汉口,汉口在市政方面由此较武昌受其影响更深。1926年12月,孙科曾言"武汉市政汉口已成立,大半采用广州制度"①,当时指的主要是市政组织建制问题。1927年2月,武昌市市长黄昌谷在就职演说中这样说道:"本政府之组织条例,现在所定的,即与汉口方面不同,汉口有市政委员会,有参事会,此种条例,与各国和七八年前的广州市政条例完全相同。"②

刘文岛对孙科很推崇,他不仅邀请孙科向汉口市介绍广州市政的经验,还与孙科一起力主武汉三镇合设一市,集权办理市政,进而力推孙科出面主持三镇市政,他说:"素仰交通部孙部长办理广州市政有年,成效彰著,学识丰富,经验宏深,如蒙钧处俯念武汉市为全国中心,中外观瞻所系,必得一望实兼隆如孙部长者出而主持艰巨,即请其担任委员长一席,庶三镇市政有所秉承,将来通盘筹划积极进行,亦较易于收效。"③孙科在介绍广州市政经验、谋划汉口市政的时候,认为"举办地税和开辟马路,汉口市很可以效法(广州)","开辟马路是汉口目前第一紧要的工作"④,也就是说汉口办理市政应该以马路优先。从当时汉口市行政计划和实际运作的情形——诸如组织修理马路委员会、以办理测量、修理旧路、开辟新路、设立养路处、颁布建筑及其他章程为内容的工务计划,以及在经费极端困难的情况下仍然招标修筑后城马路——来看,刘文岛此时的确是按孙科立定的马路优先的市政原则办事的。⑤

刘文岛去职后,汉口市的设置随即被放弃,三镇合一的武汉市政委

---

① 《中国国民党中央执行委员会国民政府委员临时联席会议第十三次会议议事录》,郑自来、徐莉君主编:《武汉临时联席会议资料选编(1926.12.13—1927.2.21)》,武汉出版社2004年版,第148页。

② 《武昌市长黄昌谷就职之演说》,《汉口民国日报》1927年2月14日第2张新闻第2页。

③ 《中国国民党中央执行委员会国民政府委员临时联席会议第四次会议议事录》,郑自来、徐莉君主编:《武汉临时联席会议资料选编(1926.12.13—1927.2.21)》,武汉出版社2004年版,第85—86页。

④ 孙科:《市政问题》,武汉地方志编纂委员会办公室编:《武汉国民政府史料》,武汉出版社2005年版,第358—359页;亦见《市政周刊》第1卷第2期,第6—7页。

⑤ 《汉市委员组织修理马路委员会》《汉口工务局招标修路》《汉口市工务局行政计划》《汉口后城马路翻修在即 二十一日投标结果 汉兴count中标》,分别见《汉口民国日报》1927年1月16日第3张新闻第2页,第245页;1927年2月8日第3张新闻第1页,第178页;1927年1月21日第?(印刷不清)张新闻第1页,第280页;1927年2月11日第3张新闻第1页。

员会成立。从 1927 年武汉市政委员会的行政报告中，我们可以看出，当时对汉口市政的规划还是坚持马路优先原则。该报告罗列汉口市工务局行政和工作的"现在概况"如下：

1. 根据三月五日前汉口市政委员会公布之加宽街道条例，继续取缔市民建筑，以整理就［旧］有市区。

2. 继续二月二十一日开工之后城马路由怡园至六渡桥一段工程，改柏油路为黄泥灌浆路，限于六月二十六日竣工。

3. 测量张美之巷由后城马路直达河岸之马路线。

4. 测量满春由后城马路直达河岸之马路线。

5. 测量由江汉关直达桥口（即硚口——笔者注）之沿河马路线。

6. 两队养路工人修补马路之破坏处所。

7. 招商认包天一阁、清和宫、满春横马路、熊家场四处菜场及折［拆］除大智门对面红围墙。

8. 拟汉口旧市区开辟马路办法草案。

9. 拟修江汉关侧武汉轮渡石级码头。

10. 拟修一码头下水道。

11. 测量市场及计划建筑。

12. 测量德国球场及计划。

13. 于后城马路、张美之巷马路、满春马路中计划公共厕所及下水沟道。

14. 测量火葬场及计划建筑。

15. 拟取缔载重货车章程。①

以上 15 条中，第 1—6 条和第 8 条直接与马路修筑相关，第 15 条是为了保护马路的，第 13 条也与马路建设相关。其中看不到堤段修筑的迹象和计划，只有码头的修建可能涉及堤岸修筑问题。以上计划明显将马路修筑摆在优先位置，我们从中未看出重视堤防的迹象。

---

① 《武汉市行政概况》，武汉地方志编纂委员会办公室编：《武汉国民政府史料》，武汉出版社 2005 年版，第 362—363 页。

桂系势力执掌湖北期间，虽然提出了要建设新湖北、新武汉，但是对于武汉市政建设并没有系统规划，市政府在汉口市政方面的主要作为是开始修建中山公园，对于汉市马路和堤防未见可圈可点的贡献，也无所谓马路优先了。

桂系势力退出湖北之后，刘文岛先后出任武汉特别市市长和汉口特别市市长，时间长达两年有余（1929 年 4 月—1931 年 5 月）。在此期间，刘文岛依然坚持了马路优先的市政原则。

1931 年 1 月，刘文岛论及汉口市政时说：

> 工务方面，以完成改造全部旧市区街道为二年内之唯一工作，民权路、府南二路、沿江马路至郭家巷一段，均拟在本期告竣，民族路及……①

刘文岛曾经这样公开表达自己的市政思想说：

> 物质建设，还是精神建设的基础，物质如不健全，精神难臻完善，且以马路为准绳，可使都市呈有规则的发达，修筑马路等等，实是市政首要之图，无论何人，亦是不能反对的……在建设的初期，物质建设，应该偏重，同时精神建设，也不可忽略。马路属于物质，学校属于精神，不过缓急先后，略有区别。各国都市，在建设之始，先从修路、开沟、浚港、筑桥种种物质上做起……②

刘文岛的这段话说明，其"马路优先"的市政观念形成虽曾经受到孙科的直接影响，但说到底还是国外市政经验浸润的结果。况且孙科的市政经验也是借鉴欧美的，刘文岛本人及一些下属也是喝过洋墨水的，对于马路优先的市政观念自然不会陌生。

正是因为刘文岛坚持马路优先建设的市政指导思想，所以，当《镜

---

① 《市政事业　刘文岛昨语记者目前急应举办者》，《湖北中山日报》1931 年 1 月 14 日第 3 张第 2 版。

② 《刘文岛谈汉市建设》，《湖北中山日报》1931 年 2 月 20 日第 3 张第 3 版。

报》说他做市长毫无建树，还不如桂系执政时期的时候，他以马路修筑的多少作为批评尺度，理直气壮地批驳说："桂系两年，在汉未修一条马路，而本府年半，新修翻修之马路，如沿江、民权、民生、汉江、江汉、五族街、和平街、航空、中正、中山、梅神父等，在十数条以上……"①而当以他为首的汉口（特别市）市政当局明知张公堤亟待修理的时候，却借口汉市财政困难而拒绝湖北省政府协修本属市府辖域内的张公堤的合理建议；明知张公堤闸亟待修理的时候，却以张公堤"历系省府主修"为由，要求省府修理。

那么，刘文岛执政时对于汉市堤防是不是一概不修呢？对堤防在汉市市政建设中的重要性是否毫无认识呢？都不是的。正是因为认识到张公堤"关系市区安危"②，所以虽然市府不想修也要函催省府修。1929年的《武汉特别市工程计划》中就计划"修筑全市各处江岸"③。不过，该计划还没有来得及实行，市制就出现了变更。稍后的汉口特别市工务局制订的分期建设计划中，第一期和第二期工程都计划修筑江河堤岸与码头。④ 不仅如此，还将"分期建筑新堤岸，及培修或改建旧堤岸，并改良江岸各码头"作为汉市沿江堤岸改良诸步骤中的第一步。⑤ 这是否有悖于"马路优先"原则呢？我们看看汉市计划实施的情况就不难找到答案。1930年春，刘文岛谈及汉市市政时说：

> 前因修筑沿江马路，为本市最大工程，亦即最大之建设，其关系本市之发展颇重，故于最短期内，开工修筑，其工程要素，计有：一，驳岸，即沿江之堤岸是也。本市沿江堤岸尚未修筑，多系天然之泥工堆成，故际此修筑沿江马路之时，亦须同时修筑驳岸，此为

---

① 《本市事业费占全部收入四分之三　刘文岛手令〈镜报〉颠倒是非如出有意将予取缔》，《湖北中山日报》1931年2月12日第3张第4版。
② 《市府昨函建厅对培修张公堤之商榷　建厅函水利局查照办理》，《湖北中山日报》1930年4月11日第3张第3版。
③ 《武汉特别市工程计划》，《武汉中山日报》1929年5月20日第10版。
④ 《市工务局分期建设汉特市　以五年为一期　共分三期》，《武汉中山日报》1929年7月8日第3张第3版。
⑤ 《建设汉特市之新计划　市政府准备逐步实行》，《武汉中山日报》1929年7月10日第3张第2版。

> 沿江马路中工程之一种……刻下堤岸业已填就，驳岸已修得雏形矣。①

也就是说，汉市积极修理的堤岸，不是全市所有的堤岸，并且已经修筑的这些堤岸之所以被修筑，是因为它们是马路修筑得以完成的"工程要素"，是完成马路工程计划所必须修筑的。汉市从1929年5月至1931年1月完成的堤岸码头工程，包括江汉关前码头新筑工程、民生路轮渡码头新筑工程、自江汉关至周家巷段堤岸新筑工程，都是因为与马路修筑密切相关而修筑的。② 由此可见"马路优先"原则对刘文岛执政时期汉市堤防修筑的深刻影响。同时，我们还可以注意到，张公堤、江汉干堤其实都没有纳入市政工程之列。对于环周皆堤的汉口市而言，将汉口辖域范围内的护命之堤排除在市政规划与建设范围之外，显然是不切汉市实际的。从中，我们又不难感觉出汉市堤防管理与培修体制所产生的消极影响了。

以刘文岛为首的汉口市政当局自身对堤防重要性认识不够，对堤防之于汉市市政的重要性认识不够，也是促使其形成"马路优先"观念和重马路轻堤防市政取向的因素之一。曾经待职刘文岛麾下、痛感汉市府等在1931年大水灾前夕防洪无计的吴国柄回忆说："刘市长是军人不知道水的利害，陈局长（即工务局局长陈克明——笔者注）对堤工抢险没有研究，也不加重视。"

前文曾经说过以刘文岛为首的汉市府当局对堤防至少对张公堤的重要性是有相当程度的认识的。但是，他们在大水灾前夕抢修了张公堤，却对江汉干堤无所措置。当市府职员提出出钱协助江汉工程局抢修沿长江干堤（铁路堤）时，刘文岛与市工务局局长陈克明却说，长江干堤抢修的责任在江汉工程局，"汉口淹了我们也没有责任"③。可见，当时以刘

---

① 《刘文岛谈汉市市政进行之近况　赶修沿江马路工程费由财政局提前拨付　社会局裁员减政　其他各局决以次实行》，《湖北中山日报》1930年3月26日第3张第3版。

② 《汉口市政的回顾和前瞻（续一）》，《湖北中山日报》1931年1月15日副刊《市政周刊》第3卷第2号。

③ 吴国柄：《我与汉口中山公园及市政建设》，参见政协武汉市委员会文史学习委员会编《武汉文史资料文库·工商经济卷》，武汉出版社1999年版，第481页。

文岛为首的汉口市政府对于抢修沿江干堤，是"非不能也，是不为也"。但他们却不以汉口被淹为失职，如此官僚作风，何其麻木不仁！显然，消极的汉市堤防管理和培修体制削弱了刘文岛及其领导的汉口市府对堤防安全重要性的认识，导致了他们市政整体意识、全局观念的缺失——只知路政对市政的重要，不顾堤防为市政的顺利进行的保障；只求马路优先，不知一朝堤溃，路亦难得保全；只顾张公堤，不管铁路堤。明哲保身，不从长远计及汉市安危。

1931年汉市大水灾时，刘文岛所作所为又如何呢？当时刘文岛已升任湖北省民政厅厅长，他"心急如焚，坐立不安"，"日日夜夜，腰束草绳，足系草鞋，置身于小木船之中，指挥救灾救人救财产，有时夜间查看水情、险情"。① 但是与其事后补苴，何若事前努力？如果当初汉市努力抢修铁路堤（江水首先就是从铁路堤溃口涌入汉口市内的），汉口会陆沉么？如果将铁路堤的培修纳入当时的市政规划中，汉口会陆沉么？也许仍然会，但是肯定不会沉沦得这么快、这么深、这么惨！然而，历史是不能假设的。

今人对刘文岛执掌汉市的时代有一个共识，即刘文岛执政推动了汉口市政的快速发展，使这一时期成为民国时期汉口发展最快的时期。笔者认为，此诚不刊之论。但是，如果我们再联系1931年大水给汉口城市带来的灾难性影响，放眼后刘文岛时代汉市城市面貌和社会发展进程，也许能够更深入地认识刘文岛执政时代汉市市政的整体面貌和市政得失。

1931年大水灾对于汉口城市而言，犹如一场噩梦，公家文告载以"汉市全被淹没，繁华美丽之区，忽沦为悲惨之域，其公私财产损失，以及淹毙人口，并陆续传染疫疠而死者，厥状之惨，不堪回忆"②，报章评（1932年7月）曰："我们可以认识这水祸的猛烈，简直是整个汉市的致命伤，其厉害在此骨子里把精华给冲洗干净，绝非短时期所能恢复。"③

水灾之后，疫病流行，灾民云集，社会呈现出一片病态。昔日繁华之地，"每至夕阳西下时，中山路上，江汉路旁，沿门挨户，乞者林立，

---

① 陆继勋：《我的丈夫刘文岛》，载《武汉文史资料》1988年第1辑，第7页。
② 《汉市防水堤即日开工制定取土堤段布告地主周知》1932年2月20日第2张第4版。
③ 《水灾前后的汉市》，《汉口中西报》1932年7月13日第5版。

遇一行人，随追数百步不休……因是行人多有'行不得也哥哥'之感"①，工商业萧条，社会凋敝，城市元气迟迟不能恢复，既有市政建设成果不少被水灾吞噬，其后之市政步伐大大放慢。

灾后汉口在工商贸易方面，市场陡然极度衰落，以至于"百业冷淡"②，店厂倒闭成风，城市失业率剧增。"水灾以来，商业萧条，达于极点，迄至现在止，歇业商店不下万家，店员失业者达十余万人"，从1932年农历夏节至阳历六月中旬的短时间内，"各商号报告歇业，可资查考者言，已有一千数百家"。③ 加之日本侵华和内战的影响，"外而国际贸易，内而土产交易，完全停顿"④。灾后汉口贸易衰退，从1932年至1935年连续四年对外贸易处于入超地位，且入超数额连年递增。⑤ 水灾前汉市营业最为发达的建筑、汽车、电影三大行业，"大水为灾以后，建筑业是全部停顿了，所有下江派的泥、木两工，旅汉者何止数万人，除一部分返原籍外，其余的多已暂改小贸，以资糊口。其次汽车贸易，报载百分内已停业三十分，其未停者大都营业不振，不够开支。这是稍微留心的人，从市上往来汽车的减少，就可观察得到的。总之，现在只剩了一项电影，

---

① 《夕阳西下中山路上行路难　乞丐包围过客　开发一个来了一群　不开就要挨骂　收容所人满为患　芦席棚都住不成》，《武汉日报》1932年1月17日第2张第4版。

② 《水灾前后的汉市》，《汉口中西报》1932年7月13日第5版。

③ 《市场衰落之一斑　水灾后歇业商店近万家　夏节后歇业者达千数百家　店员失业者共十余万人》，《汉口中西报》1932年6月18日第6版。

④ 《社评：因营业牌照税问题联想及中央与地方之财政》，《汉口中西报》1932年6月25日第3版。

⑤ 《汉口贸易之回顾与展望（中）——贾士毅在省府党政联合纪念周报告原词》一文（见《武汉日报》1936年3月4日第2张第3版）中载有一表《汉口近四年来之国外贸易统计表》（单位：元），用以说明1932年至1935年汉口贸易的衰退之象，兹摘录如下（仅将汉文数字改为阿拉伯数字）：

年别	洋货进口总值	出土出口总值	进出口总值	入超总值
1932	38557745	31637015	70194760	6920732
1933	34259357	7649349	41908706	26610008
1934	32513848	9847981	42061829	22365867
1935	33216560	12599357	45815697	20617023

说明：表中统计数据不吻合，兹仍照录。

尚在这百业萧条的汉口市上，为最后的挣扎而已"①。一直被视为民营公用事业骄傲的既济水电公司营业也大受影响，以至营业亏损。直至1936年，报刊犹载"汉市各业自廿年大水以后，元气迄未恢复"②。

大水灾更使同市场荣衰与共的汉口市财政，继裁厘改税（1931年1月）、市制变动（1931年6月由院辖市改省辖市）而收入大减之后，陷入困境。受灾当年的8月、9月，税收"不但征收诸感困难，即市民亦无力负担，各项税收激减至最低限度，或至无款征收者"，到10月，税收总额逐渐恢复到20万元左右。1931年下半年汉市税收总计96万余元，与1929年、1930年同期相比，若以1929年为100%，则1930年为89.38%，而1931年为68.50%，损失近1/3，论者犹谓"巨灾之后疮痍满目，市民元气未复，一方分别减免税捐，以恤民隐，一方积极整顿征收，藉舒财困。本期税收有此成绩，是亦难能可贵之事也"③。直至1936年报章报道1934年、1935年汉市财政收入时，仍发今昔之慨曰，"汉口在特别市时代，财政收入，日有增加。自受水灾影响，税收渐告低落，以至迄今，市面仍为不景气，每月财政收入，平均计算，不过二十九万七千余元，较之特别市时代，平均每月六十九万三千元有别"④。

大水灾给汉口的市政建设也带来了灾难性的影响。首先是既有的市政建设基础设施遭受严重破坏。在灾前市政建设中投入最多的马路，不论是旧有的和新筑成的，"多已破坏，急待修补……中山路人行路，急应修补者，有四三一平公方，中山、歆生、三民等路，柏油路最坏者，八五平公方，表面柏油胶亦已脱落，下面柏油三合土，皆呈小窝，亦应速加修补，一四七九五平公方，大智门街碎石路……"⑤ 灾前被视为民众最佳消闲之地的中山公园，灾后惨不忍睹，"水灾后的公园，简直没有游人……那零落的、凄凉的、死寂的水，掩映着荒烟野草……公园的门已

---

① 《水灾前后的汉市》，《汉口中西报》1932年7月13日第5版。
② 《汉市上年度各业概况之回顾》，《正义报》1936年4月20日第5版。
③ 《二十年下半年汉口税捐收入共计九十六万余元》，《武汉日报》1932年3月16日第2张第3版。
④ 《今非昔比两年汉市财政 平均每月收入不到三十万元 仍受大水灾影响而不景气》，《武汉日报》1936年3月17日第3张第3版。
⑤ 《市府翻修马路——伟雄路与云樵路》，《武汉日报》1932年4月3日第2张第3版。

经不见，当前的房子也不知去向，曾经普渡游人的木桥，却迁在陆地上面……人事的淘洗，和洪水的摧毁，已将原迹记不真切了；所能见（原文不清，笔者注）识到较大的轮廓，如喷水池，滨临小河的良好憩足所、船坞、茅亭、假山、运动场、游泳池、茶所，及合作社，都已不知去向。现在所能接触的是什么？喷水池已同其他一样淤积不堪，船更不知去向，游泳池的命运已经到给人拉屎的地位，一堆砖块或几枝孤立着的木杆，表示这曾经被房子占据的地方。花圃变成可憎厌的滥泥，树子横卧地上。草呢？都不见了……"给人的唯一感觉就是"不景气"①。府前公园也一片荒凉。灾前因价廉方便颇受市民欢迎的公共汽车，营业状况本来是不错的，因为水灾，"车辆悉被淹坏"，只好停业。② 由此可知，灾前汉口市政的成果惨遭大水毁噬。

其次，灾后由于市财政困难，市政建设步伐大大放慢，市政设施不能满足城市社会的需要。由于恢复马路旧观也颇感困难，市府对于凡被大水淹没之马路，分别缓急，次第保修，结果原已举办而未竣工的马路如民权、民族等马路，水灾之后虽依照原定计划继续进行，但因困于经费，进展迟缓。③ 灾前快速发展的汉市路政灾后竟然步履蹒跚，发展明显迟滞，直至吴国桢执政时代（1932年10月—1938年10月）长达6年的时段内，汉市路政也只能边维持边建设。府前花园因规模较小，恢复较快，而中山公园因灾前耗资巨大，规模可观，灾后也困于经费，只能"因陋就简，设备极感欠缺"，市民觉得除了此地，又无处"舒散心情"，呼吁市府遵循"供求相需的定律"，"建筑市内小公园"。④ 灾前本来就不能搞满足市民交通需要的公共汽车，尽管"自停办后，影响市民交通，至为重大"⑤，在灾后却无力恢复行驶，交通的现代化因此大受影响。此

---

① 《水灾后的中山公园》，《武汉日报》1932年1月13日第3张第1版。
② 《前汉口市公共汽车管理处主任刘法善启事》，《武汉日报》1932年3月2日第2张第2版。
③ 《市府翻修马路——伟雄路与云樵路》，《武汉日报》1932年4月3日第2张第3版；《何葆华谈最近市政　沿江马路及民权路仍继续修筑　中山公园内部将分别招商承办　惟市政进行困于经费进展甚缓》，《武汉日报》1932年1月10日第2张第3版。
④ 《公园纪游》，《汉口中西报》1932年7月19日第5版。
⑤ 《建厅考虑汉市办无轨电车问题　全市各汽车道亦将设法整顿》，《武汉日报》1932年4月23日第2张第4版。

外，汉口华界水电事业亦因此大受影响，由此也严重影响相关电气化事业的发展。

总之，1931年大水灾导致汉口工商业急剧衰退，城市社会经济元气大伤，大大延缓了汉口市政乃至汉口城市现代化发展进程。

笔者无意将1931年大水灾的全部责任都归咎于刘文岛或以刘文岛为首的汉口市政当局，但我们对因偏重马路建设而轻视堤防建设所带来的惨痛后果能无动于衷吗？能对消极的堤防管理体制不有所反思吗？

三 1931年汉口大水灾的历史训示

就地理而言，汉口有着独特的地理环境。汉口本来与汉阳是一体的，明成化年间（1465—1487年），本来由龟山南麓入江的汉水，即汉江，又称襄河，汉口段俗称小河，改道由龟山北麓入江，汉口遂与汉阳分离，与龟山隔汉水相对，成为四面临水的孤洲。由于地势低洼，直到开埠以前，汉口依然处于水的包围之中，东面和南面分别为长江和汉水，西北面为水域广阔的后湖。《汉口小志》和《夏口县志》异口同声地描述汉口地形云："汉镇前滨襄河，后枕后湖，东临大江。"① 这种地处内陆而身如岛屿的地理环境在近代中国众多的城市中是独一无二的，同时也意味着近代汉口与其他城市相比有着与众不同的生存环境，在市政建设的过程中将不得不更多地面对水的考验和威胁。

由于周边环水又地势低洼，汉口在武汉三镇中生存环境最为恶劣。当夏秋水涨之时，汉口每每沦为泽国。《武汉堤防志》载：据不完全统计，清道光以前，武汉地区洪水成灾的概率为20年1次。近代自1865年汉口建立水文站以后至1949年中华人民共和国成立之前，武汉关水位达到27米以上的就有6次。② 笔者综合《武汉堤防志》《海关十年报告》等书所载发现，自1861年至1949年中华人民共和国成立之前，汉口大水成灾的年份有：1866年、1869年、1870年、1878年、1882年、1887年、

---

① 徐焕斗修、王夔清纂：《汉口小志·建置志》（民国四年铅印本），第3页。侯祖畲、吕寅东纂：《夏口县志·建置志》（民国九年刻本），第1页。

② 乌宗莫主编：《武汉堤防志》，武汉防汛指挥部办公室1986年印，第9页。

1889年、1890年、1895年、1898年、1904年、1909年、1911年、1915年、1917年、1918年、1931年、1935年、1937年、1946年、1948年，共21个年份，其中，汉口于1870年和1931年全部被淹，尤以1931年洪灾最为惨烈。大水对于汉口而言，直如寻常情事，故《汉口小志》在论及汉口的气候时还这样说道："汉口之地，由七月至九月，四维皆水绕之三，城皆如岛屿，望之汪洋，又如泽国，此寻常事耳。"与汉阳、武昌相比，汉口市内无高岗，地势稍高如租界者，一旦沦于水，全城人则无处安身，只好凄惶逃避市外或坐以待毙了。民国四年（1915），洪水漫入汉口城，居民狼狈避水逃生，"富人则迁避于武昌，贫人则栖止于附近之山岗，余者且登屋顶而居焉。是时外国租界亦沦于水，汉口江岸污渚泥泞如沙滩"①。是年武汉关水位尚在27米以下，其狼狈之境尚且如此，汉口居民生存环境之恶劣可想而知。

对于汉口而言，"筑堤防水，是城市生存、发展的先决条件"②。独特的地理环境将汉口的历史命运紧紧地与堤防联系在一起，严酷的生存环境使得堤防对于汉口有着特别的意义。为了捍卫市区的安全，人们不断地筑堤御水，堤防因之成了汉口城市生存得以保障所不可替代的必要设施。汉口的历史命运因此与堤防休戚相关：几乎每一次堤防的冲毁，都会给汉口市区带来大大小小的灾难；堤防直接关系到汉口城市的兴与衰。

由上述可知，自明代至民国，汉口是一个为水所困、地势低洼、依堤为命的城市，这是汉口城市地理的最大特点，也是汉口城市发展的基点和当政者进行城市规划和建设时必须考量的基本因素。

晚清时，湖广总督张之洞正是抓住了汉口城市依堤为命的这一特点，在为汉口城市的发展建设谋篇布局时，在城市公共设施的建设方面，优先考虑堤防，修筑后湖长堤（亦名张公堤）以保障城市安全，城市陆地空间因此大为扩展。在此前提下，于市区内开展大型的马路工程建设，修筑后城马路（今汉口中山大道的前身）。由此奠定了汉口城市发展的大框架，民国时期的汉口市政建设就是在这一框架的基础之上进行的。对于汉口城市的发展而言，张公堤的修筑无疑是一大手笔，体现了张之洞

---

① 徐焕斗修、王夔清纂：《汉口小志·气候志》（民国四年铅印本），第20—21页。
② 皮明庥主编：《近代武汉城市史》，中国社会科学出版社1993年版，第13页。

的远见卓识。当然，就近代汉口整体而言，张公堤也只是汉口环市堤防的一个组成部分，这就决定了张公堤虽然是汉口城市的一道防水屏障，但它并不能成为汉口城市安全的绝对保障，要想保障汉口（防水方面的）安全，就必须兼顾汉口环市堤防所有堤段的安全。

1931年大水灾给汉口市政建设带来的灾难性影响说明：不求城市安全保障的市政建设，即使可能一度促进市政的快速进展，也会欲速不达。对于环市皆堤的汉市而言，堤防安全是汉口城市安全的基本保障之一，忽视环市堤防或忽视环市堤防中的任何一段，都可能带来灾难性的后果，终将影响汉口市政建设的进程，从而给整个城市发展造成严重的消极影响。市政规划必须依据城市自身的状况来制定，堤防必须纳入汉口市政规划的视野，视为市政的一个重要组成部分！城市市政规划和市政建设必须根据其自身实际情形来进行，撇开城市自身特点而制定的市政规划和进行的市政建设，势必有所偏失，终将给城市发展带来消极影响。

1931年大水灾给汉口市政当局带来沉痛的教训，"自二十年惨遭水灾后，市政当局，乃决定兴建沿江防水堤"。1931年后汉口市政当局开始重视堤防建设，在市政建设方面拨正违失，积极与江汉工程局协作防汛抢险，有计划地加固汉口环市堤防。1935年江水暴涨，汉水"水位之高，且超过二十年水位，汉口市区，幸赖沿江防水堤之保护，得未受水灾"①，这恰好反衬出1931年大水灾之前市政建设中的"人谋不臧"及市政举措的偏失。

就省政府和中央政府而言，它们对于本应属于市政范围内的堤防，却置于市政辖权之外，越俎代庖，又管理不当。这是造成1931年大水灾的根本社会原因之一。这说明关系市区的堤防，应交由市政府办理。各级政府对于市政范围内的堤防建设应该建立起良好的协调管理机制。中央政府和省政府与市政府之间对市政管辖权的划分必须适度、合理。

鉴于1931年大水灾带来的沉痛教训，灾后的国民政府也下决心整治各地堤政，同时完善水利机构，颁布《水利法》及《水利法实施细则》，法定各级水利管理机构及相应的权限，对水利工程设施的修建、改造及

---

① 《汉市修江堤需款十万　市府请水灾会补助》，《武汉日报》1936年5月1日第2张第3版。

管理审批手续进行了明确的规定。① 尤其是 1935 年水灾之后，中央政府及省府与汉口市政府之间逐渐建立起一套协修汉口堤防的有效机制。汉口市政府开始将环周堤防建设全部纳入市政范围之内，积极制订环周堤防培修计划，兼辖于全国经济委员会和湖北省政府并直接受湖北省政府管辖和监督的江汉工程局，则在核定计划的过程中发挥了作用——这意味着江汉工程局代表省府和全国经济委员会对汉市环周堤防修筑发挥着统筹作用。在环周堤防经费的筹措方面，江汉工程局负责干堤经费，市府负责余下堤段的修筑经费。在堤防培修的过程中，两者既分工又协作，江汉工程局负责干堤的岁修，汉口市政府负责余下地段培修，并积极为干堤培修组织人力。而这种协作在防汛抢险筑堤的过程中表现得最为紧密。同时，省政府也逐渐注意凸显汉口市政府在堤防培修尤其是汛期抢险中的主导地位。如：1934 年夏汛来临时，湖北省政府命令组织汉口市堤工委员会，指定参加机构为江汉工程局、汉口市政府、汉口市商会、农会及业主会，并指定江汉工程局和汉口市政府所派委员分别为正、副主任委员。而到 1935 年汛期时，湖北省政府改变成例，谕定汉口市市长为汉口市堤工委员会主任委员，并饬会内人员在市政府办公，强化了市长在防洪抢险中的地位。②

尤其值得注意的是，1935 年以后，中央政府下令各省公民厉行人民服工役办法，"提倡征工，赞助政府实施征工制度，鼓励民众参加义务劳动，尤以开发交通道路，修治水利，配置森林，开辟垦地等为征工之基本工作，同时实施兵工政策，与征工制并行，以军队补助各地征工，工务之不足，并为建设堤防公共工程之倡导"③。中央政府还规定了《冬令征工服务办法大纲》9 条，支援各地包括筑堤在内的工程建设。④ 湖北省政府则根据中央的命令，制定了《湖北省人民服工役规则》。汉口市政府

---

① 参见余涛《二十世纪三十年代湖北的水灾及水利建设》，华中师范大学，硕士学位论文，2005 年。
② 《汉口市政概况》（1935 年 7 月—1936 年 6 月），武汉市档案馆藏，档号 Bb13/4，"防水"之第 1 页。
③ 《国民经济建设运动之意义及其实施》，《湖北省政府公报》第 141 期，第 17 页。
④ 《为国民义务劳动警告全省民众》《刘厅长在湖北省会国民义务劳动服务开工典礼开幕词》，《湖北省政府公报》第 147 期，第 19—22 页。

根据中央和省府的指示，先后制定了《汉口市人民服工役实施细则》《汉口市政府二十四年度水利季节劳动服务奖惩办法》①。1935年之后，汉口市环市堤防修筑在很大程度上得益于中央政府和省政府所提供的政策性支持，因为征工服役政策大大地减轻了市政府在堤防修筑方面的经费负担。

1931年大水灾之后，在汉口环市堤防的管理、修筑方面，中央政府和湖北省政府很好地埋顺了它们对堤防的统筹管理与汉口市政府对市政的主导之间的关系，汉口市政府才得以在大灾之后大力而稳健地推进堤防建设。到全面抗战开始前夕，汉口市政府培修环市堤防的计划大部分已经完成，汉口环市堤防大为加强。

---

① 见《湖北省政府公报》第149期，第50页。

沦陷时期的社团变异与城市衰败

——以汉口市公益分会及公益联合会为个案的考察①

沦陷时期汉口市各公益分会及公益联合会是汉口市各保安会及保安公益会的变体，最远可以追溯至清末的各保安会及其总会——汉口各团联合会，②后者在1926年的大革命浪潮中被改组为保安联合会，又于20世纪30年代初奉政府之令进行改组，并于1933年改称为汉口市保安公益会。总地说来，在沦陷之前，不管总会的名称怎么变，其下各分会的基本属性是具有一定自治性的街区民间社团组织，该会自身就是这些街区自治性民间社团组织的领导机构。抗战胜利后，汉口市公益联合会依然在城市日常管理中发挥着作用。值得注意的是，学术界对汉口市各保安会及其联合会的关注，基本上局限于清末、民初、1927—1937年以及抗战胜利后这些时段，而对沦陷时期缺少关注。③ 有鉴于此，笔者拟梳理沦陷时期（1938年10月25日武汉沦陷至1945年8月日本投降）的汉口市公益分会及公益联合会的组建、组织功能变化的基本情况及其与保甲之间的关系，由此探讨沦陷时期汉口城市以消防为核心职能的民间社团组织的异化与城市社会变动之间的关系，以期稍补近代汉口城市社团史研

---

① 本文刊载于张利民主编《城市史研究》第40辑，社会科学文献出版社2019年版。
② 在清末，汉口各保安会、救火会、自治会、公益会等街区性民间自治组织兴起于全国性自治运动之后，它们在1911年4月组建了总会——汉口各团联合会。
③ 目前有关该组织的研究成果主要有：刘琼的《1945年8月—1949年5月武汉消防事业研究》（华中师范大学，硕士学位论文，2009年）、胡启扬的《民国时期的汉口火灾与城市消防（1927—1937）》（华中师范大学，博士学位论文，2012年）、曹策前的《解放前汉口的消防事业》（《武汉春秋》1982年3月8日试刊号）及拙著《近代汉口市政研究（1861—1949）》（中国社会科学出版社2017年版）。

究之缺，丰富武汉沦陷时期的城市社会史研究。

一　步履蹒跚：汉口市公益分会及公益联合会的组建

就笔者目前阅及的有关沦陷时期汉口市各公益会及公益联合会的报刊和档案等相关资料来看，有关各公益会组建的信息很不完整，但大体上还是可以窥见其组建概况。

联合会建立的基础是分会。沦陷前夕，汉口市保安公益会属下有分会近40个（1936年为39个分会）。至沦陷之初，包括汉口市在内的武汉三镇"户口异动空前未有"[①]，以至于原有的分会中相当一部分，因人员星散，加之消防器械无存而不能恢复；其他的分会则有的是因会内人员及器具损失等方面一时难以恢复，有的则因在日伪体制之下一时不敢贸然恢复。

1939年，日伪武汉治安维持会[②]在汉口市保安公益会各分会代表"先后呈请恢复会务"后，于1月31日决议"交参议室会同社会、建设两局审查"[③]，实则是要看操控会务的日本顾问和嘱托的眼色行事。其实，汉口市原有各保安公益会的组织恢复并不踊跃，在沦陷之初较早筹建的分会只有零星几个。同年10月2日，伪武汉特别市政府颁布了管控街区自治性民间社团的法规——《武汉特别市临时自治公益会组织通则》。该通则规定市内原先存在的各公益分会一律据此重新改组。[④] 据日伪警方调查，直到1941年4月17日，汉口市恢复或成立的义勇消防会

[①] 《警察总监部第一次保甲会议记录》，载涂文学主编《沦陷时期武汉的政治与军事》，武汉出版社2007年版，第196页。

[②] 1938年10月25日武汉沦陷之后，日本占领当局借以控制汉口的傀儡城市政权有：伪武汉维持会（1938年11月25日建立）、伪武汉特别市政府（1939年4月20日取代前者）、伪汉口市政府（1940年9月20日取代前者）、伪汉口特别市政府（1941年3月29日—1943年10月31日）、伪汉口市政府（1943年11月1日—1945年8月被接收）。

[③] 《武汉治安维持会联席会议历次会议记录·第八次会议》，载涂文学主编《沦陷时期武汉的政治与军事》，武汉出版社2007年版，第18页。

[④] 涂文学主编：《沦陷时期武汉的政治与军事》，武汉出版社2007年版，第130—132页。

一共有 14 个。①

为弥补官方消防力量之不足，日伪市政府于 1941 年 12 月推行《联保消防组织规则》，将民间消防组织与保甲体系强制结合起来，但先后据此成立的义勇消防会的数量也不过 17 个。② 直到日本投降前夕的 1945 年 8 月 8 日，汉口市公益分会也只有 24 个。③

由此可见，在沦陷时期，汉口市各公益分会的数量远远少于沦陷之前，且其恢复与发展步履蹒跚。

因原有的汉口市保安公益会无形解体，而分会的恢复与组建又很缓慢，新的分会联合体也迟迟难产——在伪市警察当局的催促之下，才于 1941 年 4 月成立。日伪当局将其定名为"汉口特别市各段公益消防联合会"④。

二 萎缩与异化：各公益会及公益联合会组织功能的变异

沦陷之前，汉口市的各保安会及保安联合会发挥了比较广泛的社会功能，诸如参与城市消防（实际上是主力），负责里巷的厕所打扫、公沟疏浚、垃圾扫运等卫生事务，管理路灯（汉口市区路灯的绝大多数归其管理），协助管理消防水栓（负责筹措经费），参与防水、冬赈，等等，在市政管理中发挥着十分重要的作用。

沦陷之初，日伪汉口当局一时间难以组织足够的人力、物力、财力，对市区进行有效施政和严密管理，甚至对关乎市民生命和财产安全的消防、卫生职能，也无力或无法有效履行。直至 1940 年 3 月，汉口市区根本就没有消防警察，市区发生火灾时，"端赖各自治公益会原有消防设备

---

① 《全市义勇消防会纷纷成立　强化消防　市消防队调查　计现成立者有十四会》，《大楚报》1941 年 4 月 17 日第 5 版。
② 《汉口特别市政府四周市政概况》（汉口特别市政府秘书处 1943 年编印），武汉市档案馆藏，档号：bB13/7，"警察"之第 18 页。
③ 《公益分会视察成绩发表》，《大楚报》1945 年 8 月 8 日第 2 版。
④ 《社会局调整本市消防　更改消防公益会名称》，《大楚报》1941 年 4 月 21 日第 5 版。

应用"①。根据《武汉特别市临时自治公益会组织通则》规定，临时自治公益会的职责是负责办理该会地段内消防、卫生、学校及慈善救济性质各项事务，执行监督指导机关及关系机关之命令事项、计划及执行本地段内之一切公益事项，以及相关会内职权。② 因此，各会暂时保持了原先的街区自治性社团属性，基本上延续了沦陷之前的社会功能，有时甚至还"代办临时户口"③。

在极力组织恢复各公益会的同时，日伪当局还加强了官方消防力量，紧急培训消防警。但直到1940年2月，伪市警察厅消防队才正式成立，而承担汉口城市消防任务的只有40名消防学警。④ 又因其一时缺乏消防器具，故"亟欲谋取联络各自治公益会，共同办理消防事业"⑤。同年5月，才配置了两乘消防汽龙⑥，投入消防救火实战之中。但汉口市区人口因市民复归等原因迅速增加，消防压力与日俱增，"仅凭目前设备，尚不足以应付"⑦。于是，日伪当局又于1940年年底核准了《汉口市联保消防会组织通则》，"饬令警察局督促各保恢复原有救火会"⑧（笔者按："各保"就是指各保甲）。经过日伪当局的恢复和调整后，原本发挥广泛市政管理功能的各段自治公益会被改称"各段消防公益会"，其后成立的分会联合体原本拟名为"汉口市自治公益联合会"，也被改名为"汉口特别市各段公益消防联合会"⑨。其间取消社团"自治"、强制圈定各公益会及其联合会消防功能的意图昭然若揭。

---

① 《市警厅消防队积极统一消防　函社会局调查自治公益会》，《大楚报》1940年3月11日第7版。
② 涂文学主编：《沦陷时期武汉的政治与军事》，武汉出版社2007年版，第130—132页。
③ 《府东治安公益会筹办义务消防　昨召街邻会议组织义务消防队》，《大楚报》1939年8月19日第2版。
④ 《市警厅消防队昨日正式编队　即将实施消防技术训练》，《大楚报》1940年2月2日第7版。
⑤ 《市警厅消防队积极统一消防　函社会局调查自治公益会》，《大楚报》1940年3月11日第7版。
⑥ 《市警厅在沪订购汽车摇龙昨运汉　发给阳汉二队使用并令练习》，《大楚报》1940年5月12日第7版。
⑦ 《市消防队负责人谈武汉消防设备现状》，《大楚报》1940年8月26日第5版。
⑧ 《汉口市联保消防会组织通则》（1940年12月18日），《大楚报》1940年12月24日第5版。
⑨ 《社会局调整本市消防　更改消防公益会名称》，《大楚报》1941年4月21日第5版。

在此前后，日伪当局为了进一步加强对汉口城市社会的控制，还在武汉极力推行保甲制度。汉口市区保甲在1939年7月初步编查完毕。武汉地区保甲以甲为最基本的编制，甲上为保，保上为联保，联保之上为区。① 由此，形成了"甲—保—联保—区"这样严密的城市社会基层控制体系。

日伪当局还利用保甲体系加强对各公益会及其联合会的管控，《汉口市联保消防会组织通则》的颁行就是这一举措的产物。该通则规定，各联保消防会之名称以现有保甲番号区别之（汉口第某区第某保联保消防会之类）；联保消防会应以一联保为单位，如一联保无力成立时，得联络两联保以上组织之；各联保消防会须在各该会地段内设置固定会址，以资办公；该会消防器材与经常费用在本地段内筹备。② 而消防会的名称也经历了变化。其实，伪市警察局和社会局拟定的《汉口市联保消防会组织通则》最初名为《义勇消防会组织通则》，但经伪市政府训令改为"汉口市联保消防会"③。也就是说，以保甲名义建立的联保消防会，其实基本力量就是公益会下的义勇消防会。民间消防力量就这样被强制纳入保甲体系之中，保甲体系据此涵摄了原先街区性自治公益会，在强化后者消防功能并弱化其组织自治性的同时，强化了自身的社会控制功能。而沦陷之前，汉口市虽然也编制了保甲，但保甲组织与民间消防组织各成体系，互不统属。

1943年5月，伪汉口特别市政府根据汪伪南京国民政府行政院颁发的《编查保甲户口暂行条例》，下令"所有本市各自治公益会及类此名义之各种组织应即一律取销。其所办事务即并入各区保甲公所办理，以免分歧"④。显而易见，日伪汉口当局极力强化保甲职能，不想再容许任何

---

① 参见《1942年汉口特别市保甲户籍概况》，参见涂文学主编《沦陷时期武汉的经济与市政》，武汉出版社2007年版，第222页。

② 《汉口市联保消防会组织通则》，参见涂文学主编《沦陷时期武汉的经济与市政》，武汉出版社2007年版，第466—467页。

③ 《核定本市〈联保消防会通则〉案》（1940年12月18日），参见涂文学主编《沦陷时期武汉的经济与市政》，武汉出版社2007年版，第466页。

④ 《为取销各自治公益会将其所办事务并入各区保甲公所办理案》（1943年5月5日），参见涂文学主编《沦陷时期武汉的政治与军事》，武汉出版社2007年版，第223页。

公益会这样的具有自治性的民间组织存在，径直以保甲体系吞并（而不再是容许式的涵摄）各公益会及其联合会的消防功能。

然而，具有几十年街区自治传统的公益会，其所发挥的社会功能，并不是保甲所能迅速取代的。正因如此，日伪汉口当局又不得不恢复各区公益会及联合会，并于 1944 年拟订了《征收公益费暂行办法》，对该会的职能和公益费征收办法进行了规范，规定征收的经费可以用于办理本区内的清洁、消防及一切公益事项，经费征收的数额要由各区公益会甚至联合会决定。但同时又规定，公益费之征收手续，要先由联合会制定收据，交各区公益会，再由各区公益会委托该区内各保甲长，于每月发给户口盐购买证时，随同征收。① 而此前公布的《武汉特别市临时自治公益会组织通则》，则规定由临时自治公益会收支。② 这说明，日伪当局仍然力图利用保甲，并借助食盐统制政策，通过控制公益费征收这个关键环节，来保持对各公益会及其联合会的控制，公益联合会对各分会的领导几如名存实亡。如此一来，恢复起来的各公益会及其联合会无复有自治可言。

也许正是由于这个原因，汉口市公益联合会理事长祝尧如于 1945 年 5 月呈请辞职，并要求撤销联合会，将各区公益会直隶伪市府社会局管理。如果公益联合会裁撤，各公益会必将涣散，也必将冲击民间消防体系，严重削弱城市消防力量，重蹈此前撤销各分会及其联合会的覆辙。故当局决定仍然保留联合会，同时召集各区公益会负责人，"齐赴"伪市社会局举行改选大会。③ 从其后联合会对各分会消防督查的情况来看，公益联合会在督导消防方面发挥了一定的作用。④ 但是，从其负责人的改选产生不能在会内自主，而必须在伪市社会局直接主持之下进行的情形来看，公益联合会对其分会的领导即使摆脱了保甲的直接钳制，最终也还

---

① 《市府拟定公益费征收法　住户每月收费十元》，《大楚报》1944 年 8 月 20 日第 2 版。
② 杨玫：《民众意见箱·冬防和路灯》，《大楚报》1942 年 11 月 29 日第 4 版。
③ 《市公益联合会改选理事长》，《大楚报》1945 年 5 月 31 日第 2 版。
④ 参见《公益联合会召集队员训练》，《大楚报》1945 年 8 月 2 日第 2 版；《公益分会视察成绩发表》，《大楚报》1945 年 8 月 8 日第 2 版；《市公益联合会强化消防工作》，《大楚报》1945 年 8 月 18 日第 2 版。

是沦为了日伪当局直接控制下的工具，沦陷之前所具有的那种有限自治性也就荡然无存了。

从上述可知，汉口市区各公益会及其联合会的消防功能被特别强化，而自治性被销蚀。

与此相应，沦陷之前各公益分会及其总会原先所承担的其他市政管理职能，也因市政体制和基层社会控制体系的改变而发生了显著变化，其基本情况见表1。

表1　汉口市区各公益分会及联合会的市政管理职能（救火之外）在沦陷时期被替代的情况表

	沦陷之前	沦陷时期
卫生管理	各公益分会管理卫生夫役，负责打扫内街、公有里巷的清洁卫生，洗刷各里巷便池，疏浚内街公共沟渠，扫运垃圾。① 也负责渣箱等配套性卫生设施的整理和建置。公益联合会是"汉口市卫生建设委员会"的成员，协助市政府筹措修建全市厕所、便池的经费。② 实际上参与了全市厕所便池的管理。	主要由日伪卫生机构负责管理。1945年5月，日伪当局制定《促进市民清洁服务办法（草案）》规定："如街巷积有垃圾须由就近居民报告，该管保甲长随时征集当地劳役会同清洁夫除之"，"保甲长为清洁服务遇必要时，得征集市民劳动服务"。③

---

① 参见《整顿内街清洁及路灯　公安局昨召保安公益会代表谈话》，《汉口中西报》1934年4月6日第7版；《汉口市政概况》（1934.1—1935.6），武汉市档案馆藏，档号：bB13/3，"卫生"之第16页；《湖北省汉口市政府二十四年份实施整洁情形报告表》，《汉口市政概况》（1935.7—1936.6），武汉市档案馆藏，档号：bB13/4，"卫生"之第18—19页。

② 《全市厕所便池由卫生建设会专责办理》，分别见《汉口中西报》1932年7月6日、7日第8版。

③ 《促进市民清洁服务办法（草案）》，参见涂文学主编《沦陷时期武汉的经济与市政》，武汉出版社2007年版，第463页。

续表

	沦陷之前	沦陷时期
路灯管理	各公益分会及联合会负责市区绝大部分路灯的日常维护，经管路灯的数量5000盏（全市路灯总数为7000余盏）①；负责征收路灯电费②。1936年改由既济水电公司代收。	路灯电费征收由保甲进行③，各公益分会及联合会负责确定征收、制定收据。 其他路灯管理事务由政府机构（前前后后有日伪市社会局、市警察局、市公用局）负责。④
消防设施管理	各公益分会及联合会负责筹集增修消防水门经费，但须经市政府核准。⑤ 在市警察局消防队督饬下每晚派员看守冲要街道水门。⑥	由日伪警方管理。
冬赈	各公益分会及联合会负责协助市政府办理冬赈。总会为汉口市冬赈委员会成员，派员调查需要赈济的贫民。⑦	由区保甲长提供贫户名单，供调查员核查。⑧

---

① 《汉口市保安公益会及汉镇既济水电公司函呈》（1938年9月5日）；《汉口市政府指令》（利字第8822号，1938年9月12日），《既济水电公司·路灯电费》，武汉市档案馆藏，档号117-1-301。

② 报载："按照过去的惯例，路灯费由各段公益保安会代收，现在既已编组保甲制度，路灯费就应由各保甲长挨户征收。"杨玫：《民众意见箱·冬防和路灯》，《大楚报》1942年11月29日第4版。

③ 报载："按照过去的惯例，路灯费由各段公益保安会代收，现在既已编组保甲制度，路灯费就应由各保甲长挨户征收"。杨玫：《民众意见箱·冬防和路灯》，《大楚报》1942年11月29日第4版。

④ 涂文学主编：《沦陷时期武汉的经济与市政》，武汉出版社2007年版，第463页。

⑤ 《增设太平门 急装者二十八处 缓装者七十六处》，《汉口中西报》1934年10月25日第7版。

⑥ 《汉口市政概况》（1934.1—1935.6），武汉市档案馆藏，档号：bB13/3，"公安"之第6页。

⑦ 《汉口市政概况》（1935.7—1936.6），武汉市档案馆藏，档号：bB13/4，"社会"之第84页。

⑧ 涂文学主编：《沦陷时期武汉的社会与文化》，武汉出版社2005年版，第257—258页。

续表

	沦陷之前	沦陷时期
防水	公益联合会参与防水，加入防汛委员会，汛期派会内消防员协助防水。①	保甲长编队参与防水演习；受日伪市警察局之命组织保甲巡堤队，动员全体保甲民众巡堤。② 受日伪警方之命征壮丁筑堤。③

虽然在保甲制度严密推行之前，各公益分会及其联合会一度延续了自身的市政管理职能，公益联合会于沦陷末期也在一定程度上摆脱了保甲的约束，但是由表1可知，在沦陷期间，各公益分会及其联合会消防之外的市政管理职能几乎被保甲和伪市政机构侵蚀殆尽。

总之，沦陷时期的各公益分会及其联合会所发挥的社会功能严重萎缩，已经由先前多种功能演变为基本上局限于救火方面；同时，其组织性质也严重异化——由沦陷之前的有限自治的民间社团组织沦为毫无自治性可言的日伪当局的市政婢女，城市基层社会生态因之发生了巨变。而在这一过程中，保甲体系的建立及其对各公益会和公益联合会的钳制与影响至关重要。

三 城市衰败加剧：街区性社团
组织变异的消极后果

随着各公益会这些街区性社团及其联合会社会功能的萎缩与组织异化，沦陷时期的汉口城市社会呈现出加剧衰败的态势，其突出表现于以下两个方面：

---

① 《汉口市政府指令》，《湖北省政府公报》第118期（1935年7月25日），"指令"之第4页。

② 涂文学主编：《沦陷时期武汉的经济与市政》，武汉出版社2007年版，第618、621页。

③ 根据当时的防水演习方面的信息，保甲长和壮丁都参与了防水演习，由日伪市警察局负责组织演习，壮丁应该是保甲组织内的，他们既然参与防水演习，就可能在汛期被征防水筑堤。由此可以推知，保甲还负责组织市民防水，征夫筑堤。

其一，汉口市区卫生状况严重恶化。

在沦陷之前，汉口市区的卫生状况虽然并不能完全令人满意，内街或偏街里巷有时难免肮脏。但是在全市清洁卫生大扫除时，市政府要进行检查，检查时"均注重街道里巷之清洁"①。而在此之前，保安公益会会对管辖区内的清洁卫生进行大检查。所以，偏街里巷也较少出现各处垃圾山积、恶臭不堪的状况。

在沦陷之后，作为华中最大城市的武汉成为日本侵略势力在华经营的重镇。由于日本侵略军在华实行以战养战、以华制华的战略，故在其掌控之下的伪汉口市政当局，充当着严密控制和残酷搜刮城市以服务于日本侵略军的大东亚战争的工具，其市政功能严重异化。

作为傀儡政权，伪汉口市政当局甚至连用以开支维护城市环卫需要的打扫垃圾的基本工具的费用都不能自主；作为事关市民日用的自来水水价也必须请示日军联络部才能确定②，自来水的开放与关闭也不能自主；下水沟盖等铁质或铜质诸市政设施要件，在沦陷后期任由其作为战备物资而几乎被劫夺一空。在此情形下，伪汉口市政当局不可能为事关汉口市民生活质量乃至生命安全的卫生要政投以满足基本需要的人力物力财力，致使卫生人员"至感缺乏"③。到了1945年6月，伪汉口市政当局甚至连卫生局也不予维持，将其缩编为卫生科④；最后干脆裁撤卫生科，将卫生事务归并由市立医院管理，终致"防疫设施已完全失掉机能"⑤。

而原本可以较好弥补政府市政管理职能缺失的自治性街区组织，其市政管理职能在沦陷时期严重萎缩，汉口市区的卫生状况变得十分恶劣：不仅医疗卫生毫无保障，防疫卫生每况愈下，环境卫生也变得异常恶劣：

市内公共厕所数量太少，很难满足市民出恭的需要："在偌大的市面

---

① 《汉口市政概况》（1934.1—1935.6），武汉市档案馆藏，档号 bB13/3，"卫生"之第16页。
② 《市府函请军联络部酌予减少全市水费》，《大楚报》1945年8月10日第2版。
③ 《一周市政报告》，《大楚报》1942年8月13日第3版。
④ 参见宋晓丹、张嵩主编《武汉印记》，武汉出版社2015年版，第256页。
⑤ 《"登革热"症蔓延中　市区缺乏医疗诊治机构　甚盼省市当局迅速设法》，《大楚报》1945年8月10日第2版。

上走走，假若你须要大小解的时候，可真够你费神去找一找，有时候为了找公共厕所而多跑了一两条马路，还是找不到，但又不好随地便溺，这真叫你哭笑不得。"① 而这为数不多的公共厕所，多数又极不卫生："差不多都是秽物堆积，臭气熏水【天】，几乎令人不能插足，其对于市民的影响当然更大，尤其是设在街上的，更是有碍。"②

至于粪窖，那就更是脏不可堪。1943年，有人为此专门撰写了系列《臭词》，其中的一个残篇描写了汉口市第三区粪窖的脏：

三区好，粪窖保存多，既壮市容□古迹，又堪肥己利人屙；多些卫生□。

成语妙，板窄尿流多；坑内蛆虫□百万，私（尸）孩死鼠尽收罗；臭海靖无□。

诚费解，防疫果为何？霍乱伤寒□痢疾，纵教传染也由他；任命值钱□。

临出货，粪桶似星罗；每到夜阑□臭作，四邻掩鼻出而哇；窖主臭铜□。③

如此以文学的手法极尽描述肮脏之能事，实属罕见。而如此"艺术"地反映城市社会问题，也算得是当时报刊表达民意的一大特色。

汉口市区马路、里巷乃至整个街面以及沟渠也极不卫生。

在沦陷前期，汉口的"大马路上还像回事"，但中华区和偏僻小巷就别有天地，泥土飞扬，垃圾纵横，癞猫饿狗横行，苍蝇和蚊子交飞，虽时到深秋，声势不减。④ 到了1943年，第一区大水四巷垃圾、炭渣、粪便堆积如山，行人却步，住户掩鼻，其腥臭之气，直可达于云霄，让人惊叹"简直形成一特殊警戒地区，洵为本市一大特色"⑤。第二区一带街头巷尾，尤其是街面垃圾堆积诚如小丘，路为之塞。且污秽不堪，臭气

---

① 跑街：《公共厕所问题》，《大楚报》1943年1月19日第2版。
② 耐□：《几点应该注意的事》，《武汉报》1940年7月10日第7版。
③ 耐□：《臭词之一》，《武汉报》1943年8月10日第2版。
④ 笑笑：《且说卫生》，《大楚报》1941年10月26日第3版。
⑤ 《大水四巷垃圾成堆"大扫除"未蒙光临》，《大楚报》1943年12月7日第2版。

冲天，行人只有掩鼻而过。① （按：在沦陷时期的文献记载中，中华区有的记载为难民区，有的指中山路以南从硚口到民族路的地方，有的指中山路以南从硚口到江汉路的地方，前引资料中的一、二、三区都属于中华区；沦陷时期汉口难民区的范围是变动的。）到了沦陷末期，行人如织的马路两侧的沟渠污秽麇集于水面，播散臭气，以致行人经过，无不掩鼻。而里弄小巷，垃圾山积。② 有的街巷市民甚至因臭气熏蒸和蝇蚊满室而夜不安枕。③

1945 年 8 月中旬，汉口的卫生环境又被人"诗意地"描绘：

……谁信这里/有阳光的日子/也是一无阳光的天气/给都市放来的/腐烂的渣滓、炭灰/和混乱的水流/——日子串成的岁月/乃有假山样的土堆/同小河样的流水……这里/都市的背后/有花有草无春天。④

文中透露出来的是令人窒息与绝望的生存境态。

环境卫生状况的每况愈下，导致了疫病的广泛流行。在沦陷之末的汉口市区，脑膜炎、登革热先后流行并蔓延，导致众多市民死亡。⑤

可见，在沦陷时期，在各公益会及其联合会原有的卫生管理职能被侵蚀之后，汉口市区卫生状况严重恶化，其替代组织或机构并未承担起其应该担当的职责。

其二，汉口市区治安环境日趋恶化。

在卫生状况日趋恶化的状况下，汉口市区的治安环境也日趋恶化。而其重要原因之一，就是路灯管理状况的恶化。

路灯是方便市民生活的重要市政设施之一。沦陷前夕，汉口全市路

---

① 《注重夏令卫生》，《大楚报》1943 年 7 月 15 日第 2 版。
② 《维护市民的健康》，《武汉报》1944 年 3 月 11 日第 1 版。
③ 《耀顺里内渣滓山积　吁请当局派夫清除》，《大楚报》1944 年 7 月 20 日第 3 版。
④ 朱之宇：《都市的背后》，《大楚报》1945 年 8 月 18 日第 2 版。
⑤ 参见《脑膜炎蔓延猖獗期中口罩满街飞》，《大楚报》1944 年 3 月 15 日第 2 版；《"登革热"症蔓延中　市区缺乏医疗诊治机构　甚盼省市当局迅速设法》，《大楚报》1945 年 8 月 10 日第 2 版。

灯总数达 7000 余盏，各公益分会与联合会经管路灯的数量为 5000 盏①——而这 5000 盏路灯主要集中于后来名为中华区的那一片地区。在市政府的监督下，各会所管辖的路灯数量基本维持稳定，大体满足一般市民出行和维持社会治安的需要。到了战时，路灯损失十分严重。

在沦陷之初，日伪当局极力美化侵略战争，鼓吹革新市政，同时出于控制市区的需要，在其认为的几处紧要地方添设了少数路灯。截至 1941 年底，中华区及特一区等处装有路灯总计 792 盏，包括特二区、特三区一起，全市路灯数量总计 1326 盏，还不到原有路灯总数的 1/5。1942 年，日伪当局曾根据需要添设路灯 231 盏，但又于同年 12 月，"为适合战时体制，节省电流起见"，大量卸装路灯。到了 1943 年，全市路灯总数仅为 740 盏。② 至沦陷之末，为了防止盟军的空袭，日伪当局实行灯火管制，市面路灯更是稀少。路灯本来就少，一旦被损坏后又几个月无人过问也是常事。一至夜间，汉口市区有少量路灯之外的区域都是黑洞洞的，郊外就更不用说了。

沦陷时期路灯的极度缺乏，使市民生活在极端不便与不安中。仅如厕一事，竟也让市民伤神不已：每当去往大街上的肮脏的公共厕所的时候，"总想到这里管理厕所的肉食者，协力战争太热心，简直一盏五支光的电灯，也舍不得装上一盏"，不敢进入尿水横流的厕所门内。③

更为严重的是，路灯的极度缺乏，使得汉口市民的生命财产陷入极无安全保障的地步。行人如织的马路到了夜间就成了危险之途：车马行人在摸索着不规则地乱窜，稍一不慎，"人仰马翻"的惨剧，随时有发生的可能。④ 中心市区的街巷，"入夜行人既感不便，而宵小乘黑夜横行，甚至深夜挖门入室，时有所闻"⑤。更有甚者，暴徒在"不是'近于郊

---

① 《汉口市保安公益会及汉镇既济水电公司函呈》（1938 年 9 月 5 日）；《汉口市政府指令》（利字第 8822 号，1938 年 9 月 12 日），《既济水电公司·路灯电费》，武汉市档案馆藏，档号 117-1-301。

② 《汉口特别市政府四周市政概况》（汉口特别市政府秘书处 1943 年编印），武汉市档案馆藏，档号：bB13/7，"警察"之第 20—21 页。

③ 跑街：《公共厕所问题》，《大楚报》1943 年 1 月 19 日第 2 版。

④ 《话题》，《武汉报》1943 年 4 月 11 日第 3 版。

⑤ 《小火巷住民吁请恢复路灯》，《武汉报》1943 年 4 月 4 日第 4 版。

区'"① 的市区行凶。

由此可知，在沦陷时期汉口各公益会及其联合会原有的路灯管理职能被侵蚀之后，替代它的组织或机构，也没有承担应该承担的职责，致使市区治安环境严重恶化。

不论是卫生状况严重恶化，还是治安环境日趋恶化，均表明沦陷时期的汉口城市社会生态严重恶化，使得汉口市民日常生活极感不便，生命财产安全受到严重威胁，整个城市严重衰败。笔者无意将沦陷时期汉口城市的衰败完全归因于各公益会及其联合会组织功能的萎缩和变异。毕竟，导致沦陷时期汉口城市衰败的原因是方方面面的。但是，无可否认，这与日伪当局及其建立的保甲体系侵蚀了各公益会及其联合会原有职能是有密切关系的。

结语

在沦陷区各城市社会控制体系中，起基础性作用的是日伪警察系统和类同警察半官半民的保甲体系——该体系得以建立的依据是大同小异的保甲制度，我们对沦陷区城市基层社会控制体系的研究，显然不应该流于对保甲制度的文本解读。就不同的沦陷城市而言，其沦陷之前的基层社会控制体系往往会存在较大的差异，当日伪当局试图利用保甲制度建立城市基层控制体系时，它们就必须针对城市基层社会的具体情况来设计保甲制度的实施方案，此外，它们也要建立城市警察体系。因此，我们在研究日伪对沦陷区城市基层社会实行控制的时候，就应该深入各城市基层社会内部，考察其原有基层社会组织是如何在保甲体系的影响下发生变化的。这样做的好处是显然的：既可以揭示出不同的沦陷城市在日伪控制之下如何扩张保甲功能以强化其社会控制职能的实际情形，深化对不同沦陷城市保甲功能的研究，又可以更深入地考察沦陷前后城市社会生态的或显或隐的变化，从而避免沦陷区城市基层社会控制研究的模式化，以深化沦陷时期的城市社会史研究。

---

① 《雨丝》，《武汉报》1943 年 4 月 15 日第 2 版。

近代汉口市政发展与城市形象的变化[①]

近代汉口是中国内陆最大的港口和商贸中心，也是颇具国际影响的城市，其城市地位堪与津、沪一较高下，这种地位与影响，既得益于地理环境的得天独厚，也与其市政发展密不可分。同时，近代汉口也是一个形象多变的城市，这种多变同样与其市政发展息息相关。因此，对近代汉口市政发展进行纵向梳理，既可以深化我们对近代汉口城市地位的认识，也有助于深入了解历史上的汉口城市形象。本文将对近代汉口各时段市政发展概况与城市形象变化进行纵向梳理，在此基础上探寻近代汉口市政发展与城市形象塑造之间的关系，希望在盘点城市文化过去的同时，对于今天的城市建设与城市形象的塑造有所启示。

一 市政初兴："东方芝加哥"

汉口处长江与汉江交汇之地，是水运便利、商贸发达的大码头。嘉道年间，汉口"人烟数十里，贾户数千家，鹾商典库，咸数十处，千樯万舶之所归，宝货齐珍之所聚"[②]。咸丰年间，依旧"百货山积，万商云辏"[③]。不过，这繁华的"九州名镇"[④]，其市区在开埠前尚局限于襄河

[①] 本文原刊于《武汉科技大学学报》（社会科学版）2011年第3期。
[②] 范锴：《汉口丛谈校释》，江浦等校释，湖北人民出版社1999年版，第138页。
[③] 王葆心：《续汉口丛谈 再续汉口丛谈》，陈志平等点校，湖北人民出版社2002年版，第64页。
[④] 范锴：《汉口丛谈校释》，江浦等校释，湖北人民出版社1999年版，第138页。

（汉水）沿岸今硚口至龙王庙段以及长江沿岸龙王庙往北至广利巷（今江汉路段内）的扫帚形地带，此外则为乡间或水域。汉口的主要街道与江河平行，青石板街道两旁板壁商铺与居屋鳞次栉比，加之市区整体上地势低洼，又缺乏必要的排水设施和防洪保障，市街拥挤而不卫生，多雨之季难免洪涝之扰，物燥之时难避回禄之灾，市政面貌因地方当局的作为有限而缺少改观。1861年，清政府在列强威逼下被迫依据不平等条约实行汉口开埠。从此，汉口市政呈现出起伏跌宕的复杂多变局面，城市形象也随之屡生变化。

（一）租界的开辟与汉口市政的近代化起步

1861年以后，英、德、俄、法、日五国相继在沿长江汉口华界市区的北部建立了租界。为了经营各自的租界，五国不仅设置了领事馆，还设置了具体负责界内市政管理与建设的市政机构，如英、德、俄、法的工部局（市政委员会）和巡捕房以及日本的居留民团等，各国领事对于本国租界市政有"专管"或监管的权力。为了保障租界的安全和繁荣，各租界市政当局相继开始了各种市政建设，汉口市政的近代化由此起步。

积极建设道路。"租界所在区域，原来只有乡间小路及土路。租界开辟后，为便捷交通运输，便利日常生活，把修建、扩展、完善道路系统视作头等大事对待……英租界内道路整齐划一，最先形成网络。从英租界开始，租界区内的道路严格规划，并且随着租界的建设不断完善。"①

创办邮政、电话和电力公用事业。1872年，英国领事馆开办了汉口首家客邮，此后各国相继开办客邮，近代邮政在汉口不断发展。1901年，德商在德租界内开办了市内电话，成为汉口电信业的开端。1906年，英商电灯公司的开办，则成为汉口电力公用事业的起点。

修筑沿江防洪堤岸。据《海关十年报告·江汉关》所载，从1861—1896年间，英、德、俄、法四国租界堤防建筑费高达825000海关两。②各租界还修筑了轮船码头，近代港口开始形成，汉口的客、货运吞吐能力大为增强。

---

① 汉口租界志编纂委员会：《汉口租界志》，武汉出版社2003年版，第349页。
② 拙文：《论晚清汉口堤防建设对城市环境变迁的影响》，《江汉论坛》2009年第8期。

此外，租界还引入了华界既济水电公司的自来水，修筑了用于排污的下水道，等等。

随着西方近代市政文明的传播，到20世纪初，汉口沿江租界已是一派洋楼林立、街道开阔整洁、码头繁忙的欣欣向荣景象。

(二) 华界市政的新气象

1864年，为应对捻军的侵扰，由汉阳知府倡率、民间筹资修筑了汉口城垣，修建了"米厂、新码头、沈家庙、万安巷、武圣庙各圈"街道①；1877年，江汉关道创设了官渡；1881年，江汉关道与汉阳同知一起负责修整了市区正街、夹街、河街等街道。此外，市政当局还对市区进行了诸如修理火政、赈济灾民、办理冬防之类的例行管理。不过，湖北新政之前，汉口的市政建设与管理总体上缺少着眼于城市未来发展的长远眼光。

张之洞督鄂之后，湖北开始实行新政，省府亦很关注汉口的发展，积极加强对汉口的市政管理，进行了富有开拓精神和战略眼光的市政建设。为了繁荣华界市区，使华界利权尽可能少地被租界侵夺，湖北省府先后在汉口设立了夏口厅和一些专门针对汉口市政建设和管理的市政机构，如警察局、后湖堤工局、马路工程局等。在省府的领导下，汉口的市政建设有计划地展开，先是筑后湖长堤（按：该堤在民国时期称为"张公堤"），拆除辖区内的城垣，清除市区拓展的障碍；同时依城基修筑了华界市区的第一条大马路——城垣马路（民国时期称为"后城马路"，进而成为中山大道的一部分）；之后，市政当局又开辟了市区靠近大智门车站一带的马路，以联络卢汉铁路，发展华界市场。此外，改良警政，加强消防管理，拓宽旧市区街道，加强对市区房屋建造的监管；开办现代邮政，设立电报局并兼办电话业务等。

华商也积极参与市政建设，经营蒸汽轮渡，兴建电话公司和既济水电公司，并积极地辟建市街。

后湖长堤的修筑使城市环境发生翻天覆地的变化，后湖水域大片退缩，显露的陆地为市区的拓展提供了空间，市区安全也因之较从前更有

---

① 徐焕斗修，王夔清纂：《汉口小志·建置志》，民国四年铅印本，第143页。

保障，城市土地开发热潮亦随即出现；城市交通体系初步形成，新式的交通工具开始在马路上奔跑，新市街得到开辟，旧市街亦因街道被拓展而得到一定程度的改造。

随着华界市政近代化的快速跟进，土地开发热潮的出现，交通体系的初步形成，城市环境发生了翻天覆地的变化，汉口市容大为改观。对此，驻汉外国人有这样一段描述：汉口"已有了自己的电话公司，用电和供水由一家中国公司提供……城区马路已有警察执勤，市政当局正朝着改善排水设施，加强卫生教育方面努力。马路拓宽了，所有新盖建筑比原来的老房子后退了3英尺。老城厢和租界一样，新式西洋建筑使老式建筑黯然失色"①。

（三）令人艳羡的"东方芝加哥"

如果说租界市政的发展，给此前少有变革的汉口市政带来了近代气息，对华界市政发展起到了示范与警醒作用的话，那么，华界市政的奋起直追，则从更大范围内推动汉口市区的拓展和城市功能的完善。而华界与租界市政的发展共同强化了汉口交通枢纽与商业中心地位，改变着汉口的城市形象。"在中国人看来，汉口正在稳步地发展成为一个巨大的商业都会。"② 在外国人眼中，迅速崛起的汉口，不仅战略地位十分重要——"汉口似乎是清帝国最重要的港口"③，"汉口为长江之眼目，清国之中枢，可制中央支那死命之地也"，而且其发展前景令人艳羡，地位堪比美国芝加哥："与武昌、汉阳鼎立之汉口者，贸易年额一亿三千万两，凤超天津，近凌广东，今也位于清国要港之二，将进而摩上海之垒，使观察者艳称为东方之芝加哥。"④ 此语不仅是对汉口城市地位的充分肯定，同时也是对汉口城市形象的赞誉。从此，"东方芝加哥"成为近代汉

---

① ［英］穆和德等：《海关十年报告（1882—1931）》，李策译，香港天马图书公司1993年版，第103页。

② ［英］穆和德等：《海关十年报告（1882—1931）》，李策译，香港天马图书公司1993年版，第16页。

③ ［英］穆和德等：《海关十年报告（1882—1931）》，李策译，香港天马图书公司1993年版，第2页。

④ ［日］水野幸吉：《汉口：中央支那事情》，刘鸿枢、唐殿薰、袁青译，上海昌明公司1908年版，第1页。

口的别称和城市形象的美称，进而在民国时期演化为整个武汉的别称和城市形象的代称。

二 "自由建筑"与"完全市场"(1912—1926)

(一) 城市重建与"自由建筑"

在辛亥首义南北军争夺战中，汉口华界大部分市区被损毁，民国建立伊始，城市重建成为汉口市政建设的当务之急。当时，不论是中央政府、地方当局还是汉口商界，都想抓住历史给汉口城市重建、市政发展带来的契机，鄂军都督府都督、副总统黎元洪说："盖汉口系通商巨埠，全国中心，稍有知识，莫不企改旧观，求完美之建筑，壮万国之观瞻，全在此举，断不能因陋就简，坐失良机。"① 时论亦称，"汉口经北军一炬，识时者咸谓此乃改良市政之绝好机会"②。在官商有着高度共识的情况下，如果各方共同努力，抓住历史契机，那么，汉口市政与城市的现代化将大大向前迈进。然而，在城市重建的最佳时段——1912—1915年间，汉口的重建却未能顺利展开。一方面，由于政府的专制与腐败无能、军阀的专横、中央政府与地方政府的明争暗斗，使得负责汉口城市重建的市政机构更迭不断③，而实际主持城市重建事务的人又缺乏市政专长，加之重建经费没有着落，官商间存在意见分歧，政府只得不断地制定和调整城市重建规划，最终导致重建规划变动频繁，政府主导的城市重建一拖再拖；另一方面，历经战乱之苦、损失之痛的汉口商民与业主们又急于安居乐业，他们在1912年就不顾政府的相关禁令而开始"自由建筑"④，到1914年信誉扫地的政府在城市重建事务上还是"雷声大，雨点

---

① 《新汉口之大建筑》，《申报》1912年3月26日第6版。
② 《汉口市政新谈》，《申报》1912年5月13日第6版。
③ 最早的机构是1912年2月建立的汉口建筑筹办处和汉口马路工巡局，后者6月上旬前后者被撤并入前者。同年11月，汉口建筑筹办处被撤销并成立了汉口马路工程专局。以上机构均听命于湖北省府。1913年底，又成立了直属于北京政府的督办汉口建筑商场事宜处，汉口马路工程专局移交该处管理。1914年5月，又成立了由江汉关监督兼任处长、主要辖属于湖北省府的江汉关管理工巡处，1920年7月该处撤销，同时成立汉口马路工程局。1922年2月，该局并入督办汉口建筑商场事宜处。
④ 《自由建筑房屋》，《国民新报》1912年8月26日第4页。

小",商民与业主们自发重建的力量更是无法阻挡了,政府最后不得不同意业主会改定原先规划的街巷等级①,任其自由重建。实际上,到1915年汉口已经丧失了实行城市重建的最佳时机。1916年以后,尽管政府又制订了一些重建计划,但是都没有落实。因此,政府在市政建设方面缺少建树,整个民国初期华界市区重建基本上是由民间的自由建筑完成的,最终"在无序中落幕"②。

(二) 政府市政管理缺憾多

民国初期,汉口市政仍处于华洋分治的状态。当时,汉口华界市区的日常市政管理机构主要有警视厅(警察厅),负责城市的交通管理、道路维修、卫生管理、治安管理和市区的建筑管理等。此外,在防洪、较大规模的赈济、冬防、不安定时期的治安维持等方面,官府往往与民间社团组织协作进行管理。由于政府市政管理的疲软,汉口华界的市政管理存在着很多缺憾。

1. 市区道路失修,交通拥挤

"杂物货摊,填街塞巷,夹道纷陈,不能容身。"③

2. 公共卫生极欠管理

"偏街僻巷,渣滓堆积,并有路毙遗尸数日无人收殓"④;"厕所林立,污秽不堪"⑤;街道上"马勃充地""臭气冲天"⑥;小街屋隅有便迹,行人皆掩鼻而过,酒馆后门有残渣,饮食店内"蝇蚋咕嚷"。汉口被讥具有"藏污纳垢的特色"⑦。

3. 警政极为腐败

作为负责城市日常管理的政府机构,警厅和警察成为时人一致批评的对象,诸如:"汉口警务,至近年来,腐败已达极点,其他情弊,姑置

---

① [英]穆和德等:《海关十年报告(1882—1931)》,李策译,香港天马图书公司1993年版,第8页。
② 拙文:《民初汉口重建借款问题研究》,《江汉论坛》2010年第12期。
③ 周以让:《武汉三镇之现在及其将来》,《东方杂志》1924年第21卷第5期。
④ 《卫生科所司何事》,《国民新报》1912年8月5日第4页。
⑤ 《联合会临时动议之案件》,《汉口中西报》1919年4月6日第3张。
⑥ 周以让:《武汉三镇之现在及其将来》,《东方杂志》1924年第21卷第5期。
⑦ 陈芳之:《汉口市之卫生(内地租界之比较)》,《市声周刊》1923年第2期。

不论。即站岗巡警,每日在街中闲玩几句钟,就算了事。至于街中摆设赌摊,或大家扰乱秩序诸事,均视若无睹"①;"虽有警察,大都不知卫生为何事,门口倾泼秽物而不取缔,道上遗矢而视若固然",人们认为"警政腐败,不明职责"。② 大名鼎鼎的汉口,其警政远不及长沙,"长沙一埠,道不拾遗,鸡犬无惊,市政之饬,冠于全国,询之武汉来者,皆言不及长沙百一也"③。

相比之下,汉口租界的市政日趋完善。由于华洋市政的巨大反差,在汉的外国人"每以租界为天堂,以华界为地狱"④。时人曾这样指出:"目前国内的大小市政,在表面观之,未始不足咀壮观瞻,而耸人听闻。但细心观察,便马上可以看出他很多缺点,如像市区域之杂乱无章,建筑物之参差不齐,交通无规定,卫生管理,以致于秩序毫无,紊乱不堪,喧嚣终日,腥臊遍地,此无他。无精神之改革,乏严密之管理。别的不说,单拿上海米市说罢……所最令人触目的,便是马路上的渣滓,遍地堆积,路旁的浊水,到处奔流,人行道上,小摊林立,店铺前面,桌椅横陈,商店的商招,遮天蔽日,广告标语,贴满街衢,甚至死猫死鼠,随弃街心,大便小便,满布街巷,真有举步难行,掩鼻而过之苦!全国著名的上海市是这样,我曾到过的南京、汉口、宜昌、北平、天津、杭州、厦门、成都、重庆等市,也是这样。"⑤

(三) 民国初期的"完全市场"

真正给民国初期汉口华界市政带来活力的是民间社团组织,尤其是那些经营公用事业、公共事业的工商实体,前者如保安会、自治会之类街区性地方自治组织及其集合体——汉口各团联合会、汉口慈善会、善堂联合会、商会等,它们负责日常的街区消防、社会救济、街巷维修、治安与路灯管理,后者如商办汉镇既济水电股份有限公司、商营轮渡公司、车行等。这得益于政府的"无为而治"——对市场运作的少干预,

---

① 《警察见事不管》,《汉口中西报》1921 年 11 月 25 日第 3 张。
② 周以让:《武汉三镇之现在及其将来》,《东方杂志》1924 年第 21 卷第 5 期。
③ 赵可:《市政改革与城市发展》,中国大百科全书出版社 2004 年版,第 65 页。
④ 《业主会详记》,《国民新报》1912 年 5 月 15 日第 4 页。
⑤ 刘郁樱:《谈市政管理》,《道路月刊》1930 年第 32 卷第 1 号。

它们负责供应水电，运营城市水陆交通与公共娱乐场所，组织并出资兴建码头、市街与住宅区，将浓郁的自由竞争式的商业精神融入市政建设与管理中，将市政与市场紧紧地联系在一起。毫无疑问，商营性市政给民国初期汉口城市的发展增强了驱动力。

正因如此，尽管民国初期政府主导的汉口城市重建并不成功，官办市政缺少建树，但城市社会却充满活力，"汉口……近来交通发达……阛阓栉比，年盛一年，其地位之优胜，实为我国内地第一商场，比之美国芝加哥，英国利物浦，有过之而无不及"①。在汉口，商人们感到的是经营的自由与商业运作的市场化。当他们在20世纪30年代深深地感到商业经营强烈受制于政府干预时，他们就更怀念民国初期汉口的城市形象："本市在民国十五年以前，各种营业，尚称发达，且属完全市场……"②

三 市政模范：国际化大都市 (1927—1938.10)

1926年9月，北伐军控制了汉口，汉口市政府随即成立。其后，尽管市制多变，但市政府主导汉口市政的基本格局在法律的保障下确立起来③，从此，汉口市政被置于城市政府的统一管理之下，市政建设很快步入快车道。在1927年至汉口沦陷前夕，这段时期里，以南京国民政府治下刘文岛与吴国桢任职时期的市政建设成效最为显著，汉口的城市现代化因而大步向前迈进。

(一) 市政现代化快速推进

在汉口市政发展快速推进阶段，负责汉口市政的市政府组织虽屡有更迭，但其市政管理有两点是基本不变的：其一，引入现代市政建设理念。效仿欧美，制定城市管理的制度、法规和条例，注重系统的市政规划与改造，参照西方城市功能分区的规划理论，结合汉口城市具体状况，

---

① "中华民国史事纪要会"编：《中华民国史事纪要（初稿）》，黎明文化事业股份有限公司1986年版，第566页。
② 刘少岩、李荻心：《本季检查偷漏述略》，《水电季刊·论坛》1933年第10期。
③ 拙著：《近代汉口市政研究（1861—1949）》，中国社会科学出版社2017年版，第547—548页。

将汉口按商业区、工业区、住宅区、小工商业区以及高等教育区、市行政区进行功能分区，以期彻底改变汉口工商不分、居屋与店厂混杂而壅塞的状况。在城市建设中，把道路等城市基础设施建设放在突出的位置，注重城市的园林绿化。① 所有这些使市政管理逐渐制度化、规范化，城市建设基本上依照规划有序有效地进行。其二，实行专家治市。不少留学欧、美、日的市政管理人才进入市政府，"由市长统筹领导，按专业化分工由各部门领导分级负责分专业组织实施，组成由上至下的分级网络体系，各部门的专家和相关的职员在各自的领域发挥作用，共同推进市政建设和城市的发展"②，市政因之基本上实现了管理的专门化、科层化。

引入新的市政理念，实行专家治市，在一定程度上促进了汉口市政管理的现代化，也加速了汉口市政建设的发展。在这一阶段，汉口市政建设成就突出地表现在以下几个方面：

道路建设突飞猛进。据统计，在1938年沦陷前的10年中，市政府在汉口新辟现代化的柏油马路6条（含同时新建地下大型排水设施），总长4.7公里；改造碎石路加铺柏油路面19条；碎石路改铺水泥路4条；新辟和改煤渣路、土路为碎石路6条；新建马路路基和临时马路16条等。翻修、改造各类马路以及租界与特别区市政当局翻修马路尚不计此列。③市政府翻修的沿江马路，自江汉关至民权路段，"美观不弱于租界，商旅经过其间，颇觉便利"④。到30年代中期，汉口新式道路系统已基本完成，交通状况大为改观，时人认为，汉口"市政之所以号称进步者，即由于此道路工程之猛进也"⑤。

市区的公共卫生和居屋旅馆的室内卫生因城市下水道的规划与整理、公共厕所的兴建而大有改观。模范区的下水道筑成后，区内"家家户户有卫生设备，抽水马桶，彻底废弃老式的马桶，真正地享受现代化的卫

---

① 涂文学：《城市早期现代化的黄金时代》，中国社会科学出版社2009年版，第155—157页。
② 涂文学：《城市早期现代化的黄金时代》，中国社会科学出版社2009年版，第128页。
③ 涂文学：《城市早期现代化的黄金时代》，中国社会科学出版社2009年版，第181页。
④ 《续修沿江马路 昨函建厅请拆所有房屋》，《湖北中山日报》1930年12月5日第3张第4版。
⑤ 赵可：《市政改革与城市发展》，中国大百科全书出版社2004年版，第232页。

生设备"①，而新建的江汉路地下厕所，"是抽水马桶的。这是亚洲都市上的第一个地下厕所"②。

公园建设成绩突出。当时兴修的公园主要有中山公园和府前公园。中山公园是由留法归国的吴国柄参照各国最新公园建筑设计的，园内亭、台、楼、阁、假山坐落于湖岸边、小岛上，栽植各种花木2万余株，还有运动场、游泳池、溜冰场、民众教育馆和总理（孙中山）纪念堂等。其中，"游泳池是汉口市的第一个游泳池，其大小、深度都符合国际标准"③。时任市政府社会局局长蒋坚忍自豪地赞誉中山公园说："长江流域除上海法国公园略为设备完全外，其余皆不足与中山公园媲美。"④

堤防建设大步推进。1931年大水灾之后，在汉口环市堤防的管理、修筑方面，中央政府和湖北省政府逐渐理顺了它们对堤防的统筹管理与汉口市政府对市政的主导之间的关系，汉口市政府得以在大水灾之后大力而稳步地推进堤防建设。到全面抗战开始前夕，汉口市政府培修环市堤防的计划大部分已经完成，汉口环市堤防大为加强。⑤

(二) 印象良好的国际化都市

民国中期，汉口市政现代化水平一直在全国城市中名列前茅，市政的进步给汉口城市形象带来了焕然一新的感觉。

刘文岛任市长时期，汉口市政建设成效得到了外界的公认。刘文岛有一次自南京返回汉口后说："很多见到我的人说我把汉口弄的很好，有中山公园、沿江马路，旅馆有抽水马桶……他们都说汉口的建设比南京都好。希望我回汉口把建设的说明书寄给他们……南京、上海郊区浮棺

---

① 政协武汉市委员会文史学习委员会编：《武汉文史资料文库·工商经济卷》，武汉出版社1999年版，第467页。
② 政协武汉市委员会文史学习委员会编：《武汉文史资料文库·工商经济卷》，武汉出版社1999年版，第473页。
③ 政协武汉市委员会文史学习委员会编：《武汉文史资料文库·工商经济卷》，武汉出版社1999年版，第479页。
④ 涂文学编：《武汉老新闻》，武汉出版社2002年版，第308页。
⑤ 拙文：《堤防弊制、市政偏失与1931年汉口大水灾》，《人文论丛》2008年卷，中国社会科学出版社2009年版，第494页。

太多了，难怪他们说汉口好。"① 当时，长沙市政筹备处为学习城市管理经验，多次派员到汉口特别市政府各局参观，索取有关市政报刊和资料。② 吴国桢任市长时期，市政建设由于市府建制的变动，受制于财力，加之时局变化和 1931 年大水灾的后续影响，市政建设虽然未能如刘文岛时期那样迅速发展，但仍然持续稳步地进行。

市政快速发展时期的汉口给中国记者留下深刻印象的是华界超越租界的惊喜："近两年来，市府修路的成绩，出乎我们意料之外，由牛路跳过了马路的阶段，进而为现代的柏油路。汉口法日租界，觉得自惭形秽，近步市府之后尘而翻造柏油路了。记者这次到汉口来，从特三区到两个租界，走的都是康庄大道……今日的汉口，已不是蒙尘的西子，而是束装入时的少妇。"③ 外国记者詹姆斯·贝特兰"对汉口第一个印象很为良好"，其眼中的汉口是与上海及天津一样的"最受国外影响的城市"，呈现出"比较是有一种现代化的景象"、是"的确非常配作中国战时的首都"的城市。④

四　魔爪下的异化：没有灵魂的都市 (1938.10—1945.8)

沦陷时期，是近代汉口市政史上最黑暗的时期。在这一时期，实际执掌市政大权的势力并不真正为城市的利益而作为，汉口市政被扭曲和异化，同时，城市形象也显得狰狞可怖。

(一) 不能自主的城市政府

沦陷时期，汉口在日军的扶持下相继成立了 5 个傀儡政权：武汉治

---

① 政协武汉市委员会文史学习委员会编：《武汉文史资料文库·工商经济卷》，武汉出版社 1999 年版，第 473—475 页。
② 参见赵可《市政改革与城市发展》，中国大百科全书出版社 2004 年版，第 224 页。
③ 参见涂文学《城市早期现代化的黄金时代》，中国社会科学出版社 2009 年版，第 192 页。
④ ［英］詹姆斯·M. 贝特兰：《华北前线》，林淙等译，文缘出版社 1939 年版，第 335—336 页。

安维持会、武汉特别市政府、汉口市政府（直辖）、汉口特别市政府、汉口市政府（省辖）。①但是，每个傀儡政权在市政上都不能自主，各级组织之下都设有驻汉日军委任的嘱托、顾问（后改为联络官）等，他们实际上是驻汉日军的利益代表，操控着日伪城市政权。例如：日伪武汉特别市政府时期，根据组织章程，市政府在市政上有自主权，但是其最高市政权实际上操控在首席顾问、日军汉口特务部科科长浅见大佐手里，浅见大佐在特务部的执行任务之一就是"市政指导"，同时，"各政府机关及补给厂分担军部行政和军需物资的筹备工作"②。因此，沦陷时期的汉口市政是以日军的利益与意志为转移的。

（二）军事化的市政管理

为了控制市政资源以服务于日军的侵略战争，日伪市政当局对汉口市政实行了军事化管理，其中尤以对市区治安、水电、堤防、交通的管理最为突出。

汉口沦陷之初，城市治安由日军直接承担，并且，除日租界外，日军政当局将整个汉口市区划分为驻军区、华中区（难民区）、日华区、商业区，以及特一、二、三区和法租界，进行军队监控下的严厉的分隔式管理。这种分隔式管理与沦陷期相始终。在伪市政府警察局成立以后，汉口城市治安遂由日军与伪警察局协调进行维持，而实际上仍处于日军掌控之下。由于水电与日军的生活供给和军事需要密切相关，日军一开始就占领了既济水电公司并纳入军事控制之下，成立了华中水电公司（亦称华中水电株式会社），进行军事化管理，水厂和电厂均由日本宪兵队驻守。由于市区中山路以北至张公堤属于驻军区域，沿张公堤有日军的驻防工事，日军在此也实行军事化管理，市民不得在堤上逗留。沿河沿江

---

① 武汉沦陷后，第一个具有政权性质的机构是1938年11月底成立的武汉治安维持会。1939年4月20日，以张仁蠡为首的伪政权武汉特别市政府成立，暂时无所隶属。1940年9月20日，武汉特别市政府改为汉口市政府，直辖于汪伪南京国民政府行政院。1941年3月28日，又改为汉口特别市政府，辖属依旧。1943年11月，又改为汉口市政府，受辖于伪湖北省政府，市长为石星川。1945年8月，日军投降，国民党政权开始办理日军武汉受降事宜，日伪政权遂瓦解。

② 涂文学主编：《沦陷时期武汉的政治与军事》，武汉出版社2007年版，第1、485、424页。

一线也由驻军控制,各主要交通路口或日伪重要机关所在街道均有日本宪兵把守,交通指挥灯也主要设置在这些路口或街道上。公共汽车、过江轮渡上甚至也有宪兵维持秩序。

(三) 沦陷时期的"市政建设"

沦陷时期,日伪市政当局不仅制定了市政规划,也展开了所谓的"市政建设"。

1. 极力强化堤防

日军侵占武汉并继续向南侵进后,以汉口为核心的武汉三镇一方面成为日军继续南侵的桥头堡;另一方面又成为其南侵的后方据点。1943年,日伪在汉的喉舌就曾积极配合日军的侵略战争,公然宣称汉口市是"大东亚战争完遂之最前卫及后方兵站基地"[①]。但是汉口市区实际上无险可守,为了构筑军事屏障,完善城防,日伪市政当局异乎寻常地关注汉口堤防,声称要"推进市政建设""保护堤防"和"完固堤防"[②],不仅成立了相应的堤防管理机构,不断地严密堤防法令规章,而且在工程建筑方面优先堤防建设、极力强化堤防,有计划、斥巨资、大量强征民力持续修筑堤防,甚至日本驻军主动参与堤防修筑。[③]

2. 道路绝少建设,即便有新建亦服务于日军的军政利益

翻检沦陷时期日伪当局发布的市政公报、市政纪念年刊之类的政府公报及其主办的大报——《武汉报》《大楚报》,我们不难发现,沦陷时期汉口的道路建设基本停留在修修补补的状态,即使有少量的兴建,也是以服务军事为目的。如新建竣工或新建之中的几条道路——航空路至飞机场支线、利济路、武胜路、循礼门至怡和后街路、汉宜路至放送局路、太仓路至火葬场路,除了最后一条外,前几条要么是为了打通日军的运输通道、方便日军的军事运输,要么是服务于日军的信息传递。

事实上,日伪市政当局也未能很好地顾及道路的维修,以至于到

[①] 涂文学主编:《沦陷时期武汉的社会与文化》,武汉出版社2005年版,第76页。
[②] 《张市长施政方针谈话》,《大楚报》1940年1月1日第1版。
[③] 参见拙文《强化与异化:沦陷时期的汉口堤防》,载吕一群、于丽主编《海峡两岸纪念武汉抗战七十周年学术研讨会论文集》,长江出版社2009年版,第377—382页。

1944年，市内"各马路，实在已经有'破损不成样子'之感。故无论边街僻巷，即如几条车马杂沓、行人如织的中山路、'三'民路（按：指民族路、民权路、民生路）、江汉路等路面，亦处处呈龟裂破碎的状态。此种情形，既有碍观瞻，且易于引起交通危险"①。据统计，汉口自沦陷以后全市柏油路、碎石路几乎全部被毁坏，约1100万平方米的路面无法继续使用。②

沦陷时期汉口市政的其他很多方面亦处于建设少，甚至不建设反遭破坏的境地。例如，日伪政权建立以后，在市区断续添置了一些下水道沟盖和路灯，但到1943年以后，很多铁质下水道沟盖却被日军掠夺去作为战备物资使用了；路灯则被日伪当局或以节省物资为由，或以电线老化、存在安全隐患为由，陆续将一些街巷的电线剪断后拆除③，结果"小街小巷暗如地狱"④，"各偏僻街道，入夜即成黑暗世界，是以一般宵小潜伏，行窃事件，屡有所闻"⑤。水电方面，水电公司强行将难民区的原有水管挖除，居民被迫改吃水桩水；1944年，难民区"一带的一部分商店月来也开始停止供给电流，所以一至夜间，停止电流的街道除了保留一二路灯以外，四周都是黑洞洞的"⑥，日华区先期只供日侨用电，沦陷3年后，才让华民用电。⑦ 卫生方面，公厕建设很少，不得不保留大量便池，尤其是难民区便池多，因缺乏管理，以致难民区"厕所便池靡不秽气四溢，尤以僻处巷落之便池，更为令人见之欲呕"⑧，"有数的几个公共厕所，简直难找到几个是干干净净的"⑨；垃圾清扫通常依赖卫生大扫除，但难民区与偏街小巷"别有天地，泥土飞扬，垃圾纵横，病猫饿狗横行，

---

① 《老实话》，《大楚报》1944年3月24日第2版。
② 涂文学：《武汉通史·民国卷》（上），武汉出版社2006年版，第317页。
③ 《希望回复路灯"必要"与否之商榷》，《武汉报》1943年3月1日第4版；《旧线装置路灯 警局分别拆除》，《大楚报》1943年8月20日第2版。
④ 《冷僻街巷 暴徒行凶 路灯之设万不可缓》，《武汉报》1942年4月14日第4版。
⑤ 《敷设路灯》，《大楚报》1941年5月16日第6版。
⑥ 《节省用电》，《大楚报》1944年7月20日第2版。
⑦ 黄金周：《汉口六渡桥纪事》，《武汉文史资料》1996年第3期。
⑧ 《武汉语丝》，《武汉报》1941年1月18日第3版；《中华区内卫生依然保存国粹》，《武汉报》1941年1月14日第3版。
⑨ 《公共场所的卫生问题》，《大楚报》1943年1月19日第2版。

苍蝇和蚊子交飞"①，就连伪市政当局也承认"街头巷尾，秽物积储"②。

(四)"有花有草无春天"

汉口的沦陷，对一般市民来说，不啻是一场噩梦。沦陷时期的汉口，给一般市民带来的是殖民统治的高压、生活的重负和心灵深处痛苦的呻吟与无助。此时人们心中的汉口，已不是前程似锦的"东方芝加哥"和富有自由度的"完全市场"，也不再是充满自信的模范都市。

发表在日伪喉舌报——《武汉报》和《大楚报》上的两段诗文，绝望地描绘出存有良知的中国人对于沦陷时期汉口的深切感受，同时也准确地刻画出沦陷时期汉口的城市形象：

> 别了！汉市！假如说是留恋吧？为什么我却觉得十分沉寂，诅咒你是没有灵魂的行尸！假如说不留恋吧？为什么凝视着柏油的街道，心中感到重压的苦痛？
>
> ——《别了！汉市！》③

> 这里/没有人知道/是给都市嘴里/吐出来的人群/永远/有高大的洋楼/高大的烟囱/给他们做了屏风/还有用他们的血汗/筑成的教堂钟楼/冷酷地望着/不讲一声感谢/是上帝的派分/硬把人间隔开来/一边是天堂/一边是地狱

> 谁信这里/有阳光的日子/也是一无阳光的天气/给都市放来的/腐乱的渣滓、炭灰/和秽浊的水流/日子串成了岁月/乃有假山样的土堆/同小河样的流水

> 他们/生活在阴暗潮湿霉毒里/有蚊蚋有苍蝇/无数的细菌混合了煤烟/他们/一样的要食粮和空气/而无营养欠新鲜/谁相信他们不早死/粗臂膀现出脉络的壮健/他们牛马样的工作/造成天堂的舒服/给地狱的痛苦/他们/有心也有眼/与天堂的人群一样/为什么/生活都是两般

---

① 《且说卫生》，《大楚报》1941 年 10 月 26 日第 3 版。
② 《卫生局饬属清除积污》，《武汉报》1943 年 11 月 18 日第 3 版。
③ 需人：《别了！汉市！》，《武汉报》1941 年 9 月 26 日第 6 版。

> 这里/都市的背后/有花有草无春天
> 　　　　　　　　——《都市的背后》①

五　战后市政难复原：破落失意的都市 (1945.9—1949.4)

经历近 7 年战乱之后，汉口市政元气尽失，抗战胜利后，汉口步入了所谓的"复员期"，市政百废待兴。

(一) 复员市政难复原

复员之初，汉口市作为国民政府的普通市还建，人们希望汉口市政尽快恢复元气，时论谓："'胜利不是休息，复员不是复原……但愿胜利后能够快些复原。"② 遗憾的是，汉口市政发展一直未能恢复到战前的水平。

汉口市虽然进入了复员期，但是市政府的组织与市财政能力已不可与战前同日而语。战前市政是专家治市，而此时大量军人与政客进入市政府，市政建设较少有专门人才。"专家治市"成为市民的期盼，舆论呼吁："市政需要专家，专家政治尤应与市政改制同时并施，使文官制度为[与] 专家政治成为改制后市府人事新的两大基点。"③ 1947 年 8 月 1 日，在汉口社会各界的极力争取下，汉口正式由普通市改为特别市，却未能实现专家治市政策与市政改制同时并施。

战前汉口市财政在普通市时期虽然并不十分宽裕，但总体上还不至于十分困难，在特别市时期，市财政比较富裕，执政者对汉口的市政发展尤其充满信心。刘文岛曾经这样说："广州市每年的税收，不过毫洋五百万，以毫洋折合大洋，恐怕还不能每月有四十万大洋的平均数；上海市的税收，每月亦在四十万左右，但市府的成立，比较汉口长久；南京市每月只有十二万的收入，更不用说了，所以在全国各特别市，比较起

---

① 朱之宇：《都市的背后》，《大楚报》1945 年 8 月 18 日第 2 版。
② 《但愿能够复"原"》，《武汉日报》1946 年 2 月 8 日 "增刊" 之第 1 版。
③ 《改制后的人与政》，《汉口报》1947 年 7 月 3 日第 3 版。

来，我们汉口市的前途，实在很有希望。"①复员后，汉口市财政一直比较困难，于是社会各界均寄充裕市财政的希望于改变市制，市政府"参议员……咸以在本市为普通市时期，市政计划或因经费不足，或因省府牵制而不能尽量推行，现在恢复为直辖市，当无以上困难，市政当局应有独立自主之精神，应以安定民生为目的，从大处着眼，不畏难，不迁就，不空言，不敷衍，以求市政之一新，社会得以维持，人民生活得以安定"②。汉口改为特别市之后，舆论认为汉口"将来之财政将日趋裕如"③。然而事与愿违，汉口市财政月收支还是以寅吃卯粮居多。到1948年，又因为"戡乱"的需要，市政当局的注意力转移到内战的战备方面，市财政更感困难。

由于财政困难，既定市政规划难以实行。1946年，汉口在整顿市容、马路建设和卫生管理等方面"均左支右绌，荆棘载途"④。到1948年，"各项建设【费】（按：此字当为衍字），限于财力，进度迟缓"⑤。所以，战后汉口市政基本停滞不前。

1. 道路方面缺少建设

从复员直至1948年，汉口市政府"根本就还没有翻修好一条马路。尤其是一些并非主要的干线，更是连问也没人问"⑥。战前令汉口人倍感自豪的中山大道，此时光鲜不再："中山大道，是纵贯汉口市的唯一马路，和武昌的中正路一样，各为汉口市和武昌市内的交通命脉……武昌的中正路，晴天黑油油的，雨天光刷刷的……汉口的中山路呢？晴天尘土飞扬，雨天泥泞载道……重庆大梁子一带……马路呢，比抗战前至少阔了一倍。但是十年前的中山大道与现在的中山大道比较，几乎没有变动，大抵是认为中山大道已经够大了吧？倘使认为十年来的汉口很少进步的话，那么街道之没有进步，应该是一个很好的代表。"⑦

---

① 刘文岛：《本府成立临时参议会的意义》，《汉市市政公报》第1卷第3期第2页。
② 《汉口已经升格　市府好自为之》，《正义报》1947年6月22日第4张。
③ 《从数字上看汉口市改制以后财政乐观》，《正义报》1947年8月14日第4张。
④ 《勉市政会议》，《正义报》1946年7月25日第1张。
⑤ 《汉市参会临时大会否决预收水电费》，《大刚报》1948年3月21日第2版。
⑥ 《马路无力翻修　就填补填补窟窿吧!》，《大刚报》1948年4月21日第3版。
⑦ 《武汉点滴》，《武汉日报》1946年11月15日第10版。

2. 公用事业发展举步维艰，危机重重

战后汉口市政府虽然恢复了公共汽车，但运营困难。1947 年，市参议员这样描述汉口的公共汽车："今日的公共汽车，真可谓老牛破车不堪使用……一去二三里，抛锚四五回，下车六七次，八九十人推。"① 由于车少人多，公共汽车太过拥挤，甚至连售票员都被挤下车被车轧伤。② 即便如此，公共汽车到 1948 年 8 月，还是"因发不出上半月的借支，终于全部停驶"③，后来虽然复驶，但仍是气息奄奄。轮渡交通的境遇大致与公共汽车相似。

3. 水电事业也频频挣扎在生死线上

复员后不久，既济水电公司恢复了水电供应，但是价格奇贵，市民多有怨言。随着内战的向南推进、通货膨胀的恶性发展，既济水电公司经常面临着资金紧张、燃煤匮乏、居民反对水电涨价等问题，以至于到 1948 年限制供应进而一度停止供电。④ 而市区频发的火灾，则往往因为水门过少，无法快速扑灭。

4. 卫生管理部门失职

"阴沟的铁盖经过几年都还未能盖得【的】（按：此字当为衍字）起来……阴沟中的污泥掬出来放在大街上都不能马上收拾干净"⑤，舆论惊呼："汉口市太污秽了！"⑥

(二) 破落失意的都市

如果说战前的汉口充满自信而又光鲜亮丽的话，那么，战后的汉口则是十足的破落户，满怀失意、蓬头垢面甚至面目可憎了。汉口人感慨："战前的武昌市容没有汉口好，但现在的武昌市容却比汉口市

---

① 《市参议会花絮》，《大刚报》1947 年 6 月 22 日第 3 版。
② 《米案未了结　禁令已取消　公共汽车上　闹得一团糟》，《汉口报》1947 年 7 月 27 日第 4 版。
③ 《公共汽车停驶》，《大刚报》1948 年 8 月 17 日第 2 版。
④ 《本月十五日开始停止供给日电》，《大刚报》1948 年 2 月 9 日第 2 版；《火车轮船今起加价　汉市水电轮流停电》，《武汉日报》1948 年 11 月 6 日第 4 版。
⑤ 《市民对市参议会的希望》，《大刚报》1948 年 1 月 10 日第 7 版。
⑥ 《脏汉口名不虚传　这多不卫生！》，《正义报》1947 年 8 月 14 日第 4 张；《汉口市太污秽了警察局发动大扫除》，《大刚报》1948 年 9 月 20 日第 3 版。

年青。"① "国家胜利了一年多,汉口也光复了一年多,我们当还记得,汉口是九省通衢,是东方芝加哥……但实际上,并不是我们所想象的那个样子,我们假若还记得战前的汉口是什么样子,则今天再在这大汉口的夜市中巡礼一遍,我们准会替这个城市的过去伤悼,替它的未来凄惶。"②

1947 年,极为愤懑的市民甚至认为汉口是"中国最坏的都市"③,当他们看见"市有疯汉,路有弃婴",不免爱恨交集地浩叹"这东方芝加哥!"④ 更有甚者,则对他们生活的这个都市"真正地发生了更大的憎厌",因为汉口到处可以听到谩骂,打架已成为最平常的动作,坏事情更容易制造,而穷人更加可怜,杀人已不足为怪,生活越来越艰难,摩擦冲突也越来越多。⑤

六　余论

纵观开埠至民国末期汉口市政的发展历程与城市形象的变化,我们对于近代市政发展与城市形象塑造之间的关系大致可以形成以下认识:

第一,政府市政作为与否,市政发展的良莠,直接影响城市形象的塑造,且政府越是强势,市政对城市形象的塑造影响越大。强势政府的市政发展战略得当、规划合理,并能倾力于城市管理与建设,市政将可能处于比较良好的发展状况,市政发展与城市形象的塑造将呈正相关关系,汉口开埠后的张之洞督鄂时期,以及南京国民政府统治时期的情形,即是如此。强势政府的市政如果不能倾力于城市管理与建设,或者不以谋取城市利益为发展市政的圭臬,结果只能是政府越强势,市政发展状况越恶劣,城市形象越糟糕,沦陷以后的汉口即是如此。如果政府无所作为,但是允许民间有所作为,市政发展虽不一定处于最佳状态,但是与此相应的城市形象也不至于一无是处,民国初期汉口的情形就是

---

① 《武汉点滴》,《武汉日报》1946 年 11 月 2 日第 5 版。
② 《东方芝加哥的"夜"》,《华中日报》1946 年 11 月 26 日。
③ 《汉口——中国最坏的都市》,《大刚报》1947 年 1 月 18 日第 4 版。
④ 《市有疯汉　路有弃婴　这东方的芝加哥!》,《正义报》1947 年 5 月 15 日第 4 张。
⑤ 《我厌恶这都市》,《正义报》1947 年 8 月 4 日第 3 张。

如此。

第二，当市政发展严重受制于战争时，市政发展状态对城市形象塑造带来的更多是负面影响。民国初期、沦陷时期和民国末期的汉口市政均受制于战争，民国初期的汉口市政在很大程度上受制于辛亥首义战争，辛亥首义时南北军在汉口的交锋，最终导致了汉口市区的大部分损毁，汉口市政元气大伤，尽管人们认为革命带来的破坏给民国初期汉口城市重建与市政发展带来了契机，但是当这种契机从根本上缺少转化的条件时，战争所带来的破坏实际上就长时间地制约了汉口市政的发展，进而影响到城市形象的塑造；沦陷时期，日军实行以战养战，汉口市政服务于日军的侵略战争，市政建设无法展开；民国末期，国内战争的持续，战火的向南蔓延，汉口市政当局关注的重心由恢复发展市政转化为关注军事防御，汉口市政因管理与建设不力而极为衰败，根本不能扭转沦陷以来汉口市政发展的颓局。总之，沦陷之前汉口市政的良好发展态势因为战争戛然而止，沦陷以后的汉口更是百孔千疮，其城市形象自然呈现负面性，从而使得战前战后的市政发展呈现出极大的落差，城市形象也因此呈现出强烈的反差。

第三，民间市政参与的自由度也会影响城市形象的塑造。从汉口开埠至民国初期，汉口市民的市政参与度总体来说是不断提高的，张之洞督鄂时期以及此前在传统的官商协作机制之下，民间在政府允许的范围内具有一定的市政参与自由。张之洞去鄂以后，地方自治运动在汉口兴起，民间市政参与度提高。辛亥革命以后，汉口市民的城市主体意识进一步觉醒，市政参与意识日趋增强，民间市政参与的自由度空前增强，民间市政参与对市政发展及城市形象塑造的影响也越来越大，尤其是在民间市政参与过程中，民办市政的市场化运作，使自由竞争的商业精神在纯营利性的商业领域以外也得以张扬，广泛影响着市民对于市政的感知，从而最终影响到城市形象的塑造。

第四，市政管理思想的开放与否，也影响着城市形象的塑造。刘文岛与吴国桢任市长期间，引入西方的市政理念，向西方学习，合理规划市政，坚持专家治市，向往"田园都市"，市政建设与国际接轨或看齐，城市给人以开放而富有时代气息的印象——"束装入时的少妇""比较是有一种现代化的景象"。沦陷时期，虽然市政当局曾大造舆论，要发展汉口市政，但是其市政发展缺乏独立的思想，禁锢于日军"大东亚战争"战时指导思想之下，市政建设缺乏灵魂，城市形象也就缺乏生机活力。

市政变革与城市社会发展

立宪—自治：清末武汉革命党人的活动平台①

清末的立宪—自治运动吸引了日渐增多的民众参与，深刻地改变了中国社会的政治形态。对于清朝而言，立宪—自治是一把"双刃剑"，它既有可能使清朝摆脱统治危机，也可能使其统治陷入万劫不复的境地，清政府所希望的当然是前者。对于立宪派来说，他们鼓动立宪—自治，最大的愿望当然是希望清政府开放国家政治资源，自己能从中分一杯羹。对于革命派来说，他们对于日益运动起来的立宪—自治的态度并不完全一致，譬如从活跃于武汉的革命党人的情形来看，他们更乐意把地方自治变成开展社会政治活动的平台。②

在地方自治运动兴起的前后，湖北的革命党人对于屡屡受挫的革命运动进行了反思，开始认识到"联合会党及新军有流弊，不如从地方绅士、学生、豪商、巨贾下手，期以十年五年之孕育，全国同时以罢市、罢税、罢课为革命武器，不血刃而清廷窒矣"③。这一认识的转变，与武汉自治运动的兴起有重要关系。

从1909年春开始，各种自治性的社团在富商大贾云集的武汉接踵而起。在汉口，商会中人率先发起成立了汉口演说自治戒烟会，在该会的

---

① 本文完成于"纪念辛亥革命100周年国际学术研讨会"前夕，原刊于《光明日报》（理论·史学版）（2011年9月8日第11版）；光明网同时全文刊发。刊发时因版面限制，删减了部分参考文献和文字，兹略予补充完善。

② 此前，有学者认为，清末革命党人"并没有把地方自治看成是自己必须要争取的平台"，"没有直接到群众当中，而是通过会党间接发动群众"（参见黄晓峰、郑诗亮、陆静整理《学者座谈：辛亥革命前夜的中国》，《东方早报》2010年11月12日）。

③ 谢石钦：《樗公随笔》，《近代史资料》1961年第1号，中华书局1961年版，第490页。

倡导与带动下，泰安保安会、清真自治公益会、小董家巷筹办地方自治会、商团永济消防会、四官殿商防保安会、商界体育会等数以十计的自治性社团陆续成立。一时间，从巨商到学徒的汉口商界和普通市民，日趋积极地投身运动之中，他们给人以"颇多倾向于君主立宪派"①的印象，汉口成为武汉立宪—自治运动的中心。而詹大悲、何海鸣、马刚侯、周松樵、刘少舫等一批革命党人，在此时纷纷投身到立宪—自治运动中来，以立宪—自治社团的组织者和参与者的角色，主要活跃于武汉城市社会。

詹大悲与何海鸣均为武汉前后相继的三个革命团体——群治学社、振武学社、文学社的成员，他们先后主笔、编辑《汉口商务报》《大江白话报》《大江报》，积极鼓吹革命。在利用报刊散播革命舆论的同时，他们积极参与并坚决支持汉口各自治性社团的活动，商界体育会、汉口各团联合会、卫生公益会都曾得到詹大悲的赞助。②1910年春，汉口宪政同志会成立，该会由武汉士绅、巨商、报界等的头面人物组成，著名的立宪派人士汤化龙和夏寿康、张国溶分别担任正副会长。詹大悲、何海鸣和马刚侯、时象晋、毕惠康、张知本、王民朴、谢石钦等革命党人，与一批立宪派人士一起，成为汉口宪政同志会的基本成员。③此外，詹、何两人还分别担任卫生公益会的书记长和书记员。就在辛亥革命爆发前夕，他们因刊发宣扬"大乱者，救中国之妙药也"的时评而被捕入狱。④武昌起义后，在蔡济民等革命党人的协同争取和汉口商会领袖蔡辅卿、李紫云的协力支持下，詹大悲等在汉口四官殿成立汉口军政分府。

马刚侯原本是个书商，曾与革命党人万声扬一起在上海依托昌明科学仪器公司，秘密开展革命活动，并在结识黄兴等革命党人后加入同盟会，与孔庚、何成濬、李书城等人一起从事革命活动。马刚侯注意结交武汉的立宪派，成为武汉立宪—自治运动中一个活跃分子。他积极参与组织了汉口演说自治戒烟会、清真自治公益会、商界体育会、卫生公益

---

① 《首义前夕汉口商会的几个动态》，杨铎编著：《武汉沿革考》，中国档案出版社2004年版，第142页。
② 《〈大江报〉死后谈》，《民立报》1911年8月9日第4页。
③ 参见皮明庥《辛亥革命与近代思想》，陕西师范大学出版社1986年版，第168页。
④ 《汉口商埠地方审判庭判决大江报之判词》，《时报》1911年10月5日新闻第3版。

会等自治性社团，并分别担任这些社团的纠察员、会正（即正会长）、副会长、评议员等职。1911年4月，马刚侯与詹大悲、刘少舫联络武汉的立宪派士绅张国溶、富商关少尧等，集合商界体育会、华商赛马会、汉口宪政同志会、清真自治公益会、小董家巷筹办地方自治会、商业补习所、水果帮自治会、公益救患会、银行研究会等社团，成立了汉口各团联合会，并当选为该会正干事，而立宪派人士张国溶、熊焕章则分别当选为评议长和书记长。① 不久，马刚侯又以最高票数当选为夏口城区全属自治会议员。②湖北军政府成立后，马刚侯出任交通部部长。

刘少舫是个富商，他不仅积极赞助成立泰安保安会，还联络黄小池、林醒浓、李鸣实等商团团员组织秘密的革命团体——神州学社。他们平时与振武学社会员、新军兵士祝制六等互通声气，并经祝氏介绍全体加入文学社。③ 而联络众多社团和武汉绅商各界的汉口各团联合会，就是在他的极力推动下成立的。卫生公益会成立后，刘少舫又出任该会副会长。④ 汉口军政分府成立后，他出面主持庶务。

商人周松樵是卫生公益会的另一位重要组织者，他不仅起草了该会的简章，还担任该会评议员。尤其值得注意的是，他还是四官殿商防保安会的书记员，与同会的正团长胡颐伯分别是爱莲书局同盟会机关部和慎和线号同盟会机关部的成员。后来，他与该会部分团员在阳夏保卫战中荷枪助战民军。⑤

在革命党人频繁活动的这些立宪—自治组织中，以汉口演说自治戒烟会、汉口宪政同志会、汉口各团联合会、卫生公益会影响比较大。其中，又以汉口宪政同志会和汉口各团联合会的实际影响最广，它们以汉口为中心，面向武汉三镇开展活动。两会下属的众多立宪—自治组织，

---

① 《汉口各团体联合会成立》，《申报》1911年4月15日第1张后幅第3版。
② 《自治选举榜》，《汉口中西报》1911年9月13日新闻第2页。
③ 章裕昆：《文学社武昌首义纪实》，载荣孟源编《中国近代史资料选辑》，生活·读书·新知三联书店1954年版，第638页。
④ （清）张寿波：《最近汉口工商业一斑》，上海商务印书馆1911年版，"第八章"之第16、17页。
⑤ 中国人民政治协商会议湖北省暨武汉市委员会、中国社会科学院近代史研究所、湖北省档案馆、武汉档案馆合编：《武昌起义档案资料选编》（上卷），湖北人民出版社1981年版，第262页。

既有商界、绅界和学界名流负责组织领导，又有来自城市社会基层的广大商人、学徒与普通市民的参与。而汉口各团联合会下属各保安分会最初系由汉口商会中人发起成立，它们受汉口商会统辖，自然深受汉口商会的影响，各团联合会也因之不能完全脱离汉口商会的控制与影响。① 所以，通过汉口商会和上述这些广泛联系城市社会各阶层的立宪—自治组织，活跃在武汉的革命党人悄悄地渗透到城市社会基层。

有了这样的组织基础，革命党人得以合法参与立宪—自治运动，巧妙地利用众多的立宪—自治组织，深入城市社会基层，鼓荡舆情，撒播革命种子。詹大悲动员"汉口绅商办补习学校，搞军事训练"②。汉口的商业补习所和商界体操会的成立，乃至各保安会、救火会、消防会等街区性自治组织的军事化，都有其鼓荡之功。很多自治性社团定期开设演讲会，宣讲立宪—自治甚至革命思想。活跃于各社团之间的马刚侯，就是一个极善演说的鼓动家，他经常在各会发表演讲，他所领导的汉口各团联合会"鼓荡舆情，胚胎革命……力实居多"③。因此，革命党人在为立宪—自治运动推波助澜的同时，也将立宪—自治变成了开展革命动员的平台。

参与各立宪—自治社团组织的，不论是革命党人还是立宪派人士，他们均在立宪—自治的旗帜下开展活动。在革命即将爆发的前夕，他们都感觉到时局的紧迫和联合一致应对变局的必要，最终在立宪—自治的旗帜下达成了革命的默契。作为众多立宪—自治社团集合体的汉口各团联合会，就是这种情势下的产物，它的成立实际上起到了集结武汉城市社会革命力量的作用。诚如《申报》报道："汉口近年来结社集会极有进步，势力日益膨胀，各团各自为谋，不相统属连合，于非常重大事端仍不能克底于成，殊属憾事。今春泰安（保安）会刘少舫诸君首先发起，竭力运动，联络各团为进行一致之计划，昼夜奔走，苦心擘画，已

---

① 参见拙著《近代汉口市政研究（1861—1949）》，中国社会科学出版社2017年版，第191—193页。

② 贺觉非编著：《辛亥武昌首义人物传》（下册），中华书局1982年版，第403页。

③ 中国人民政治协商会议湖北省暨武汉市委员会、中国社会科学院近代史研究所、湖北省档案馆、武汉档案馆合编：《武昌起义档案资料选编》（上卷），湖北人民出版社1981年版，第245页。

蒙……各大团体之赞成,得葳联合之志愿。"① 正是为有效地利用立宪—自治运动作为宣传革命活动的平台,革命党人才真正改变了过去只依靠运动新军与会党的做法,终于将革命动员的对象扩展到城市社会各阶层,成功地实现了革命运动策略的转变,从而在武汉开出了革命运动的新生面。也正因如此,在革命爆发后,武汉的商界、绅界才会迅起响应,从商界上层到基层市民才会风从影动,以汉口商会和汉口各团联合会为组织核心,迅速集结商团,积极协助民军维持城市社会治安,协助詹大悲等革命党人建立汉口军政分府,并在阳夏战争期间组织商团和市民犒劳民军,侦探敌情,搬运武器弹药,救护伤员,甚至组织商团团员与民军并肩作战等。

---

① 《汉口各团体联合会成立》,《申报》1911年4月15日第1张后幅第3版。

辛亥革命与近代汉口市政体制转型[①]

辛亥革命前后,汉口市政体制经历了一个由传统向现代转变的过程,其主要标志就是现代市政机构的设立、市制的萌生与确立。

在现代市制建立以前,汉口长期处于中央政权的行政附庸地位,在行政上缺乏独立性。直至辛亥首义前夕,随着地方自治运动在城市的展开,传统城市管理体制出现了松动,市制开始在汉口萌生。辛亥首义之后,历时短暂的南京临时政府未能在市政体制变革方面有多大作为,而北洋政府与湖北省府又无意于市政体制的根本性变革。不过,在辛亥革命结束前后,由于城市重建问题和地方自治运动的影响,在市制未立的状态下,汉口市政体制现代化还是有所进展。直到国民政府时期,现代市制才得以在汉口确立,汉口市政体制才初步实现了由传统向现代的根本性转变。所有这些,都或多或少地与辛亥革命发生着关联。

一 辛亥革命对中国市政体制所产生的复杂影响不容忽视

从政治体制的角度来看,辛亥革命的最重要的影响在于:它直接导致了清朝的倒台和几千年中央集权君主专制体制的倾覆,民主共和政体的建立。同时,辛亥革命对于民国时期地方政治体制也产生了复杂而深

[①] 本文原刊于《江汉论坛》2011年第11期,收入中国社会科学院近代史研究所编《辛亥革命与百年中国——纪念辛亥革命一百周年国际学术研讨会论文集》第二册,社会科学文献出版社2016年版。

刻的影响，其对市政体制所产生的影响就是明证。

首先，辛亥首义后，湖北军政府内务部于 1911 年 11 月 12 日所颁布的《各府县暂时行政规则》，规定"府县自治行政均暂依旧政府之自治章程存续其效力，但有不适用者得除去之。县自治如有未成立者，须速为成立"①。这就意味着清代的各城议事会、城董事会等官设自治机构仍有存在的法理依据——不管它们是否仍然存在，辛亥革命以法律的形式确认了清朝推行的地方自治制度具有存续效力。当然，由于国家体制的变动，法律所确认存续的地方自治制度不再作为君主立宪民主政治的基础，而是作为共和民主政治的基础。

值得注意的是，当时的湖北军政府就是民国时期中央军政府，实际上是一个全国性的资产阶级临时民主共和政府，所颁布的法令具有中央政令的性质，因而其对清末地方自治制度的存续性确认，成为民初地方自治运动得以继续进行的法律基础，从而也为作为现代市政体制所必备的制度以及城市自治运动核心目标之一——建立市制，提供了过渡性的法律基础。"二次革命"失败后，袁世凯北京政府虽曾短暂停办地方自治，但很快因不得人心而不得不恢复地方自治，则更从反面说明了这种过渡性法律基础的重要性。

其次，由于辛亥革命推倒了清朝君主专制集权统治，各省纷纷独立，使中央集权陷入荒废状态，城市管理制度改革的主导权实际上迅速由中央转移到了地方，这种情形必然对民初中国市政体制的变化产生重大影响，而民国中期市政体制的转变也与此密切相关。

最后，由于辛亥革命对不同城市既有统治秩序、市政设施所产生的冲击与影响大小不同，对于不同城市此后市政体制的发展变化的影响程度也就有所差异。例如，辛亥首义爆发于武汉，上海、广州等城市积极响应。辛亥首义之后，这些城市的市政体制的调整幅度与变动程度相对较大。而那些未曾积极响应辛亥首义的城市，其市政体制调整与变化的幅度则可能相对较小。"二次革命"爆发后，上海积极响应，在市政体制方面受到的冲击相对较大。

---

① 辛亥革命武昌首义纪念馆、政协湖北省委员会文史资料研究委员会合编：《湖北军政府文献资料汇编》，武汉大学出版社 1986 年版，第 102 页。

因此，辛亥革命对于近代中国市政体制所产生的影响是复杂的：它不仅表现在对既有市政体制的破坏与部分否定，还表现为对既有市政体制的承续与部分肯定；不仅表现在革命爆发之时对中国市政体制产生短暂而强烈的冲击，还表现在革命持续期间乃至革命结束之后的较长时间内，对中国市政体制发展起持续作用；不仅表现在关乎整个中国市政体制的发展进程，还表现在关系个体或区域城市市政体制现代转型的演进轨迹。对此，我们应该予以足够的重视。明乎此，我们才可能更好地探讨辛亥革命对近代汉口市政转型的影响，认识辛亥革命与近代汉口市政体制转型的关系。

二 辛亥革命前夕汉口市政发展与市政体制现代转型的起步

（一）湖北新政前汉口市政体制的发展与现代市政体制的植入

汉口传统的市政体制在张之洞督鄂以前已经开始有了明显的变动，具体体现为异质市政体制的楔入和新的市政机构的设置，且市政管理既没有脱离官治，又具有一定的民治气息。

汉口本来与汉阳连成一体，自明成化年间汉水改道龟山南麓以后，在地理上开始与汉阳隔江相望。由于水运便捷，商业逐渐繁荣，遂发展为商业重镇。到清朝前期，汉口千桅万帆熙来攘往，居屋店铺鳞次栉比，已是享誉全国的名镇。

1861年汉口开埠后，汉口局部地区出现了市政体制变异的情况。根据条约规定，英、俄、法、德、日五国先后在汉口建立了租界，并且根据本国租界的需要，在辖区内建立自己的市政管理机构，开展市政建设，从而形成了与中国传统市政体制迥异的市政体制——基于地方自治的资本主义的市政体制。[①] 这种变异表明市政体制的现代转型在汉口城市局部范围内已经开始。从此，各国租界各自为政，自行其是，汉口原有的统一的市政管理格局，遂为华洋分治、一市数制的市政管理新格局所取代。

与此相应，汉口的华洋交涉也日趋频繁，贸易格局与城市地位也发

---

① 参见汉口租界志编纂委员会编《汉口租界志》，武汉出版社2003年版，第214—253页。

生了变化。租界开辟后，汉口的商贸中心从汉水沿岸转移到长江沿岸，汉口由中国内陆最大的商贸中心演变为通江达海的外向型国际商埠，成为世界市场的一部分，各国来汉贸易的船只逐渐增多，在中国对外贸易中占有重要地位。1865—1889年，汉口间接对外贸易额占四大商埠总份额的21.71%—30.79%，基本上位居第二，仅次于上海。① 汉口城市地位日益提升。

不过，在相当长的时间里，汉口只是汉阳府下汉阳县辖区内的一个人口以十万计的镇。清初至咸丰年间，政府派驻在汉口的最高级别的行政官员是汉阳府同知和通判。同治元年（1862）以后，设立了江汉关，以汉黄德道移驻汉口，兼江汉关监督并兼理华洋交涉事务，以处理汉口开埠之后关税、外交方面的事务。江汉关道遂成为驻扎在汉口的最高级别的官员，它直接秉承督抚意志处理汉口的华洋交涉及其他相关事务，但显然又不是专门处理汉口城市事务的官员。此外，汉口还设有巡检、保甲局等机构处理城市日常事务。

由于客商众多并不断城居化，汉口居民长期以来是"本乡人少异乡多"②，并且"汉口之商，外省人多，本省人少"③。与此相应，汉口成为数众多的会馆、公所等同乡或同业性的商业组织的所在地，"一镇商人各省通，各帮会馆竞豪雄"④。这些会馆、公所参与到汉口的城市管理中来，它们与善堂、善会、水龙会一起，开展社会救济、参与救火、修理街道、维持治安，等等。有些会馆、公所自设善堂、善会、水龙会。而主持会馆、公所、善堂、善会、水龙会的绝大多数是商人或绅商。虽然美国学者罗威廉有关汉口商人们的市政参与使汉口实现了"实质层面上的自治"⑤的论断有待商榷，但是与武昌、汉阳的市政管理相比，汉口的市政管理很显然具有一定的民治色彩。

---

① 参见武汉地方志编纂委员会主编《武汉市志·对外贸易志》，武汉大学出版社1996年版，第86—87、94—95页。

② 徐明庭辑校：《武汉竹枝词》，湖北人民出版社1999年版，第30页。

③ 《奏议·汉口试办商务局酌议办法折》，苑书义等主编：《张之洞全集》第2册，河北人民出版社1998年版，第1329页。

④ 徐明庭辑校：《武汉竹枝词》，湖北人民出版社1999年版，第35页。

⑤ ［美］罗威廉：《汉口：一个中国城市的商业和社会（1796—1889）》，江溶、鲁西奇译，中国人民大学出版社2005年版，第414页。

（二）湖北新政后汉口市政机构的变动与市制的萌生

张之洞督鄂以后，湖北开始了新政，自此直至辛亥首义爆发之前，汉口的市政体制有了较大的变动：新的市政机构产生，现代市政制度和市政体制被引进和培育。

1. 张之洞改革市政，设立新的市政机构，引进警察制度

张之洞督鄂之后，鉴于汉口城市地位的提升与日趋重要，华洋交涉事务的日益繁多，于光绪二十四年十二月（1899年1月）奏请在汉口设官专治：

> 湖北汉阳县属之汉口镇，古名夏口，为九省通衢，夙称繁剧。自咸丰年间创开通商口岸以来，华洋杂处，事益纷烦。近年俄、法、英、德、日本各国展拓租界，交涉之件愈形棘手。且奉旨开办芦汉、粤汉南北两铁路，现在北路早已兴工，南路亦正勘路，纷杂万端，将来告成，汉口尤为南北各省来往要冲，市面愈盛，即交涉愈多。乃汉阳县与汉口中隔汉水，遇有要事，奔驰不遑。若至通济门外，往返之间，已费一日。且以后铁路由该镇通济门外至黄陂县界之滠口数十里间悉成繁盛之区……自非有正印专官驻扎汉口，不足以重交涉而资治理。①

张之洞的阳夏分治奏请获准。

阳夏分治后，虽然夏口厅仍辖属于汉阳府，但汉口毕竟从汉阳县下独立了出来，成为准县级行政单位；而夏口厅的"专治"官——夏口（抚民）同知，其地位与汉阳县令及汉阳府同知相当。夏口厅的设置为以后汉口行政地位的进一步提升奠定了基础，也为此后汉口建市创造了条件。需要指出的是，夏口同知虽说是夏口厅的"专治"官，但它实际上并不能统理汉口城市事务。首先是它的行政级别比江汉关道要低，关道有权指令它。其次，张之洞对汉口事务十分关注，经常不通过夏口厅而对汉口事务发号施令。

张之洞还在三镇引进了现代市政管理制度——警察制度，设立了警

---

① 《奏议·汉口请设专官折》，《张之洞全集》第2册，河北人民出版社1998年版，第1333—1334页。

察机构。1902年,张之洞下令裁撤武昌保甲局,设立武昌警察总局。同年,江汉关道奉命改汉口保甲局为汉口清道局。次年,又改汉口清道局为汉口警察局,其下也设有分局。1907年,直接听命于总督的湖北巡警道设立,它统辖武昌的湖北警务公所、汉口警察总局、汉阳警察总局(它们分别由武昌警察总局、汉口警察局、汉阳警察局更名而来)。而根据相关警政规章制度,不论是湖北警务公所、汉口警察总局、汉阳警察总局,还是此前的武昌警察总局、汉口警察局、汉阳警察局,其事权所及,包括城市交通、卫生、治安、消防管理、市政工程建设以及刑事、民事案件的处理,等等,是集警察、司法、市政于一体的综合机构。

警察制度的建立,旨在取代原先疲软的保甲体系对城市基层的控制和对城市的治理。而初步建立的警察制度,是传统市政体制内楔入的现代市政制度的因子。尽管如此,张之洞的汉口市政改革由于带有省府强势主导的特征,在相当程度上强化了汉口市政管理中的官治,故而不可能从根本上改变汉口传统的市政管理格局和传统市政体制。

2. 清末地方自治运动的兴起与汉口市制的萌生

1909年1月,清廷宣布在全国推行地方自治,汉口的地方自治运动由此在湖北省府的积极推动和商界的响应下展开。

1908年2月,湖广总督赵尔巽奏设湖北成立了湖北全省地方自治局,"派布政使为总办,并曾习法政之员充坐办、参事"①,"首府及首县为正副提调"②,负责其事。该局下设武汉公民养成所。1909年,全省自治局归并谘议局筹备处,附设全省自治筹备处。又于法政学堂附设自治研究班。同年将公民养成所改名全省自治研究所。自治研究班和自治研究所均培训各属遴选而来的士绅作为全省自治人才。③ 夏口厅与江夏县、汉阳县等5处作为全省模范自治示范点,在全省率先成立地方自治公所,选派受训的士绅充当地方自治公所的总理,再由总理随同地方官筹办了城议事会、城董事会并筹备其选举事宜。"从汉口自治公所及城议事会、董

---

① 《地方自治研究所》,吕调元、刘承恩修,张仲炘、杨承禧等纂:《湖北通志》,上海古籍出版社1990年版,总第1430页。
② 《地方自治汇志》,《东方杂志》1908年第5卷第3号,第212页。
③ 《地方自治研究所》,吕调元、刘承恩修,张仲炘、杨承禧等纂:《湖北通志》,上海古籍出版社1990年版,总第1430—1431页。

事会的活动情形看，它们至少已初步采用了民主议事程序，与调查事实以了解社会现状的科学精神。"① 夏口城议事会下还设有宣讲所至少两所，"逐日演说，开通民智"②。1911 年秋，"为融洽官商政见，谋公共之利益"，在湖北省巡警道的创议下，仿照日本警察协会，由警方和武汉总商会选举代表组织成立了市政公益会。该会计划每月开两次常会，讨论巡警道职权内有关公益之事，实系武汉官商共商市政之所。③

以明确的地域为单立行政辖区，并自该行政辖区内部产生市政管理机构的地方自治制度源于西方。地方自治运动在武汉的兴起，实际上是政府推行宪政、自主引进西方市政管理制度的结果。而作为推行依据之一的《城镇乡地方自治章程》，"首次从行政管理上将城乡区分开来；它所提出的设置'城'、'镇'标准中包含的因素（人口数量条件和政治地位），其后为各种市制所采纳"④；城议事会和城董事会等实际上具备现代市政机关的雏形。因此，地方自治运动的兴起，标志着现代市政体制中的核心制度——市制在武汉三镇的萌生。

三 辛亥革命促进了民初汉口市政体制现代转型的进一步发展

辛亥首义后，汉口的城市地位发生了变化，市政体制的发展出现了新的动向：市政管理机构出现专门化的趋势，市政规划趋向专业化，城市社会形成了官治与商人自治双轨并行的过渡性二元化市政管理体制。种种迹象表明，民初汉口市政体制在进一步由传统向现代转化，并且这种转化与辛亥革命关系密切。

（一）辛亥革命提升了汉口的城市地位

辛亥革命爆发后，立即引起了武汉城市社会秩序的强烈震荡。湖广

---

① 苏云峰：《中国现代化的区域研究 1860—1916 湖北省》，台北："中央研究院"近代史研究所，1987 年修订版，第 284 页。
② 《宣讲员不开通之笑柄》，《申报》1911 年 5 月 26 日第 2 张后幅第 4 版。
③ 《警道创办市政会》，《时报》1911 年 10 月 5 日新闻第 3 版。
④ 赵可：《市政改革与城市发展》，中国大百科全书出版社 2004 年版，第 50 页。

总督瑞澂逃走,督抚衙门被民军攻占,革命派与立宪派在武昌联合成立了湖北军政府,即民国中央军政府;随后,革命派在汉口成立了汉口军政分府。清朝的江汉关道、夏口厅、三镇警察局、汉阳府和县以及武昌府与江夏县的各级官员,在民军占领三镇的过程中,看到清朝在湖北的统治大势已去之后,多数逃跑或弃职。湖北军政府成立后,陆续更换或重新任命了前述道、局、府、县的主要官员。

湖北军政府内务部颁布的《各府县暂时行政规则》规定:"各府厅州县名称,除武昌首府外,一律正名为县","各府县直接内务部,不互相管辖";"各县暂就原设区域,定为管辖区"。① 据此,夏口厅改为夏口县,夏口县和汉阳县原先的临民官员夏口同知和汉阳县令,分别改成夏口县知事和汉阳县知事。如此一来,夏口县不再附属于汉阳府,也就不再是准县级行政单位,而是提升为与江夏县(1913年改称为武昌县)、汉阳县一样,同属于一级独立而正式的行政单位。汉口的城市地位在清末的基础上进一步提升,为其日后独立成市做了进一步的铺垫。

(二)辛亥革命推动了汉口市政管理机构向专门化迈进

辛亥革命后,有着市政革新意向或有意做出市政革新姿态的各地政府,成立了一些市政建设的专门机构,汉口也不例外。不过,汉口因为辛亥首义的缘故,在这方面又显得与众不同。

在辛亥首义中,阳夏战争对汉口市区造成了巨大的破坏。其中,汉口因成为清军与民军交火的惨烈战场,大半华界市区毁于战火。② 战争停止后,汉口华界市区亟待重建。当时,武汉处于政治斗争旋涡之中,汉

---

① 辛亥革命武昌首义纪念馆、政协湖北省委员会文史资料研究委员会合编:《湖北军政府文献资料汇编》,武汉大学出版社1986年版,第100页。

② 南北停战后,《申报》报道说"汉口华界房屋烧毁十之六七"(《归复汉口商场之硕画》,《申报》1912年1月26日第6版),《国民新报》载,"所有市房住屋,计已焚去十之七八"(《对付加租的办法》,《国民新报》1912年7月9日第4页)。《1912年江汉关华洋通商贸易年报总册》记述曰,"汉口市区有三分之二左右毁损,大部分成为废墟"(曾兆祥主编:《湖北近代经济贸易史料选辑(1840—1949)》第1辑,湖北省志贸易志编辑室1984年版,第265页)。《日本驻汉口总领事馆情报》称,"汉口则中国市区被毁四分之三"(中国科学院近代史研究所史料编译组编辑:《辛亥革命资料》,《近代史资料》1961年第1号,中华书局1961年版,第601页)。

口的归属与发展牵涉各相关军政方面的切身利益。因此，民初汉口重建问题至少在政治层面备受关注，中央政府和湖北省政府以汉口重建名义先后设立了多个专门机构，它们分别是：

汉口马路工巡局：存在时间为1912年2月—1912年6月。当时，该局也被称为马路工程局、汉口马路局、马路工程总局，直辖于湖北都督府。

汉口建筑筹办处：存在时间为1912年2月—1912年11月。南京临时政府建立之后，派遣李四光、祝长庆、周汝翼3人来汉口调查情况，并会同湖北省府筹办汉口重建相关事宜，饬令湖北督军黎元洪设立汉口建筑筹办处，以示对汉口重建事务的重视。1912年6月，汉口马路工巡局归并其中。

汉口马路工程专局：存在时间为1912年11月—1913年12月。1912年11月，黎元洪迫于省民政府、议会及社会舆论方面的多重压力，下令撤销汉口建筑筹办处，只留用总工程师（当时为容觐彤）1人。该处所办事宜，均归随即成立的马路工程专局办理，由内务司节制。这样做实际上等于归复了原来马路工巡局。

督办汉口建筑商场事宜处：存在时间为1913年12月—1916年5月，1920年—1923年11月。该处于1913年12月24日由北京政府设立，由大总统府顾问杨度出任督办。该处成立后，北京政府下令湖北省府将汉口马路工程专局事务移交该处。袁世凯复辟帝制失败后，杨度去职，该处实际上被废置。1920年该处名义上恢复，但其后在建筑事务方面并无实质性进展。同时，因在辖属上存在省属、部属之争，故该处对重建事务并未发挥实质性的领导作用。

马路工巡处：存在时间为1914年5月—1920年7月。该处由江汉关监督兼管，故其全称为江汉关管理工巡处。在袁世凯倒台之前，它在一定程度上具有督办汉口建筑商场事宜处的辅助机构和临时替补机构的性质。在袁世凯倒台后不久，湖北省方面加强了对马路工巡处事务的干预。

汉口马路工程局：存在时间为1920年7月—1922年2月，1922年2月并入督办汉口建筑商场事宜处。

此外，北京政府于1923年12月设置与省府级别不相上下的督办武阳夏商埠事宜处，显示出统筹武汉三镇市政的取向。虽然该处并非专为汉口重建而设，最终也没有在汉口重建方面发挥什么实质性作用，但它名义上是可以统筹汉口重建事务的。

上述机构虽然不是单线一脉相承，但绝大多数以重建汉口市区为职任。虽然它们在汉口重建方面的作为十分有限甚至有的基本上无所作为，但从有限的马路建设成果和专业而系统的城市重建规划来看，它们或是具有专管汉口马路建设的职能，或是具有统筹汉口城市重建事务的职能，都显示出市政管理专门化的趋势。这既是对晚清汉口市政机构的市政管理职能的承续，又是对民初汉口市政机构既有市政管理职能的不断提升。

总之，辛亥革命导致了阳夏战争，革命战火又使汉口华界市区遭到严重损毁，由此招致相关军政各方对汉口城市重建事务的关注和市政管理权的争夺，导致民初汉口市政管理机构的更迭与专门化趋向。一句话，辛亥革命是民初汉口市政管理机构趋向专门化的一大推动因素。

（三）辛亥革命加快了汉口市政规划由传统向现代转型

市政规划是市政管理的重要方面，市政规划的专业化是市政管理和市政体制现代化的重要体现。1912年后，汉口的市政规划快步迈向现代化。

现代市政规划在汉口的出现应该是外国在汉口建立租界之后的事情。在张之洞着手大规模改造汉口之前，英、俄、法、德等国在建立租界的同时，也带来了现代的市政规划。就道路而言，"从英租界开始，租界区内的道路严格规划，并随着租界区的建设不断完善"[①]。

张之洞督鄂后，从19世纪90年代末开始酝酿汉口的市政建设。几年之后，终于形成了一个汉口华界市政建设的框架性的规划："首先是筑后湖长堤，为拓展市区预备空间；并拆汉口城垣，扫除拓展市区的障碍；同时依城基筑路。稍后，开拓市区靠近大智门车站一带的马路，以联络铁路、开辟新市区，发展华界市场。又展宽旧市区街道，控制市区房屋建造。"[②] 其中，后湖长堤的修筑规划还参考了德国工程师的设计方案。张之洞的汉口市政建设规划是在租界的刺激下、在留日学生的参与下制

---

① 汉口租界志编纂委员会编：《汉口租界志》，武汉出版社2003年版，第359页。
② 拙文：《张之洞督鄂的时期汉口官办市政的特点》，《理论月刊》2010年第5期。

定的，基本的规划思路其实有租界市政建设的影子——以保障市区安全为前提，以繁荣市场和改善城市生活环境为主旨，对街道的建设比较充分地考虑到现代交通的需要，马路建设在整个市政规划中居于举足轻重的地位，所有这些已经显露出现代市政规划的端倪。

1912年以后，市政当局面对的是经历阳夏之战后百孔千疮的汉口华界市区。市政当局清楚地意识到，阳夏之战在损毁汉口市区的同时，也给汉口市区重建带来了契机。由于华界市区损毁过于严重，需要重建的范围广大，费用十分庞大，且重建极易激化社会矛盾，市政当局举步维艰。不管怎样，从中央到地方、从官方到民间都认识到，亟待重建的汉口需要有一个专门而整体的建设规划。为此，民初汉口商界和关注汉口重建的政府各方，先后制定了数种重建方案。其中，最具影响的有以下五种：

第一种方案是1912年由汉口建筑筹办处制定的《建筑汉口全镇街道图》①。该规划采用三角跟制图法，除了规划马路建设外，还对包括政府办公机构、公园、市场、厕所等在内的城市公共设施，以及公用事业的发展均有规划。该规划由于范围过广，马路设计方案也未免僵化，使得拆迁让基的代价巨大，远远超出了汉口市民对于重建的心理预期，可操作性较小，体现出较强的食洋不化色彩。不过，其间透露出的对于城市公共利益的重视和对市民日常生活的关注，则较张之洞的汉口建设规划有过之无不及。

第二种方案是1912年容闳次子、归国留美生、汉口建筑筹办处总工程师容觐彤制定的。该规划在修正前一重建方案的基础上，仿效欧美的城市设计，马路呈放射形，政府办公处所集中于一处，体现了集中办公的市政理念，展露出城市分区思想的端倪，还考虑到下水明沟道的修筑，公园、火车站、电车轨道的建设和行道树的种植。② 同时，该规划还将应办事项分最紧要和非紧要随时筹办。容觐彤的设计是大胆地借鉴了西方

---

① 见武汉历史地图集编纂委员会编纂《武汉历史地图集》，中国地图出版社1998年版，第134页。

② 《建筑汉口总工程师容觐彤上湖北都督及民政长经营汉口大略书》，《国民新报》1912年10月8—10、12日第1页。

市政规划理念与经验的结果，虽然局部设计遭到非议，但比起前一规划，更具可操作性。

第三种方案是1913年由袁世凯北京政府委托的英国工程师葛雷武制订的《建筑汉口商场计划书》。由于该计划是借西方市政专家之脑完成的，毫无疑问，这是一个浸透西方现代市政理念的重建规划。

第四种方案是工程师、归国留学生汤震龙制订的《建筑汉口商场计划书》[①]。由于该计划是对葛雷武的计划和1921年美国工程师瓦德制订的《汉口扬子江铁桥建筑计划书》利弊的解析与综合，其规划理念秉承了原型设计是无可置疑的。值得注意的是，汤氏计划已经超出了单纯的汉口市区发展规划，实际上是汉口市区重建规划与沟通三镇城市规划的结合体。

第五种方案是1923年12月湖北省汉口地亩清查专局以该局督办、首义元勋孙武的名义刊印的《汉口市政建筑计划书》。该计划以夏口县为范围规划汉口市政，拟对汉口市政分3区3期进行开发，以汉口旧市区及张公堤至舵落口为甲部，辟为商场；张公堤外之东湖至柏泉山为乙部，预作工场，即工业区；此外之地为丙部，辟作农场。甲、乙、丙三部分别对应第一、二、三开发期，分期开发。该计划吸收了西方先进的城市规划理论，对城市进行功能分区，重视公园建设，提出"拓商耕农、交通为首、水陆并举、法政兼施、中西融合、广筹资金、重视管理"[②]的城市建设和管理思想，体现了民初汉口市政规划的最高水平，也标志着汉口的市政规划由传统向现代转型的基本完成。

上述诸汉口城市规划，从内容上看，它们主要是围绕汉口华界市区重建展开的；从规划理念上看，它们深受西方城市规划理论和城市管理思想的影响，或者就是其直接指导下的产物；从规划主体上看，专家规划已经成为常态；从规划的整体水平上看，它们的专业化水平不断提高。

反观辛亥革命之前汉口的市政规划，虽然也有留学生参与其事，也有外国专家顾问发挥作用，还有租界的市政管理经验甚至具体的局部规

---

① 汤震龙编：《建筑汉口商场计划书》，督办汉口建筑事宜处、督办武阳夏三镇商埠事宜处1924年版。

② 皮明庥主编：《近代武汉城市史》，中国社会科学出版社1993年版，第298页。

划可以借鉴，但是长官意志在市政规划过程中打下了深深的烙印。后观民国中期汉口的市政规划，它们均由专家制定，且无不以西方先进的市政规划理念和城市管理思想为指导。由此我们不难看出，民初汉口市政规划在近代汉口市政规划史上的过渡性地位，以及整个民初城市重建规划所体现出来的由传统向现代转型的历史轨迹。

我们应该注意到，上述汉口市政规划的出台与更迭，既不能简单地视为城市发展内在需求的结果，也不能天真地视为各军政势力从城市发展的角度出发而推动的结果。

一方面，1912年以后汉口市政规划方案的急迫出台，直接导因就是辛亥首义中的阳夏战争对汉口华界市区的破坏，就此而言，辛亥革命对于市政规划的转型影响是显然的。

另一方面，辛亥革命对于汉口市政规划转型的影响，又不止于此。1912年以后市政规划的前后快速更迭，也与辛亥革命的发展带来的政局急促变动密切相关。事实上，第一种方案是辛亥首义后，在革命派与立宪派达成妥协而组成的南京临时政府的直接影响下制定的；第二种方案是辛亥首义之后湖北革命党人失利而黎元洪把持湖北政坛的时候制定的；第三种方案是在"二次革命"失败后，袁世凯逼迫黎元洪北上前后制定，并在黎元洪北上后出台的。这三种重建方案的前后更迭，在很大程度上是辛亥革命持续发展，而相关各军政方面政治角力的结果。而第三种方案的出台，实际上可以看作是革命派势力的败落、黎元洪被逼出湖北，以袁世凯为首的北洋集团在辛亥首义后的军政角力中取胜在市政领域的体现。如果我们再考虑到各方对于汉口的争夺实际上最终体现为对市政管理权的争夺，那么，陆续出台的这几个市政规划也可以理解为：由于辛亥革命的发动和持续而导致的政治竞争对汉口市政规划的推动。袁世凯死后，湖北地方政权继续受控于北洋军阀。第四、第五两种方案就是在这种情势下出台的。其中，第四种方案与第三种方案之间具有明显的延续性，而第五种方案从其将汉口旧市区作为商业区来看，也是在继承此前各方案的基础上制定的，只是辛亥革命给市政规划带来的影响趋向淡化而已。

综上所述，辛亥首义战争对于汉口华界市区的破坏，直接推动了民初汉口市政规划的制定；而1912年以后革命形势的发展和各种政治势力的竞争，则导致了汉口市政规划的频繁更迭；而事实上，随着规划的更迭，规划日趋专业化。因此，辛亥革命深刻地影响了民初汉口市政规划的发展进程，加快了汉口市政规划由传统向现代的转型。

（四）辛亥革命促成了官治与商人自治双轨并行的过渡性二元化市政体制

辛亥革命推倒了专制皇权以后，新的威权体制又未能建立，权力系统市政主体——地方政府与相关市政管理机构对于市政的管理能力弱化。其突出表现是：市政当局执行市政规划的能力差，市政建设因经费严重不足而不得不倚重于民间的市政参与，并对借款形成严重依赖；同时，随着地方自治运动的断续展开，汉口非权力系统市政主体——民间社团组织的市政参与日趋积极，市政管理能力日趋增强，以至于官民之间在市政管理上，在一些重要的市政领域，逐渐形成了一些比较明确而稳定的自治边界。以街区性地方自治组织——汉口各团联合会及其下各分会与汉口警方各自的日常市政管理职责为例：在日常治安和卫生管理方面，汉口各团联合会一般负责小街小巷的管理，而汉口警方负责大马路的管理；旧市区内的路灯由汉口各团联合会负责管理，城市消防由汉口各团联合会主导，甚至消防规则也由其制定，但有关城市消防的违法案件由警方负责处理，消防规则由警方公之于众。市政自治边界的形成，说明城市社会内部在一定范围内形成了市政自治的传统。

在欧洲，城市社会内部市政自治传统的形成是城市自治的基础和现代市制形成的动力。然而，在民初，基于基层地方自治的推行而逐渐形成的城市社会内部一定范围内的市政自治传统，虽然开始转化为变革现有市政体制的内在要求，却未能在全国范围内成功推动市制的建立，全国城市普遍处于市制不立的状态之中。就汉口而言，由于中央政府与湖北省府的反对，商界期待建立的汉口特别市未能成立。

于是，一方面是汉口城市社会内部在一定范围内形成了市政自治的传统，市政管理的民主化得到发展；另一方面是官治阻遏汉口商界的市政自治传统转为城市自治，市制不立。结果，在汉口形成了官府与民间二元市政管理核心并存的市政管理格局，以及官治与商人自治双轨并行的过渡性二元化市政体制。

如果说清末推行的"以自治辅助官治"式的地方自治，是政府在传统官办市政体制下自主引入了现代市政体制,开始了传统市政体制向现代市政体制的妥协和市政管理的民主化进程,意味着传统市政体制向现代的转型的话,那么,民初汉口这种更能体现市政管理民主化的二元化市政管理格局和市政体制,就是对清末"以自治辅助官治"的市政管理格局和权力系统市政主体不断弱化的市政体制的延续与发展,是传统市政体制向现代进一步转型的体现。

如前所述,由于辛亥革命的推动,湖北军政府内务部颁布了《各府县暂时行政规则》,对地方自治制度进行了法律确认与肯定。正是有了这样的确认与肯定,地方自治运动才得以在汉口城市社会断续开展,市政管理中的商人自治才逐渐形成传统,从而形成官府与民间二元市政管理核心并存的市政管理格局,以及官治与商人自治双轨并行的二元化市政体制。因此,这种二元化的市政管理格局与市政体制的形成,正是辛亥革命促进民初汉口市政体制向现代转型的一个表征。

四 辛亥革命与民国中期汉口市政体制现代转型的初步完成

辛亥革命给中国社会所带来的震荡,在民国建立后并未迅速停歇,反而因为中央政府威权跌落,军阀盘驻地方,以及各派政治势力较量激烈而持续存在,直至民国中期在政治上才出现了明显的整合态势。1926年,国民革命军赶走了专制武汉的军阀,以民国建立以来空前的政府强势在汉口建立起现代市制,确立起市政府的绝对市政主导权,汉口市政体制由此初步实现了由传统向现代的转型。尽管此时离辛亥革命结束已10多年,然而透过民国中期汉口市政体制现代转型的表象,我们还是可以看到汉口市政体制现代转型与辛亥革命的关联。

(一)辛亥革命造就的政治与市政管理格局成为民国中期汉口市政体制现代转型的大背景

辛亥首义之后,由于革命派在政治竞争中失利,南京临时政府还来不及将孙中山的地方自治等民权思想切实付诸实践,就匆匆退出历史舞台。代之而起的袁世凯北洋政府,显然缺少推动地方政治体制民主化的主动性。"二次革命"以及袁世凯倒台之后，虽然北洋政府颁布了一些地方自治法规，但执政者对市政民主化其实没有什么热情，市政体制的变革因而缺少来自中央政府的实质性支持。辛亥首义后得势的黎元洪及其军政府，"二次革命"以后的北洋政府在湖北的代理人，均力图控制汉口，很想主导市政却又因财力困乏而力不从心，同时又不肯放弃对汉口的市政控制权。权力系统市政主体市政管理能力的弱化，辛亥革命对地方自治的肯定，使民间市政参与有了更宽松的政治环境和活动空间。结果，一方面是市制不立，另一方面是市政官治与商人自治双轨并行。民初汉口市政发展所处的国情和市情——大的政治格局与汉口的市政管理格局，是民国中期强势介入汉口市政的国民党市政当局必须面对的，也是民国中期汉口市政体制现代转型的大背景。

（二）辛亥革命奉行的三民主义转化为民国中期汉口市政体制现代转型的精神动力

民国中期国民党建立了党国体制，继续以辛亥革命所奉行的指导思想为党国施政的指导思想，将孙中山的三民主义奉为指导市政建设的圭臬，贯彻到党国建设的方方面面。从国民党建立的汉口（武汉）城市政权，到蒋介石主导成立的南京国民政府，均以市政建设为急务，而无不奉三民主义为圭臬。

时人甚至直接提出，孙中山《建国大纲》中所说的"训政时期"的地方行政，"就是市政"；"在国民党第一次全国代表大会宣言中所列举的政纲，便是关于训政时期的地方行政施设，也就是'三民主义'下面的'市政'建设"。①

三民主义既然成了南京国民政府市政建设的指导思想，汉口市政的发展自然不能外在于三民主义思想的指导。所以，汉口的市政官员在论及市公用事业的时候，以"不违背民生主义"为原则。② 市政专家在动员

---

① 蒋小秋：《在三民主义下的市政问题》，陆丹林主编：《市政全书》，全国道路建设协会1928年版，第一编"论著"之第57、61页。
② 曾集熙：《市公用事业之目的与经营标准》，《汉市市政公报》第1卷第3期，"特载"之第7页。

市民关注武汉的市政建设的时候，呼吁"大家本着革命的精神，集中建设的力量，上为党国争光辉，下拓科学的新局面"①。民国中期汉口乃至全国各地城市的马路、公园冠以"民族""民权""民生""三民""中山"之称，正是三民主义指导市政的显著表征。

作为民国中期汉口市政建设的指导思想，三民主义自然会渗透到汉口市政管理之中，转化为汉口市政体制现代转型的精神动力。

（三）市制的建立与完善，既标志着汉口市政体制现代转型的初步完成，又表明辛亥革命倡导的民权思想部分得到实现

为了发展城市，改革市政，推进汉口市政的现代化，国民党在1926年9月攻占了汉口后，成立汉口市政府，蒋介石任命曾留学日本和法国、追随孙中山从事革命的刘文岛为汉口市市长，刘文岛遂成为汉口历史上的首任市长，汉口成为1926年以后最早建立市制的中国城市。

依据湖北省政务委员会1926年颁布的《汉口市暂行条例》，汉口市"直隶于湖北省政府，不入于夏口县行政范围"，汉口市区这才从县行政的管辖下解放了出来，作为单立的行政区域而存在。汉口市政府的下属机构除原有的第一特区（原德租界）、第二特区（原俄租界）均归统辖外，还成立了财政、工务、公安、教育、卫生、统计6个局，以及秘书、审计2个处，各局设局长1人。同时，设立由市长及各局局长组成的汉口市政委员会，以市长主席市政委员会。市长由国民政府任命，审计处处长由省政府任命，各局局长及秘书长均由市长呈请省政府任命。市行政事务由市政委员会议决执行。根据该条例，还应设立代表市民辅助市行政的代议机关——参事会。② 时人评论说，"依据《汉口市暂行条例》，汉口市之市制，除细枝末节外，大体与广州差不多"③。而汉口市政府的实际组织情形也的确如此，故曾任广州市市长的孙科说："汉口市政委

---

① 陆丹林：《发刊词》，《武汉特别市市政月刊》第1卷第1号，"论著"之第2页。
② 《汉口市暂行条例》，《市政周刊》第1卷第1期，第8页。事实上，湖北省政府由于迁都之争等原因，直到1927年4月10日方告正式成立，此前，代表湖北省政府综理全省政务的一直是成立于1926年9月下旬的湖北政务委员会。见自章开沅、罗福惠、张正明主编田子渝、黄华文著《湖北通史·民国卷》，华中师范大学出版社1999年版，第167、684页。
③ 希荣：《我国现行市制述评》，《市政周刊》第1卷第4、5期合刊，第5页。

会的组织大体和广州市差不多。"① 只是汉口市政委员会不久便撤销，参事会实际上并未成立。直到1929年，刘文岛再次就任汉口特别市市长的时候，才成立了市临时参议会，汉口市政的民主化因此得到了发展，市政制度进一步完善。

市制是以城市为独立行政管理单位的一种现代城市管理制度，是现代市政体制确立的基础。汉口市政府的建立以及《汉口市暂行条例》的颁布，市临时参议会的成立，标志着汉口市制的确立、完善和汉口现代市政体制基础的奠定，也标志着汉口开始系统地借用西方城市的管理模式和汉口市政体制现代转型的初步完成，同时也表明辛亥革命所倡导的民权思想部分地得到实现。

（四）市政管理体制的高度集权背离了辛亥革命的民主精神

民初市政发展的历程表明，中国市政的现代化既不能依靠衰弱的中央政府来实现，又不能依靠自是一方的地方政权来完成，而民间市政力量又不足以代表市政现代化的最高水平，汉口市政体制的进一步现代化需要更有力的强权来推动。

为了取得市政改革实效，国民党又不得不在市政管理中观照市情，设法改变既有的市政管理格局，从而导致了以下两个方面的重大变化：

1. 市政府确立了汉口市政管理的主导权

汉口市制的建立是以国民党为首的新兴政治势力强势介入城市事务的结果，《汉口市暂行条例》的颁布以立法的形式对汉口市政府的最高管理权和市政主导权的确认。

依据市政立法，"由市长统筹领导，按专业化分工由各部门领导分级负责分专业组织实施，组成由上至下的分级网络体系，各部门的专家和相关的职员在各自的领域发挥作用，共同推进市政建设和城市的发展"②，从而形成市政府对汉口市政的强势领导。

---

① 孙科：《市政问题》，武汉地方志编纂委员会办公室编：《武汉国民政府史料》，武汉出版社2005年版，第357页。

② 涂文学：《城市早期现代化的黄金时代》，中国社会科学出版社2009年版，第128页。

此后，南京国民政府先后颁布了多种市组织法，进一步肯定了市政府的市政主导权，汉口市政府的市政主导权因此进一步得到强化。

市政府对汉口市政主导权的确立与强化，改变了民初官治与商人自治双轨并行市政管理格局，其实质是党国体制下一元化市政管理体制的确立与强化。

2. 集权政治渗入市政管理中，民间市政参与层面上的市政民主化大受限制

由于市政府的市政主导权确立并不断强化，集权政治渗入市政管理中，非权力系统的汉口市政主体的行动或市政作为，因必须服从或服务于汉口市政府的市政规划与管理，基本上丧失了市政自治权。结果，民间市政参与层面上的市政民主化非但没有与市政府组织层面上的市政民主化同步并进，而且还大受限制。这一点连国民党的当政者都清醒地意识到了。

1927年2月，武昌市市长黄昌谷在比较武昌和汉口的市政时说：

> 汉口有市政委员会，有参事会，此种条例，与各国和七八年前的《广州市政条例》完全相同，这种办法，表面上市民能够参与政权，但是不执行政权。各国最新市政府的组织，市民能够执行政权，人民团体，应该用选举办法，举出市政委员执行全市政权。……①

黄昌谷认为汉口市当时实行委员会市制，但是市政对民众的开放度——民间的市政参与程度并不高，市政民主化程度远远不能与西方国家相比。

孙科是民国中期集权式市制的倡导者。他在1927年1月有关汉口市政的发言，正好诠释了武汉的委员会市制产生的根源：

> 由政府任命市政委员，叫他们负全责去办市政，权力集中，办事方无掣肘，这实在是过渡时代不得已的办法，不如此简直不能办

---

① 《武昌市长黄昌谷就职之演说》，《汉口民国日报》1927年2月14日第2张新闻第2页。

市政……所以目前市政一定要采取集权的委员制。①

后来，政府又鉴于"委员制责任不专"，改委员制为市长制。② 1929年2月，武汉市市政府成立，其市制即为市长制，从而开了武汉市长制市制的先河。此后，武汉（汉口）的市制都是市长制。由于国民党一党专政的需要，汉口（武汉）的市长制也是集权式的，其下缺少真正具有审议和监督职能的民意机构。所以，不论是最初实行的委员会市制，还是后来实行的市长制市制，汉口的市制都是集权式市制，都是集权政治的产物。

民间市政参与的边缘化，民意机构的缺位或极度弱势地位，集权式市制的形成，表明民国中期汉口市政体制在很大程度上只是具备了西方现代市制体制之形，而缺少西方现代市制体制之神，汉口市政体制的现代转型因高度集权而削弱了民主化的深度。而这正是试图改变辛亥革命以后市政管理官府与民间双核并存的二元化市政管理格局，及官治与商人自治双轨并行的二元化市政体制的结果。

市政体制现代化的灵魂应该是市政的自治化与民主化，然而，伴随着民国中期市政体制加速现代化的是民间市政参与的日益受制，政府的有为是市政体制现代化的结果，却导致了民间少为或难有作为。这不能不说是对辛亥革命所宗奉的民主精神的背离，和中国市政体制现代转型过程中的一大尴尬。这大概是曾经积极响应辛亥首义的武汉商界所始料不及的。

---

① 孙科：《市政问题》，武汉地方志编纂委员会办公室编：《武汉国民政府史料》，武汉出版社2005年版，第359页。
② 《市政宣传周纪盛》，《武汉市政公报》第1卷第5号，第50页。

从民间市政参与看辛亥革命对民初汉口商界的积极影响

——以1912—1915年汉口城市重建为视点[①]

民初汉口城市重建问题是关乎近代中国城市社会发展的重大事件，它因辛亥革命而生，如果没有辛亥首义战争对汉口华界市区的严重破坏，也就无所谓民初汉口城市的重建。它耸动国人视听，上至中央政府，下至湖北当局，均曾予以关注。其所涉及的时段几乎覆盖整个民初，而尤以1912—1915年表现得最为错综复杂。值得注意的是，这一重大事件，经过不断发酵——商界参与、官商之间的不断斗争与妥协，很好地将辛亥革命对民初汉口商界的积极影响反映了出来。因此，本文拟以1912—1915年汉口城市重建为视点，透过当时的民间市政参与，考察辛亥革命对民初汉口商界的积极影响。

一 争取重建主导权：汉口商会抢先提出城市重建计划，试图建立自主的市政机构

汉口市区在辛亥战火中遭受严重损毁。为了重建汉口市区，争取城市重建主导权，汉口商会于民国建立伊始抢先提出了城市重建计划。

1912年1月，以刘歆生、宋炜臣、李紫云、韦紫封为代表的汉口上层工商业资本家、汉口商会会董就议定了规复汉口市面的办法：

[①] 本文系"纪念辛亥革命100周年国际学术研讨会"参会论文，原载于《湖北大学学报》（哲学社会科学版）2011年第2期。

拟先将商业最盛之黄陂街、河街市房修复，然后徐图建筑其他街巷，计河街由招商局起至襄河大中马【码】头止，黄陂街由大董家巷起直至武圣庙止，所毁市房不下三千栋。该处街道本狭，现在应放阔街道，议定设一汉口兴市建筑公司，招集股本二千万……其地主不愿令建筑公司代造者，须先将屋样绘图送市政厅核明方准兴工，以免式样纷歧……各商董均赞成，现正妥筹办法及招股章程，指日发表。其黄陂街接近花楼一段市房……商务最盛，故亟须恢复也。①

其实，这计划中所说的"市政厅"当时并不存在，它只是商会议拟成立的由其主导的汉口市政机构而已。而计划中的"汉口兴市建筑公司"，也是商会设想的由其组织的市政工程建设机构。

稍后，宋炜臣等商会会董又向副总统黎元洪呈送了一份列有各项预算的具体的汉口重建计划。该计划大纲略为：

（一）建筑江岸码头，由花楼起至桥口下首止，共计需银180万两。

（一）开筑马路，由江岸至京汉铁路，开直路22条，由花楼至武圣庙，修横路12条，每路宽约4丈，共计长23200丈。工程包括填路、修阴沟。需银140万两。

（一）抽地筑路，由花楼至武圣庙，每100方抽地10方，除作为修马路用地之外，余地留作各段马路、修造学堂、菜市场及厕所之用。如果还有余地，就出卖抵还政府垫款。

（一）由政府担保借外债1500万两，设立"商办建筑房产公司"，约造市房30000间。3年内完成全镇范围复原。请政府速设汉口商场工程局，出示晓谕商民暂时不要建造房屋，待市区马路线划定后再建造。

（一）请政府速设清丈局，以便检验和换发地契，作为业主建造房屋的依据。

---

① 《规复汉口商场之硕画》，《申报》1912年1月26日第6版。

(一)工程局晓谕商民,业主造屋先绘图样,送工程局核准方可建造,以资划一。

此外,一切建埠、筑路、造屋、捐税、卫生、巡警各节,悉照工巡局章程办理。①

该计划除了对于建筑江岸码头、抽地筑路有大致的预算之外,对于开筑马路有较为详细具体的预算,如每条马路约长多少,宽多少,填路所需的碎石约多厚,须多少方,方价多少,总价若干,所需黄沙、碎砖若干方,方价若干,耗费若干,总价若干,以及修筑阴沟的长度、工料费具有大致的预算。该计划的根本目标就是要使汉口"成一完美市场。其对于各国租界有高屋建瓴之势"②。

在该计划中,代表政府的汉口商场工程局和清丈局实际上被置于辅助商界的地位,而主持重建的仍是商会领导下的"商办建筑房产公司",从中我们不难窥见汉口商会希图主导汉口重建的强烈意愿。

为了继续争取城市重建主导权,汉口商会各帮董于1912年4月议拟成立"市政厅",并且多主张由巨商李紫云担任厅长。③商人们希望商会出面组织由他们自主管理汉口城市的市政机构。然而,中央政府无意将城市重建主导权交给汉口商会,而是饬令湖北军政府设立汉口建筑筹办处,负责城市规划与重建工作。湖北军政府方面也不肯放弃城市重建主导权,"市政厅"之议遂没有下文。

鉴于汉口业主们抗阻建筑汉口商场筹办处修筑马路的行动,也出于协调官商关系的需要,曾在鄂军都督府政事部下任职的胡瑞霖(理财局局长)、张国溶(编制局局长。按:编制局后改为编制部)、徐声金(编制部副部长)3人(其中张国溶还是湖北省临时议会议员)④,"联络总商会著名董事及商团联合会",于1912年5月成立了"以辅助建筑进行,化

---

① 《汉口新市场办法》,《申报》1912年2月9日第6版。
② 《汉口新市场办法》,《申报》1912年2月9日第6版。
③ 《市政厅之组织》,《民立报》1912年4月16日第8页。
④ 中国人民政治协商会议湖北省暨武汉市委员会、中国社会科学院近代史研究所、湖北省档案馆、武汉档案馆合编:《武昌起义档案资料选编》(上卷),湖北人民出版社1981年版,第407、436页。

导阻挠为目的"的"市政筹备会",并选定胡瑞霖、张国溶2人分别为正副会长,以巨商蔡辅卿、李紫云等4人为评议会员。① 但这种调和官商性质的"市政筹备会"毕竟与商会期望建立的"市政厅"相去甚远。

其后,湖北省临时议会为了牵制黎元洪军政府,也试图推动建立由商人主导的市政机构——市会(市自治会)。1912年6月,湖北省临时议会"提议筹办汉口建筑,宜从筹办市会入手,咨请政府实行"。从省临时议会与黎元洪的辩难来看,市会一旦正式成立,将具有监督汉口市政建设、参与汉口城市事务决策的权力,这将削弱省府对汉口城市事务的控制能力,改变既有的由省府直接主导汉口市政的管理体制。对此,黎元洪坚予否决,认为"市会不应组织,必有市场而后有市会","市会不能监督省政府行政",省临时议会"以防省政府对于汉口建筑独断独行之故"提出成立汉口市会,是缺少法律依据的;"无市会亦无窒碍"。② 已经大权独揽的黎元洪根本不能容忍汉口以任何形式脱离或疏离省府的控制。由于黎元洪的坚决反对,湖北省临时议会的提议被否决,商会主导汉口市政与城市重建的愿望未能变为现实。于是,只能退而求其次。

二 协作与调停:汉口商会在处理城市重建问题时的角色转变

汉口商会为维护商界利益而周旋于政府与商界之间,在争取城市重建主导权无望的情形下,汉口商会转而支持政府主导城市重建,希望早日繁荣华界商务,维护华界利益。

1912年4月,汉口商会呼吁政府尽快进行市街建筑,以改变华界商务趋衰而租界商务益盛的严峻现状:"……外溢中虚,实非久策,急宜规定建造,可以镇观望者之心,免致久困,益增商累。"③ 而黎元洪军政府方面为争取商会的支持,主动要求商会公举建筑参议(后举定为刘歆生、

---

① 《汉口市政新谈》,《申报》1912年5月13日第6版。
② 《否决筹办市会之议案》,《国民新报》1912年7月14日第4页。
③ 《汉商会维持市面策》,《申报》1912年4月13日第6版。

宋炜臣等），会同汉口建筑筹办处磋商汉口重建事宜①。黎元洪军政府试图通过赋予市政参与权，来安抚汉口商界上层，并借其联络商界，共谋汉口重建。这样，商会被政府置于协作者与调停者的角色。

事实上，在政府与商界之间就城市重建事务的诸多方面发生分歧乃至产生矛盾和冲突时，汉口商会确曾积极予以协调。

1912年春，汉口建筑筹办处公布了城市重建方案，业主会强烈反对政府规定的马路路线，并"议请商会转禀都督谕饬建筑处设法偏绕，务求达到目的而后已"②。当业主会就汉口建筑办法提出自己的八点建议和要求时，政府"邀集商会及建筑参议开会，研究秉公评议，将原有八条逐一解决"③。在业主会与政府僵持不下时，商会遂要求政府缩减建筑规模，"仅修直马路三条，横马路三条，街市仍旧，修街酌加展让，早日开工，以顺商情而免久延"④。此后的容氏汉口重建计划就是在政府与商会磋商的基础上缩减政府原有建筑计划规模而制订的。在让地筑路问题上，商会也主动与业主会磋商，以期业主尽量能够让宽街道。⑤

中央政府与汉口商界就城市重建问题展开的交涉，也以商会为中介展开。商会代表汉口商界向中央政府提出赔偿汉口辛亥兵燹损失的要求，中央政府则要求商会出面担保，发行汉口商务公债票作为辛亥兵燹损失补偿和汉口重建经费，等等。

不过，商会的居间协调并没有消除汉口商界与政府之间在汉口城市重建方面的严重分歧。

三 抗争：汉口业主与业主会的行动与声音

城市重建涉及城市规划、街道及马路建设、房屋拆迁、重建经费的

---

① 《新汉口之大建筑》，《申报》1912年3月26日第6版。
② 《路线偏绕会馆之问题》，《国民新报》1912年7月8日第4页。
③ 《关于建筑之问答》，《国民新报》1912年7月9日第4页。
④ 《马路又将改革》，《国民新报》1912年8月4日第4页。
⑤ 《汉口之新马路》，《民立报》1912年10月17日第8页。

筹措等诸多方面，这些均与业主的利益息息相关。然而，黎元洪军政府在谋划汉口重建之初，对于汉口社会各界，只以商会为联络中介，竟将广大业主和基层商民排斥在官民协商机制之外。

对此，湖北省临时议会曾经提出严厉的批评：

> 现民力凋敝已极，何堪再受隐亏？若换地办法无一定标准，凭三数人意见，窃恐难免不有因此而失其财产者。现筹办处于此换地重要之事尚未定有完善办法……此项建筑与民间有直接关系，筹办处开办以来，从未闻与民间磋商一切；与闻其事者，仅一商会，故舆论沸腾，反对甚力。且建筑马路、公署、警局等项，经费需款至巨，究竟款由公筹，或借外债，抑由市商协筹，尚无所闻。①

当时的报刊舆论也认为：

> 汉口建筑筹办处开幕以来，对于各业主、商民感情甚薄，故呈报之案，已见多起……该处非持论太过，即失于过激，暗酿风潮，势成凿枘，亟（应）审时度势，平允维持。②

为了争取在城市重建事务上的话语权，维护自身利益，汉口的业主们行动起来，他们于1912年正月组织成立了一个独立性很强的汉口业主集合会（以下简称汉口业主会）③。通过该会，业主们抵制政府，参与到城市重建中来。

（一）对政府漠视人民城市重建事务参与权的抗争

汉口业主会成立后，并未立即引起政府的重视。1912年4月，汉口建筑筹办处在未能与业主妥善交涉的情况下，就强行"动工修筑马路，令人拆屋让基"。此举激起了业主们一致强烈的反对与抗拒，"几酿暴动

---

① 《新汉口建筑种种》，《申报》1912年4月20日第6版。
② 《关于建筑之嘉言入告》，《国民新报》1912年5月27日第4页。
③ 《关于建筑之嘉言入告》，《国民新报》1912年5月27日第4页。

风潮"①。为了商讨应对办法,争取自身权益,业主们召开了业主大会。在会上,有业主激愤地说:

> 要知道建筑马路一事,势在必行,该筹办处又甚颟顸,不知世事,不达人情。诸君……不可不急筹办法:一、质问借债,借何国债?以何项抵押?人民有无干预权?一、建筑处办法细则应否宣布以示大公?②

业主们的激烈抗拒引起了汉口建筑筹办处的不安,但该处还是决定不顾业主们的反对强行修筑马路,竟然动用军队予以震慑,试图压服业主们让基筑路。

对此,业主们于同年5月中旬举行业主大会,商讨应对办法——这已经是他们第四次举行全体业主大会了。在大会上,身为业主会会员同时也是汉口各团联合会(按:该会成立于1911年4月,是汉口各街区保安会、消防会、救火会、自治会等的地方自治组织的集合体)副会长的周允斋愤慨地说:

> 建筑马路,我辈不赞成者,亦非无自:(一)建筑处不与人民接洽;(二)街道前让后展,以后湖荒地享前街权利;(三)不应先拆未烧之屋;(四)建筑必须借债还债之法,仍间接取诸吾民;(五)每以英伦敦、美纽约比汉口,一言不合,辄加我辈以不开通之名;(六)以江河两岸作青皮(指绿化地,笔者注)地固妙,但原在两岸之人以何法安置之;(七)此时以减价买来之地皮,将以贵价卖去,迹近垄断。我辈反对修筑者,不过反对此不良之办法而已。但最近之害,如盗贼、水火,警察之防范虽周,大街小巷,臭气逼人,于卫生大有妨碍,西人每以租界为天堂,以华界为地狱者,此也,则马路之当修不待烦言而解矣。依鄙人之愚见,愿与诸公共酌:(一)业主团体不可误听谣言,致会解散;(二)不可存个人意见;(三)都督不许

---

① 《汉口市政新谈》,《申报》1912年5月13日第6版。
② 《汉口业主之同盟》,《民立报》1912年5月1日第8页。

人民吃亏，要想不吃亏之办法；（四）办事之人要认真。

周允斋还提出了解决官民分歧的几点建议：

（一）借款要中央政府担任；（二）估价还地必须平均；（三）不拆未烧之房屋；（四）筹办处人员要认真任事；（五）汉口人民公举正人实行监督；（六）会馆要归业户。

对于周允斋的意见，"各团联合会戴仲华（按：辛亥首义前夕，戴仲华是演说自治戒烟会的灵魂人物之一，该组织是汉口众多社团组织的发起者）君亦愿尽义务，同负责任"①。

可见，汉口业主会背后还有汉口各团联合会的大力支持。

1912年7月6日，汉口业主会再次召开会议，商讨解决官民分歧的办法。会后，业主会将"决定办法八条"呈请湖北军政府都督兼副总统黎元洪核示，其具体内容为：

第一条 款项须由中央政府担任，不得以地方及捐税为质。
第二条 路线须酌量减少，丈尺须酌量减窄。
第三条 地皮由地方共同估价方少损失，仍以前清丈局章程为标准。
第四条 路线必有之地公家收买须给现银。
第五条 上下未烧房屋，一概不拆；凡大工程，须设法偏绕；其小工程不能偏绕者，照价赔偿。
第六条 业主于建筑税则须有参议权。
第七条 修筑江岸、河岸须划船户停泊办法，以免危险。
第八条 人民服从公家沟渠、巷道定式外，须有自由建筑权。②

在业主会的压力下，黎元洪不得不饬令汉口建筑筹办处邀集商会、

---

① 《业主会详记》，《国民新报》1912年5月15日第4页。
② 《关于建筑之问答》，《国民新报》1912年7月9日第4页。

建筑参议开会研究，对业主会的八条意见与建议给予评议与正面回应。虽然汉口建筑筹办处未能全部接受这八条建议，但做出了很大的妥协，接受了或部分接受了除第一条、第八条以外的建议。其中，有两点很重要：一点是有关地皮估价问题，该处希望业主会派代表共商；另一点是有关建筑税，该处要求业主会公举代表2名参议。最后，业主会终于获得了在城市重建事务方面的参决权——黎元洪同意业主会公举建筑参议6人，与商会及汉口建筑筹办处一起协商建筑事宜。①

正是通过有组织的抗争与交涉，汉口的业主与业主会积极参与到汉口城市重建事务之中，其市政参与权才争得了政府的认可。

（二）反对实施过度牺牲业主利益的重建规划与城市重建

大约在1912年3月初，汉口建筑筹办处公布了汉口重建规划草案和马路图式。由于该重建规划覆盖了京汉铁路至江岸的所有华界区域，涉及整个旧市区街道、马路建设的调整，政府又因财政困难等原因不可能在拆迁及补偿问题上马上给予业主以满意的处置，因此，该重建规划立即遭到汉口业主会的强烈反对，它们认为，"道路占地过宽，将来换给官基，难得公允。刻道路未曾兴修，又禁盖房屋，是商务民业两受其害"②。

同年4月，汉口建筑筹办处又宣布，凡未烧之房屋，有妨碍马路工程的，也必须拆让，各业主闻之哗然，于是设法阻挠，理由是汉口建筑筹办处"现定街道图多作三角尖形，弃地过多，耗费自多"，他们"呈恳鄂都督饬筹办处另就汉口原来地势、街道重测一图，所有马路即以旧有官街展宽，以免与商民调换基地之纷扰"。对于以官地调换因筑路展让的地皮的做法，业主们认为"换地难于适合繁盛之地点"，坚决要求"凡调换之官地，必须接近其原地之处，否则，不予承认"。③

汉口建筑筹办处不顾业主会与省临时议会的反对，强行动工修筑马路、强令业主拆屋让基。为此，业主们极力抗拒，业主会遂要求汉口建筑筹办处立即停修马路。在业主会的强烈抗争下，汉口建筑筹办处做了

---

① 《规定建筑参议》，《国民新报》1912年7月31日第4页。
② 《新汉口建筑种种》，《申报》1912年4月20日第6版。
③ 《新汉口建筑种种》，《申报》1912年4月20日第6版。

一些妥协：将建筑规划图中的三角形市街"改全用方格式"；路用地皮采取调换、收买或推展法，具体方法由业主公决；并宣布建筑借款由中央政府担任；马路停工5日。① 其后，业主会还是反对新修马路，"只允就路修路，以各户让地三尺为归结"，而汉口建筑筹办处在军队的协助下，继续在河街一带开工。因为有军队震慑，双方才没有发生冲突。② 1912年5月，业主会再次呈请都督黎元洪，要求停止修筑马路。尽管一时"未邀允准"③，但"因业主会反对争执甚力，延未开工"④，汉口重建马路工程最终陷入停顿，市街马路建设线路也处于悬置状态。为此，夏口上级议事会还提议呈请政府早定马路路线。⑤ 6月下旬，汉口重建马路详图面世。⑥ 在业主们的压力下，政府不得不妥协。7月初，官商双方才商定原定路线不改，但是道路宽窄尺度可随时酌量核减，庙宇、会馆工程浩大者，可以根据其性质，如能设法偏绕则予以通融。⑦ 但市街、马路建设仍因业主的反对而继续迁延。为此，政府还不断修订重建规划。在省议会和商会的调处下，业主会同意将街道让宽2丈6尺，而业主只允让2丈2尺。⑧ 业主及业主会总算是作了较大的让步。至1912年11月9日，湖北省临时议会最终确定马路的长度、宽度和马路地皮收购价之前，汉口重建规划图已经是"三易其图"⑨ 了。总体而言，是规模不断缩小。

然而，好不容易才出台的正式重建规划，却又因政府拙于经费，重建借款未成而得不到实施。政府又不得不更改重建计划，极力缩小建筑范围，以致专注于马路建设。1912年11月，马路工程专局成立。该局不久规定了市街建筑的规模，"街分三级，巷分五等，只于城垣以内修筑直马路三条，横马路七条"，3条直马路的宽度（即街宽）分别为6丈、10

---

① 《建筑街市之商榷》，《民立报》1912年5月6日第8页。
② 《汉口市政新谈》，《申报》1912年5月13日第6版。
③ 《业主会行将解散》，《国民新报》1912年5月13日第7页。
④ 《鄂省之四大问题·建筑问题》，《民立报》1912年6月4日第8页。
⑤ 《上级议事会纪事》，《国民新报》1912年6月19日第4页。
⑥ 《汉口马路之规定》，《民立报》1913年6月24日第1页。
⑦ 《路线偏绕会馆之问题》，《国民新报》1912年7月8日第4页；《关于建筑之问答》，《国民新报》1912年7月9日第4页。
⑧ 《汉口之新马路》，《民立报》1912年10月17日第8页。
⑨ 《议会改定马路地皮价值》，《国民新报》1912年11月11日第5页。

丈、12丈，7条横马路宽度均为6丈。①马路的宽度即街宽。由于种种原因，马路工程专局未能按既定规划开展城市重建。

1913年至1915年，尽管先后又有马路工巡处、督办汉口建筑商场事宜处分别制定了汉口城市重建规划，但是由于政府方面基本上是"只闻雷声，不见下雨"，城市重建主要依靠商民力量自发进行，故新的重建规划未能触及业主们的根本利益，也就未见业主与业主会对新的重建规划进行激烈的抗拒了。不过，由于业主会实际影响的存在，它还是介入到自发的城市重建事务之中。当时，由于街巷宽窄不一，各业主在报请勘丈的时候，屡起争端。直到1914年，由业主会改定原定街巷等级，呈请警察厅出示晓谕，才平息了争端。街道等地在修改后分为大街、中街、小街3等，所定宽度分别为2丈6尺、2丈2尺和1丈8尺。②新的街宽相较于原先的街宽（6丈、10丈、12丈）不可同日而语，实际上意味着业主会否定了它与政府协定的街道建设计划。

（三）反对以牺牲城市利益为代价的城市重建借款

民初政府由于财政困难，在汉口重建经费方面不得不依赖借款。为此，政府前前后后谋借外债、侨债和内债（公债）。在政府运筹汉口重建借款的过程中，业主会也出而抵制政府。

业主会一度强烈反对在没有中央政府担保的条件下举借重建外债，要求中央政府对汉口重建负责，为汉口重建借款作担保。业主会的作为最终影响了外债的成功举借。

业主会还强烈反对中央政府发行可能严重损害汉口城市利益的公债。1912年10月，中央政府财政部、工商部与汉口商会代表举行会议后，决定以补助汉口商务发展的名义发行总额5000万两的有期定限偿还公债票，前5年只付息不还本，第6年起每年偿还本银总额1/25，至第30年还清，由中央政府在鄂省营业税内指拨应给年息5厘，在汉口房租及过境、落地税内附加等项议定加筹数目，以足敷还息之数，同时规定"领公债票者先缴七厘半现银"。尽管举借公债是政府与汉口商会磋商的结果，但

---

① 徐焕斗修、王夔清纂：民国《汉口小志》，民国四年铅印本，"建置志"之第6—7页。
② 徐焕斗修、王夔清纂：民国《汉口小志》，民国四年铅印本，"建置志"之第8页。

业主们担心该项巨额公债最终难以保息而损害汉口城市本身的利益。① 在这一点上，业主会与汉口各团联合会、商界维持会、夏口全属议事会、自治公所等团体或组织达成共识。上述团体一致认为公债首重保息，商会以过境税及附加捐为准备金，"若任加增过重，商务不能发达，人民隐受其害。况又规定领公债票者先缴七厘半现银，尤为苛扰"，各团体之意"在减轻担负，不致遗祸国家。如照商务总会办法，是五千万之公债票以三十年连本合息计算，共有一万万两，皆汉口人民之担负也，故尔绝对不赞成，且恐将来一失信用，比至六七折转售外人，不独汉口亡，即全国亦亡"②。由于以业主会为代表的汉口大多数团体表示反对，由中央政府担保举借公债的计划也归于流产。

四 透过城市重建过程中的民间市政参与看辛亥革命对民初汉口商界产生的积极影响

透过城市重建过程中的民间市政参与，我们可以探知辛亥革命对民初汉口商界产生了以下几个方面的积极影响。

（一）辛亥革命增强了汉口商界的城市自豪感与主体意识，推使其投身于民初城市重建事务之中

对于汉口商界而言，辛亥革命对于城市的洗礼充满了血腥与暴力，使它们为革命付出了沉重的代价——这是同时期中国其他任何一个城市商界没有承受过的；同时民国的建立为它们所在的城市平添了无上的荣光。所以，民国建立以后，汉口商界显得无比自信，为有汉口这样的城市而深感自豪。它们充分肯定所在城市的商业地位和政治影响，自认为"汉口为全国第一商埠"③，声称"我汉口居中国之中央，占商务之要点，

---

① 《专电》，《民立报》1912年12月25第6页；《以公债票救汉口》，《民立报》1912年12月27日第7页；《五千万抚恤之简章》，《国民新报》1912年12月28第6页。
② 《反对商务公债票》，《民立报》1913年2月11日第8页。
③ 《汉口各团联合会为汉口市选举区电请增加议员致商会函》，《国民新报》1912年12月9日第6页。

居高屋建瓴之势，一呼而全国响应，无有能过之者"①。其中，"我汉口"所流露出的城市归属感和显示出的城市主人翁姿态，充分表明汉口商界整体的城市认同感增强。也正因如此，汉口商界以更为自主的姿态参与到城市重建事务中来。

早在张之洞督鄂时期，在后湖长堤筑成之后，在政府款项匮乏之际，以刘歆生、宋炜臣为首的汉口商会会董和业主们，也曾主动向政府提出了自己的城市发展规划——在后湖开河、筑路，以期振兴华界市区。后来，他们还曾建立一个由政府批准成立的民间市政工程组织——"后湖修筑马路工程办事局"②。不过，清季汉口商界振兴汉口华界市区的设想与努力，都是在其维护既定城市管理体制的情形下进行的，因而也得到了下至劝业道、江汉关道上至总督的支持。只是因为种种原因，汉口商界的城市建设规划未能如期实施。

经历了辛亥首义之后，下至商民上至中央政府，都觉得汉口华界市区亟待重建，并且是振兴汉口的一个契机。对于深深蒙受资财损失与家园被毁之痛的汉口商界而言，它们理应参与到汉口城市重建中来。加之在城市重建问题产生之前，汉口商界既积极参与了清末政府组织的和立宪党人积极推动的立宪运动尤其是地方自治运动，又曾参与革命党人的革命活动，民权思想在它们心中已经生根发芽。辛亥革命爆发后，民主共和思想得到张扬，新成立的民国湖北军政府顺应民心与时势，宣布基本承续清末已开始推行的自治政策。这更是激发了汉口商界自主建设城市的热望。于是，作为商界领袖的汉口商会，抢先提出城市重建计划，并试图建立自主的市政机构，希望主导城市重建。

在汉口商会出面主导城市重建的意图受阻之后，汉口商界出于对汉口商界及城市自身利益的关切，仍然密切关注政府在城市重建事务上的所作所为。当政府实施过度牺牲业主和市民利益的重建规划与城市重建、以牺牲市民乃至整个城市利益为代价举借城市重建借款时，汉口商界中另外两个具有广泛社会影响的社团组织——汉口业主会与各团联合会，起而强烈反对，这又从另一个侧面体现出汉口商界日益增强的城市主体意识。

---

① 《汉口商界之奋起》，《民立报》1913年5月4日第6页。
② 《来信》，《汉口中西报》1909年9月18日新闻第1页。

（二）辛亥革命为汉口商界积累了参与城市事务的政治资本，使其拥有了在城市重建问题上抵制政府的底气

在辛亥革命首义前夕，汉口商界深受立宪派的影响，并逐渐接受革命党人的影响，日益显示出对清政府的离心倾向，最终倒向革命。在这个过程中，汉口商界开展了一些拥护和促进革命的活动，"其关系起义伟业者，设演说而疾专制，重自治以基共和，对于清政府抵抗铁路国有，要求国会速开，有捕逮鼓吹革命者，则多方辨【辩】护，有调查组织机关者，则极力弥缝，鼓荡舆情，胚胎革命"[①]。汉口商界的上述作为，为革命思想的传播、革命活动的深入展开提供了便利。同时，汉口商界的积极作为，也为武汉的立宪派与革命派的力量日趋走向联合作出了贡献。

在辛亥首义中，汉口商会与各团联合会又积极协助民军抗御北军，他们为民军传递军情，运送军用物资，照看粮台，供给军食，筹措军饷等等；在汉口遭受战火焚毁的时候，积极维持城市社会治安。[②]

辛亥首义后不久，孙武、张振武等人就建议创立革命实录馆，以记录、编纂湖北辛亥革命史实。1912 年 6 月 16 日，该馆经副总统兼湖北都督黎元洪批准建立。[③] 从现存的实录资料来看，湖北革命实录馆的建立，固然是为了载记湖北辛亥革命史实，其表彰湖北尤其是武汉的商、兵、学、绅等各界尤其是革命派的历史贡献的意图是十分明显的。

汉口商界很快就自陈了前述的有关它们（主要是汉口各团联合会和商会）在辛亥革命中的事迹与贡献，这些事迹与贡献于 1912 年 7 月 1 日便被搜集到革命实录馆中，它们实际上就是汉口商界对自身与辛亥革命之间关系的自我认知与自我价值认同，即它们既是辛亥革命的牺牲者，也

[①] 中国人民政治协商会议湖北省暨武汉市委员会、中国社会科学院近代史研究所、湖北省档案馆、武汉档案馆合编：《武昌起义档案资料选编》（上卷），湖北人民出版社 1981 年版，第 245 页。

[②] 中国人民政治协商会议湖北省暨武汉市委员会、中国社会科学院近代史研究所、湖北省档案馆、武汉档案馆合编：《武昌起义档案资料选编》（上卷），湖北人民出版社 1981 年版，第 245—266 页。

[③] 中国人民政治协商会议湖北省暨武汉市委员会、中国社会科学院近代史研究所、湖北省档案馆、武汉档案馆合编：《武昌起义档案资料选编》（上卷），湖北人民出版社 1981 年版，"编辑说明"之第 1 页。

是辛亥革命的功臣。1912年第一届国会选举时,汉口各团联合会电请商会出面要求中央政府在汉口市区选举区"特别增设省议会、众议院一员,为开国纪念"(《汉口各团联合会为汉口市选举区电请增加议员致商会函》,《国民新报》1912年2月9日),此事实际上也体现出汉口商界的居功意识——汉口为辛亥革命与民国的建立作出了特殊的贡献,理应得到相应的政治待遇。而政府对商界自陈的主动受纳,则意味着辛亥首义之后革命派及以黎元洪为首的湖北实权派对汉口商界历史贡献与社会地位的认可与尊重。换句话说,辛亥革命为汉口商界积累了政治资本。

正是因为有了这样的政治资本,汉口商界才具有在参与城市重建问题上屡屡抵制政府的底气。对于汉口商界而言,汉口已经为革命作出了贡献与巨大的牺牲,它们理应在城市重建中得到补偿而不是进一步的巨大牺牲。所以,它们理直气壮地认为,"汉口乃天下人之汉口,非湖北之汉口",对于重建借款"汉口人民实难担任"。① 换句话说,汉口是因为革命而惨遭损毁的,而革命是为全国不只是为汉口而进行的,中央政府理应对汉口重建负责,为汉口重建借款作担保。

也正是因为有了这样的政治资本,民初汉口商界才能够理直气壮地要求中央政府赔偿汉口在首义战争中蒙受的损失,反对政府制定的契税章程并要求省府援照京津成案豁免在辛亥兵燹中毁失房地契纸的契税,反对以牺牲业主与城市利益为代价的重建规划与城市重建,并要求政府认可其市政参与权。

(三)辛亥革命为汉口商界争取城市重建事务的话语权提供了思想武器

经过辛亥革命的洗礼,民主共和观念在民国建立之初激荡着汉口城市社会,民权意识进一步浸润着汉口城市社会。

在这种情况下,汉口商界检讨着专制体制下商人漠视政治的缺点及由此导致的消极后果——政府对商人政治权利的压制,呼吁商界发扬民主精神,积极参与政治,维护共和政体:

---

① 《业主会反对借款》,《国民新报》1912年6月27日第4页。

> 我国之岁入，其取之商税者，实驾田租、地税而上之，故我等商人所负之义务既大，即所享之权利当然不小。惟我国商人素不与闻政事，日惟兢兢业业从事于贸迁之有无，一并权利弃如敝履。我商人既视应享受之权利为无足轻重，斯政府对于我辈商人若无物然……我等不自求胜，不自图强，无怪日夕陵夷，见欺于政府而莫可挽救。方今共和初建，民权始张，我辈既居国民之一大部分，自当振励精神，出其余力，以实行监督政府，拥护共和，决不宜退缩。①

因此，辛亥革命赖以动员社会的思想资源——民主共和思想，深深地影响着汉口商界；民初的汉口商界较之清末的汉口商界有着更为清醒的政治头脑，具有更加强烈的政治参与意识，并能运用民主共和思想作为维护自身权利的武器。

在民初汉口城市重建问题上，汉口业主会屡屡对政府方面的作为深感不满，其主要原因有二：其一，认为政府在规划重建和修筑马路时，在让宽街道、地价问题、拆屋问题、借款问题上，以不当的方式多方损害了或必将损害业主们的经济利益。其二，认为汉口建筑筹办处人员办事不认真，态度蛮横，不尊重人民，不与业主会协商，不让业主拥有应有的知情权、参议权、监督权。一句话，政府不尊重民权。因此，汉口业主会在民初城市重建过程中的作为，一度更多地显示出的是与政府的对抗而不是合作。在政府看来，汉口业主会的作为是不顾城市建设大局的自私行为，但在业主（他们中很多就是商会和各团联合会的成员）看来，在民主共和时代，维护自身经济利益，争取对于城市重建事务的知情权、参议权、监督权，是其维护民生、扩张民权和实践民主的正义之举，也是维护城市利益的正当行为。而汉口商会希望建立市政厅以主导城市重建，其实也是扛着民主的旗帜，表达实践民权的意愿。

（四）辛亥革命使城市重建过程中官商之间政治、经济关系朝着有利于商界的方向调整

革命必然带来社会关系与社会利益的调整。民初上至中央政府下至

---

① 《汉口商界之奋起》，《民立报》1913年5月4日第6页。

地方政府，财政无不困窘，湖北军政府也不例外。民国建立伊始，汉口城市重建这个重大的城市经济与政治问题就摆在了湖北军政府面前。在汉口城市重建过程中，面对着汉口商界高张的民主共和旗帜和积极争取民权的情势，同时为了取得汉口商界的支持，湖北军政府不得不调整与汉口商界之间的政治、经济关系。

辛亥首义以前，政府在政治、经济等领域把握着合法控制权，尽管它显得越来越力不从心且逐渐丧失威权。汉口商界在争取经济利益与政治权利而与政府抗争的过程中，所能运用的最大的合法思想资源是君主立宪民主思想，政府与汉口商界进行交涉的中介是代表城市工商业上层的汉口商会，官商之间在经济上主要是一种管理与被管理、庇护与被庇护的关系，在政治上是一种依附与被依附、管治与被管治的关系，而汉口商界在经济上的自由度较小，政治上的自治度不高，政府在城市政治、经济中的主导作用并未受到根本的挑战。在清末制订汉口城市发展计划的时候，尽管官商之间有着良好的互动关系，然而汉口商界无论在建设经费筹措方面还是建设主导权方面，均缺乏独立行事的自主意识，正是这种政治关系的具体反映。

辛亥首义之后，由于未能迅速地形成新的强有力的中央威权体制，军人得以专制地方。同时，财政困窘的地方政府不得不俯顺商情，顺应时代潮流，从而在经济上推行有利于工商业发展的政策，在政治上不得不扛着民主共和的大旗，继续推行地方自治政策。而汉口商界在争取经济利益和政治权利而与政府抗争的过程中，所能运用的主要合法思想资源由君主立宪民主思想变成了共和民主思想。与此相应，官商之间形成了一种新的依存关系：在经济上，政府除了行使赋税征收权之外，较少直接干预城市社会生产与商业流通领域，汉口商界获得了更大的自由度，以至于在民国中期反对政府强势作为干预市场的时候，汉口商界还十分迷恋民初汉口的"完全市场"①的经济地位；在政治上，政府在力图控制市政主导权的情况下，为城市提供治安保障，并开始顾及更广泛城市民

---

① 刘少岩、李荻心在《本季检查偷漏述略》一文中称，"本市在民十五年以前，各种营业，尚称发达，且属完全市场"，见《水电季刊》第10期，湖北省档案馆藏，档号LS80－1－746，"论坛"之第17页。

众的权益，而汉口商界则在民主共和的旗帜下、在断断续续的城市自治运动中，以街区为基础不断地实践基层地方自治，并试图挑战政府的市政主导权。

就民初汉口城市重建而言，政府寄重建借款抵押于汉口的税收，并在涉及城市建设经费的城市重建规划、拆屋让基、核定地价等方面不断地进行调整以迁就汉口业主会。而汉口业主会在当政府无力解决拆屋让基问题时，干脆自定市街的宽度，政府竟然同意以之作为市街尺度的标准。汉口商会抢先提出了城市重建方案，试图建立商界主导汉口城市重建的政府市政厅，政府不予采纳，但同时允许商会公举参议参与城市重建事务。当汉口业主会（按：其背后还有代表城市社会基层的地方自治组织汉口各团联合会的积极支持；汉口业主会与各团联合会的成员很多是交叉的）强烈抗阻政府的城市重建规划与作为时，政府逐渐意识到官商之间的沟通与交涉，不能仅仅依靠代表汉口商界上层的商会。最终，它赋予了汉口业主会以建筑参议权。所有这些，我们不应仅仅视为政府为了平息事态作出的临时性妥协，而应同时视为辛亥革命以后汉口城市社会民主化的一种表征，和官商之间政治、经济关系的一种调整与平衡。这种调整与平衡从总体上说是有利于汉口商界的。

"二次革命"后的上海商团问题
（1913—1926）
——兼及近代中国商团整体研究[①]

目前有关上海商团问题的研究成果，主要集中于清末和"二次革命"时期，探讨的问题主要是商团产生的背景、组建的目的、商团的性质、商团活动的影响，涉及的事件主要是辛亥革命——1911年的辛亥革命上海光复和1913年的"二次革命"，此外有个别研究成果论及1924年的"齐卢之战"。[②]而涉及的主要商界人物有李书平、郁怀智、沈缦云等，涉及的主要社会组织是上海总商会等。这些研究为近代上海商团研究打下了基础。同时，既往的上海商团研究存在以下明显不足：

其一，在考察上海商团发展的过程中，缺少有关上海商界自身对于

---

① 本文内容在2015年11月在武汉召开的"第八届辛亥革命研究青年学者论坛"会议上已有报告，兹略有删改。

② 有关近代中国商团的全面综述，目前仅见朱英的论文《近代中国商团研究述评》（载《近代史丛刊》第1辑，华中师范大学出版社2001年版），该综述的撰写的时间较早，但是由于该综述以后有关上海商团的研究，成果零星，故笔者认为该综述对我们研究近代上海商团仍然具有重要的指导作用。有关上海商团研究的近期成果主要有：朱英的专著《近代中国商会、行会及商团新论》（中国人民大学出版社2008年版），该著第十七章"从档案文献看苏州商团"实际上主要以上海商团为参照系，在国家与社会的视野下，论述苏州商团的特点。因而，该章在论述苏州商团的时候，也在一定程度上揭示了上海商团的特点；黄健美的博士学位论文《上海士绅李平书研究》（复旦大学，博士学位论文，2011年，第85—96页），该文论述了作为地方领袖的李平书是如何应对辛亥革命的，其间就论述李平书等人组织的商团是如何在1911年前夕及期间开展行动的。从其论述可以看出，上海革命派和立宪派是如何围绕商团问题，走向联合并在上海光复过程中发挥作用的。此外，尚有李光、徐涛的论文《上海滩上的"大卫王之星"——近代上海万国商团犹太分队研究》（载《史林》2010年第8期）、汤仁泽的论文《辛亥革命前后的上海商团领袖郁怀智》（载《社会科学》2007年第3期）。

地方治安之外的与商团密切相关的城市问题的认识方面的考察，这不能不说是近代上海商团研究的一大缺失。毕竟，有关这方面的认识，是我们考察上海商团问题的重要信息源之一。并且，考察上海商界对于地方治安之外的与商团密切相关的城市问题的认识，是我们拓展并深入上海商团研究的题中之义。

其二，对"二次革命"之后的十余年里上海商界组建商团的顿挫及其拥武诉求，缺少持续的动态关注。究其根由，在于学界习惯于关注从爆发性的历史事件考察上海商团，忽视在较长历史时段内持续发生作用的历史因素的作用。从而形成一种畸轻畸重的研究态势，使人难以形成对上海商团的整体认识。

其三，与此相应，对于民初上海商团兴起原因和商团组织的主要目的或商界拥武诉求的探讨，缺少对民族危机加深的刺激和地方治安不稳定之外的因素的观照。也就是说，我们对民初上海商团顿挫、存亡的历史原因的考察，对上海商界拥武诉求的探讨，缺乏更广阔的视野。

无可否认，清末上海商团的兴起，是以地方自治运动为契机，与民族危机的刺激和城市社会秩序的动荡密切相关；1911年的辛亥革命和1913年的"二次革命"曾促进了上海商团的发展。而近代上海商界组织商团的最直接也是最基本的目的，就是维持城市社会秩序，保护商界乃至整个城市社会的利益。不过，笔者认为，在民初这个时段里，上海商团的发展和上海商界的拥武诉求，应该不只是社会动荡的结果，也不只与辛亥革命有关。否则，我们将无法合理地解释以下问题：其一，在民初社会秩序相对稳定之时，上海商界缘何还要坚持恢复武装商团？其二，20世纪20年代，南市和闸北已经组织了以商界为中坚力量、旨在维护城市社会治安的保卫团，为何上海商界还是执着于恢复武装商团？

事实上，民初上海商团的发展与顿挫，与断断续续，或隐或显并与民初城市社会发展相始终的一场社会运动息息相关。这场城市社会运动，发端于清末，而贯穿于民初，对民初社会组织与城市社会政治生态产生了深刻的影响，并由此牵动地方政府与个体城市之间、地方政府与中央政府之间关系的调整。自然，它也对在这场运动中执牛耳的上海商界及其组建的上海商团产生了深刻的影响。这就是民初的城市自治运动。故而，笔者对于民初上海商团问题、上海商界拥武诉求的探讨，将从考察上海商界组建商团与上海城市自治运动之间的关系入手，以期得出比较合情合理的有关民初上海商界拥武诉求的解析，并就辛亥革命对"二次革命"以后上海商界拥武诉求的影响给予评估。最后，笔者还将结合自己的研究心得谈谈研究近代中国商团应该注意的几个问题。

一 "二次革命"之后上海城市自治运动的概况

"二次革命"失败以后，全国各地的自治运动因 1914 年 2 月袁世凯下令停办地方自治而受挫，各城市的自治运动顿因失去法律支撑而迅速放慢了脚步，有的恢复到官治状态，有的则由显性自治变为"隐形自治"①，上海就属于后者。对于上海商界而言，地方自治的目标就是城市自治。停止地方自治就意味着停止争取城市自治的努力。对此，上海商界表示出强烈的不满，并且一有机会，就组织运动以恢复地方自治。总体说来，"二次革命"之后，上海的城市自治运动大致经历了 1914 年 2 月—1924 年 2 月的顿挫与恢复期和 1924 年 3 月—1927 年 3 月的持续运动并走向高潮期。

在这两个阶段，运动的主题分别为争取恢复地方自治和争取成立上海特别市。其运动概况如下：

1914 年 2 月，袁世凯停办地方自治。3 月 23 日，上海市政厅正式被上海工巡捐局接收。闸北市政厅也被闸北工巡捐局接收。上海城市自治运动走入低谷。

1916 年 6 月，洪宪帝制告终，黎元洪任大总统之后，恢复约法和地方自治。7 月，上海商界要求恢复地方自治。但因地方政府未能落实恢复地方自治的政策，上海商界纷纷要求恢复地方自治。9 月，上海绅商发起成立上海地方自治研究会；11 月，闸北成立地方自治研究会。1917 年 7 月，黎元洪被迫解散国会，城市自治运动再次受挫，但上海绅商并未就此止步。同年 8 月，上海士绅会议，就恢复上海地方自治和市政厅达成共识。1918 年

---

① 周松青研究认为，袁世凯下令停办地方自治之后，上海进入了长达十年的"隐形自治时期"（1914—1923 年）。参见周松青《上海地方自治研究（1905—1927）》，上海社会科学院出版社 2005 年版，第 231 页。

10月，徐世昌出任大总统以后，再次实行地方自治。1919年，华人参政运动兴起，1920年联省自治运动兴起，促进了上海城市自治运动的发展。1920年1月，上海绅商电请恢复地方自治。7月3日，北京政府颁布了《市自治制》，"市"为法人，市分为特别市和普通市。9月，上海绅商再次电请恢复地方自治。1922年1月，上海绅商决定主动恢复地方自治。1月30日，上海地方自治研究会成立上海市纳捐人会，3月下旬，该会呈请交还市民权，请定上海为特别市。该会被称为"恢复自治之急先锋"[1]。1923年6月26日，江苏省公署宣布恢复各级自治，县公署决定8月1日正式恢复自治。上海商界恢复地方自治运动初步实现了目标。

1923年7月，上海绅商呈请护军使将上海工巡捐局改归市政厅办理。9月，上海市议、董两会恢复，南市市公所成立，上海市议会发表了恢复自治宣言。上海市自治的恢复，促使上海商界的城市自治热情高涨。同年10月，上海市议会举行选举。1924年2月17日，上海市董事会改选总董和董事。同月26日，新当选的总董李平书正式就任。新的上海市议会和董事会接任后，迅即开展市政管理工作。城市自治运动在上海进入了一个新时期。

1924年10月第一次江浙战争爆发后，南市市公所快速接管了上海工巡捐局，这标志着商界主导的城市自治运动在南市取得重要进展，上海商界的城市自治热情继续高涨。

1925年1月，江苏省长电令定上海为特别市。李平书等出任淞沪特别市筹备委员会委员，正式揭开了上海商界争建特别市运动的序幕。其后，上海地区的城市自治潮趋于高涨，要求划上海为特别市运动兴起，商界发起成立了众多具有地方自治或市政名目或目的的地方自治性社团，上海各市乡甚至邻县地方，纷纷要求划入特别市。[2] 2月8日，淞沪市政协会成立。2—3月，商界等请命令淞沪特别市组织大纲由地方自治团体共同议定；反对官派市政督办，主张市长民选。3月5日，淞沪特别市临时议会成立。21日，淞沪特别市筹备委员会草拟的《淞沪特别市公约》，北京政府不予认可。5月30日，北京临时执政府公布《淞沪市自治制》，

---

[1] 无用：《杂评·会》，《申报》1922年2月8日第15版。
[2] 大约在1922年春，闸北绅商争取地方自治，曾要求定闸北为特别市，但未能成势。

规定上海市政由中央任命的淞沪督办监督，督办监督权非常大。

1926年1月，闸北市公所成立。5月4日，淞沪督办公署成立，18日决定接管闸北工巡捐局，实际上宣告了闸北市公所的消亡。11月，上海总商会拟就上海特别市组织大纲，主张市长民选，设5局专管市政。12月6日，上海特别市市民公会成立，该会以建立上海特别市政府为目标。由于工会、学界及政党在上海城市自治运动中的影响迅速加强，商界在城市自治运动中的地位相应削弱，不再是主导城市自治运动的最核心力量。

二 "二次革命"以后上海商界的拥武诉求及其直接动因

上海商团在1911年辛亥革命光复上海的战争中起到了重要作用。它在民国建立后不久，商团公会下的各业商团很快发展到26个。作为民间武装力量，它们在上海市区的日常治安中仍旧发挥着作用。1913年，上海商团支持"二次革命"，北军占驻上海后，将商团解散，商团领袖李平书流亡海外，武装枪支以代管的名义被没收。此后，上海商界一直谋求拥有商属武装。

（一）屡屡谋求恢复武装商团

1914年冬，时届冬防，抢案层见叠出，上海官绅商定，仿照上海租界万国义勇队，并参酌商团、保卫团成案，由商界办理上海义勇队。南市方面先由沪西着手，暂由沪西先组织，得到前沪西商团领袖吕耀庭等的响应，他们筹议组织义勇队保护地方，与绅商尹村夫、江正卿等商议后，拟改名为"上海商团"，计划招募编制3个营的团员，先组织模范团，在此基础上扩充规模，团员所用枪支存放警区代为保管，以便商团与军警相互联络。当时还拟定了《组织上海商团之草章》。[①] 后来，沪西

[①] 参见《筹办冬防之大要》，《申报》1914年11月8日第10版；《组织上海义勇队》，《申报》1914年12月3日第10版；《议决组织商团之办法》，《申报》1914年12月14日第10版；《组织上海商团之草案》，《申报》1914年12月18日第10版；《集议组织商团问题》，《申报》1914年12月21日第10版。

义勇队因阻力丛生（最大的阻力应该是被没收的枪支未被允许发还）而未能成立。①

1916年，黎元洪上台任大总统之后，恢复约法。上海商人又倡议恢复南市商团。②此举得到响应，多数商人主张统一办法，定名"上海商团"，并成立了商团通信处，希望前商团会长李平书出任会长，为李平书拒绝，但是李允诺给予资助。此次各商团等纷纷筹备恢复，其间言辞表露出城市社会对北军南下后人民自由被剥夺、屈从专制淫威、北洋巡警充斥上海导致商警两界严重隔膜的不满。前沪西商团会员尤其踊跃，积极筹备恢复。同年8月，上海31个公团共计600余人共商筹备办法。1917年2月，商团筹备处通过简章。同年3月，全国商会联合会将呈部核准令行的《商团组织大纲》，由内务、陆军、农商三部会同公布，该大纲提倡商界办理商团。③不久，黎元洪被迫解散国会，地方自治再度受挫，加之商团此前被缴枪械一直没有归还，故上海的武装商团未能恢复。

1923年冬，上海商界鉴于近年来战祸频仍，江浙战争一触即发，市内宵小不靖，盗匪公然抢劫，商不安业，由南北市商业公团一起发起，决定恢复上海商团。各公团召开联席会议，于1924年1月宣告成立上海南北市商团筹备委员会。至1924年3月中旬，共计有一百数十公团加入，并召开会议决定正式呈请官厅立案。④南北市商团筹备处还专门推派代表与商会方面洽商，商会遂将恢复商团一事列入议事日程。⑤4月7日，筹备会通过正式章程，以商会为商团总部，以团本部操员为基本队，南北

---

① 《恢复商团沪西之动议》，《申报》1916年8月6日第10版。
② 《恢复商团之建议》，《申报》1916年7月26日第11版。
③ 参见《恢复商团之建议》，《申报》1916年7月26日第11版；《恢复商团之积极进行》，《申报》1916年7月31日第10版；《李平书不允再任商团会长》，《申报》1916年8月4日第10版；《恢复商团沪西之动议》，《申报》1916年8月6日第10版；《商团筹备处会议特别事》，《申报》1917年3月13日第10版；《商团筹备处通过简章》，《申报》1917年3月23日第11版；《关于筹办商团之函稿》，《申报》1917年6月3日第10版；《南北市商团委员会纪》，《申报》1924年4月3日第13版。
④ 《南北市商团筹备大会纪》，《申报》1924年3月19日第13版。
⑤ 《总商会定期讨论恢复商团案》，《申报》1924年3月27日第13版。

市各区一次分别组设支部，添设支队，仿照陆军步兵编制。① 1924年8月，时论称"上海商团，组织完备，习操又勤，各团员又皆好义急公之士，当此风云变幻之际，正可以出而捍卫地方，协防贼盗"②。不过，这时的上海商团并未获得枪械。江浙战争爆发后，商界筹设商团一事就此停顿。

1924年9月江浙战争已爆发在即，闸北和南市陷入恐慌，商界决定组织保卫团以应付事变。闸北地方自治筹备会会长徐懋、闸北商业公会沈镛、王栋代表闸北商界上书上海、宝山两县知事，说明闸北商界已经依据1914年5月20日政府公布的《地方保卫团条例》拟定了《闸北保卫团章程草案》，希望批准商界建立保卫团。9月4日，南市东北城成立了商业自卫团。7日，上海各路商界总联合会决定由商团委员会讨论组织商团、保卫团以及互助南北市保卫团的办法。同日，闸北保卫团成立，闸北商界联合会发起的闸北商界自卫团举行大游行，两团于9日获得淞沪警察厅发给的枪械；10日，《上宝两县闸北保卫团章程》获得核准，团员暂定120人。几乎与此同时，南市保卫团由县商会等各公团发起组织就绪，并拟定了《上海南市保卫团简章》，拟定人数300人，经费自备，购买军械也获得官厅允许。南市的邑庙、江湾、董家渡等处亦组设保卫团或保安团。③

10月中旬，"齐卢之战"结束，上海惨遭惊扰和破坏，上海商界痛定思痛，由上海总商会、县商会、银行公会、钱业公会、省教育会、闸北商会筹备处6个团体联合致电北京政府和江苏督军，要求废除淞沪护

---

① 《南北市商团筹备会纪》，《申报》1924年4月9日第13版。
② 《闸北组织保卫团之呈文》，《申报》1924年9月1日第15版。
③ 《闸北组织保卫团之呈文》，《申报》1924年9月1日第15版；《各方纷起谋自卫·南市保卫团组织就绪　附上南市保卫团简章》，《申报》1924年9月8日第14版；《各方纷起谋自卫·闸北保卫团组织就绪》，《申报》1924年9月8日第14版；《各方纷起谋自卫·闸北商界自卫团大游行》，《申报》1924年9月8日第14版；《军警防范与人民自卫·闸北保卫团章程业经核准　上宝两县闸北保卫团章程》，《申报》1924年9月11日第10版；《军警防范与人民自卫·警厅发给警士及保卫团枪弹》，《申报》1924年9月11日第10版；《军警防范与人民自卫·南市保卫团进行消息》，《申报》1924年9月11日第10版；《人民筹自卫之昨讯》，《申报》1924年9月16日第10版；《各保卫团之消息》，《申报》1924年9月18日第10版。

军使，改设镇守使移驻外地、兵工厂外迁，上海不再驻兵。① 20日，上海总商会和县商会邀集各公团组织了"上海保安会"，以筹划保安救济事宜。②

不久松嘉之役（1924年12月）和第二次江浙战争（1925年1月）相继爆发。1925年2月上旬，上海南北市商团筹备委员会致函总商会，请代呈张宗昌军长，请求恢复商团，并发给步枪5000支。总商会等遂"应时世【势】之需要"，重行发起恢复商团，转达了上海南北市商团筹备委员会的请求。③ 商界的要求遭到军方的拒绝。④ 军方当然不希望在自己的地盘上出现一支自治的具有5000人规模的民间武装。

1925年2月中旬之后，上海商界谋求商属武装部队的行动未果，治安行动又退回到组建和维系小规模的保卫团的状态之下，并且他们所维系的保卫团的枪械受到军方、警方的严密控制，有时甚至被收缴，需要借枪巡防。他们不得擅自购买枪支。保卫团经费也得不到保障，南市保卫团欲通过增加房捐的方式来保障保卫团经费，又遇到了来自商界的阻力。⑤其后，南市保卫团又被改编，规格明显降低。⑥ 实际上意味着官方的控制加强。此后，南市保卫团团员的素质也遭受商界的质疑。⑦ 1925年10月，孙张之役爆发后，上海商界又召开会议恢复商团。1925年底，又组织了淞沪商团筹备处，并动员社团加入。其后，闸北保卫团改组，南市保卫团改编。

1926年11月，上海商界主张由警察和市民自卫团专门负责城市治安。但是，原先在商界中颇具号召力的上海总商会似乎已经没有什么大的作为。

（二）要求市办警察，以警权归属于市政

对于一个城市而言，是否拥有警政权，就意味着城市治安是否有

---

① 《总商会等六团体之公电》，《申报》1924年10月15日第17版。
② 《保安消息种种》，《申报》1924年9月21日第10版。
③ 《重组商团之进行消息》，《申报》1925年2月7日第13版。
④ 《商团筹备处请拨枪械未准》，《申报》1925年2月11日第14版。
⑤ 《反对加收房捐之函牍》，《申报》1926年5月9日第14版。
⑥ 《南市保卫团改编后之呈报》，《申报》1926年7月3日第15版。
⑦ 《商界对于保卫团之疑问》，《申报》1926年8月8日第15版。

保障或多一分保障，城市地方性质的各种管理，就会因为多一分基于强制力为后盾的威权，大大地提高效能；否则，就可能管理缺乏执行力，效率低下，市政管理者难以施展拳脚。清末上海南市曾经拥有警权，但在辛亥革命后，上海警政归淞沪警察厅统理，市政厅的警政"离自治而隶于官治"，失去了警政权的自治机构"凡市行政事宜须借力于巡警者至多"，市政管理不便。① 1913 年"宋案"发生后，淞沪警察厅因羁押案犯下令关闭市政厅的大门，因而导致市政厅与警方激烈而持续的冲突，市政厅的绅商深感没有了警权，城市治安乃至地方自治均缺少保障。因此，他们在争取城市自治权的过程中，酝酿着筹设自治警察。②

1924 年淞沪战争爆发，上海绅商对其爆发的根源进行了分析，认为"实导源于贩土（按：指烟土）"，而根本在于警察的缺位。因此，上海绅商致电中央政府当道，强烈要求警察改为市办："苟非仿行欧美制度，将警政隶属市政，脱离官权，则此毒不去，祸根仍在，而卫生、路政，亦难指臂相联，必与租界相形见绌。兼以苏官办之商埠局，层见叠出……特别市为自治团体，在事业未发达时，警政属辖于市政……应明令淞沪特别市组织大纲，由划入各市乡原有自治团体之代表，公同议定，以警权属市政，特申烟禁，务使永绝乱萌……"③

1926 年以后，上海的城市自治运动走向高潮。然而，上海商界的拥武诉求并未及时得到满足。没有了强有力的武装做后盾的上海商界，在全国政局和城市政治生态发生急剧变化的过程中，即将面临被边缘化的处境。

为了方便论证上海商界拥武诉求的动因问题，笔者制作了一份表格（表 1）附录如下：

---

① 《孙传芳昨假总商会招待各界》，《申报》1926 年 5 月 6 日第 13 版。
② 《八志市政厅与巡警长之激战》，《申报》1913 年 5 月 17 日第 10 版。
③ 《李平书等致北京当道之公电·陈述对于商埠与特别市之公意》，《申报》1925 年 3 月 1 日第 13 版。

表1　　　"二次革命"爆发后上海城市自治运动及上海商界拥武
诉求的概况简表

事项 年份	影响社会稳定的事件	商界主导城市自治运动概况	上海商界的拥武诉求
1913年	7月，"二次革命"爆发，北军占驻上海。	5月，上海市政厅大门被淞沪警察厅长关闭，市议员感到行动不便，双方发生持续冲突。	闭门事件促使上海市政厅尽力筹备自治警察。 7月17日，南市商会、商团公会、救火联合会、教育会合组上海保卫团，响应"二次革命"，宣布上海独立。但上海总商会拒绝加入该团，不赞成上海独立。 "二次革命"失败后，上海保卫团枪支被没收，组织被解散，商团领袖李平书流亡海外。
1914年	冬，抢案层见叠出。	2月，袁世凯停办地方自治。3月23日，上海市政厅正式被上海工巡捐局接收。闸北市政厅也被闸北工巡捐局接收。上海城市自治运动走入低谷。	冬，南市先由沪西着手筹办商团，但因器械未被发还而未能成立。其间还拟定了《组织上海商团之草案》。
1916年		6月，洪宪帝制告终，黎元洪任大总统之后，恢复约法和地方自治。 7月，上海商界要求恢复地方自治。但因地方政府未能落实恢复地方自治政策，上海商界纷纷要求恢复地方自治。 9月，上海绅商发起成立上海地方自治研究会；11月，闸北成立地方自治研究会。	8月，南市商界倡议恢复上海商团，并成立了商团通信处，上海31个公团共计600余人共商筹备办法。

续表

年份 \ 事项	影响社会稳定的事件	商界主导城市自治运动概况	上海商界的拥武诉求
1917年		7月，黎元洪被迫解散国会，城市自治运动受挫。 8月，上海绅商会议，就恢复上海地方自治和市政厅达成共识。但城市自治运动再次跌入低谷。	2月，商团筹备处通过简章。 3月，全国商会联合会将呈部核准令行的《商团组织大纲》，由内务、陆军、农商三部会同公布，该大纲提倡商界办理商团。 最终，因被没收的器械仍未归还，武装商团未能恢复。
1918年		10月，徐世昌出任大总统以后，再次实行地方自治。	
1919年	五四运动爆发	华人参政运动兴起，推动着上海城市自治运动的进行。	
1920年		联省自治运动兴起，促进了城市自治运动的发展。	
1921年		1月，上海绅商电请恢复地方自治。 7月3日，北京政府颁布《市自治制》，定市为法人，市分为特别市和普通市。 9月，上海绅商再请恢复地方自治。	

续表

事项 年份	影响社会稳定的事件	商界主导城市自治运动概况	上海商界的拥武诉求
1922年		1月，上海绅商决定主动恢复地方自治。30日，上海地方自治研究会成立上海市纳捐人会。3月下旬，该会呈请交还市民权，请定上海为特别市。该会被称为"恢复自治之急先锋"。在此前后，闸北绅商也为争取地方自治，要求定闸北为特别市。上海地方自治运动开始走出低潮。	
1923年	冬，江浙战争一触即发，市内宵小不靖，盗匪公然抢劫，商不安业。	6月26日，江苏省公署宣布恢复各级自治，县公署定决8月1日，正式恢复自治。上海城市自治运动走出低谷。7月，上海绅商呈请护军使将上海工巡捐局改归市政厅办理。9月，上海市议、董两会恢复，南市市公所成立，上海市议会发表了恢复自治宣言。上海市自治的恢复，促使上海商界的城市自治热情高涨。10月，上海市议会举行选举。	是冬，上海商界——南北市商业公团决定恢复上海商团

"二次革命"后的上海商团问题(1913—1926) / 135

续表

事项年份	影响社会稳定的事件	商界主导城市自治运动概况	上海商界的拥武诉求
1924年	10月，第一次江浙战争（齐卢之战）爆发12月，松嘉之战爆发。	2月17日，上海市董事会改选总董和董事。26日，新当选的总董李平书正式就任。新的上海市议会和董事会接任后，迅即开展市政管理工作。城市自治运动在上海进入了一个新时期。战争前夕，闸北和南市陷入恐慌。第一次江浙战争爆发后，南市市公所快速接管了上海工巡捐局，这标志着商界主导的城市自治运动在南市取得重要进展，上海商界的城市自治热情继续高涨。同时，上海市区在战争中遭受严重损失。为避免战祸，上海商界提出三个要求：废除淞沪护军使，兵工厂外迁，上海不再驻兵。	1月，上海商界宣告成立上海南北市商团筹备委员会3月中旬，上海一百几十个团体发起恢复商团并正式呈请官厅立案，商会将恢复商团一事列入议事日程。4月7日，筹备会通过正式章程，以商会为商团总部，以团本部操员为基本队，南北市各区依次分别组设支部，添设支队，仿照陆军步兵编制。商团成立后坚持操练，但未获器械。9月，商界决定组织保卫团以应付事变。4日闸北保卫团成立，闸北商界联合会发起的闸北商界自卫团举行大游行。两团于9日获得淞沪警察厅发给的枪械。7日，上海各路商界总联合会决定由商团委员会讨论组织商团、保卫团以及互助南北市保卫团的办法。10日，闸北商界拟定的《上宝两县闸北保卫团章程》获得核准；团员拟定额120名。闸北保卫团核准成立。几乎与此同时，南市保卫团由县商会等各公团发起组织就绪，并拟定了《上海南市保卫团简章》，拟定人数300人，经费自备，购买军械也获得官厅允许。南市的邑庙、江湾、董家渡等处亦组设保卫团或保安团。根据团章，闸北和南市的保卫团均由知事任总监督。

续表

事项年份	影响社会稳定的事件	商界主导城市自治运动概况	上海商界的拥武诉求
1925年	1月11日，孙传芳、齐燮元驱逐张允明。同月17日，第二次江浙之役爆发。5月30日，五卅运动爆发，奉军借口进军上海。10月，孙张之役爆发。	1月，江苏省长电令定上海为特别市。李平书等出任淞沪特别市筹备委员会委员。由此揭开了上海商界争划特别市运动的序幕。其后，上海地区的城市自治潮趋于高涨，要求划上海为特别市运动兴起，商界发起成立了众多具有地方自治或市政名目或目的的地方自治性社团，上海各市乡甚至邻县地方，纷纷要求划入特别市。2月8日，淞沪市政协会成立。2—3月，商界等请命令淞沪特别市组织大纲由地方自治团体共同议定；反对官派市政督办，主张市长民选。3月5日，淞沪特别市临时议会成立。21日，淞沪特别市筹备委员会草拟的《淞沪特别市公约》，北京政府不予认可。5月30日，北京临时执政府公布《淞沪市自治制》，规定上海市政由中央任命的淞沪督办监督，督办监督权非常大。	1月，商界开展恢复商团工作，并要求发给步枪5000支，遭军方拒绝。15日，北京临时执政府同意了上海商界的三大要求。次月15日，要求得到同意，兵工厂被封存，暂由上海总商会管理。2月中旬，商界筹议恢复商团。之后，上海和闸北等保卫团规模缩小，但枪械受到军方、警方的严密控制，有时甚至被收缴，需要借枪巡防。他们又不得擅自购买枪支。3月，绅商要求建立自治警察，以警权属市政。10月21日，各路商界总联合会会议恢复商团，催组特别市。同月底，由该会与上海市总商会、上海县商会合组淞沪特别市商团筹备处，并动员各路商联会加入。

续表

事项 年份	影响社会稳定的事件	商界主导城市自治运动概况	上海商界的拥武诉求
1926年	9月，北伐军占领江西，进击安徽、浙江、江苏，直逼上海。 10月，北伐军向上海推进。	1月，闸北市公所成立。 5月4日，淞沪督办公署成立，18日决定接管闸北工巡捐局，实际上宣告闸北市公所消亡。 11月，上海总商会拟就上海特别市组织大纲，主张市长民选，设5局专管市政。 12月6日，上海特别市市民公会成立，该会以建立上海特别市政府为目标。因工会、学界及政党在上海城市自治运动中的影响迅速加强，商界不再是主导城市自治运动的最核心力量。	5月上旬，闸北保卫团核准改组，仍由上海、宝山两县知事兼任总监督，但守卫缩小范围——集中于市区。中旬，南市商界反对加征房捐充保卫团经费，要求裁减团丁。 7月1日，南市保卫团被改编，去绅商化的特征明显。稍后，还遣散了团丁39名。 11月，总商会主张由警察和市民自卫团专门负责城市治安。 本年，商界在恢复和组建武装商团方面未有成果。

从表1可以看出，在"二次革命"以后的社会不稳定时期，上海商界积极创办保卫团，如"齐卢之战"爆发前夕的1924年9—12月；或努力筹备恢复商团，如1923年冬—1924年春、1925年春—1926年；或在办理保卫团的同时，积极争取恢复商团，如1924年9月—1926年。所以，维持城市社会秩序是"二次革命"以后上海商界力图拥武的最基本诉求。

值得注意的是，在社会相对稳定的1916—1917年间，上海商界积极倡导恢复商团。从总体上看，商界办理保卫团只是其临时救急的退而求其次的做法，它们一以贯之地倾向于恢复商团，只要有机会，就提出这个要求，力图付诸实践。并且，它们力图恢复的商团，是"二次革命"失败之前的那种商团——武装商团。因此，在"二次革命"之后，上海商界有着强烈的拥武诉求。

还有一点值得注意，即1924—1926年间，上海和闸北都组织了以商界为中坚力量、旨在维护城市社会治安的保卫团——从广义上讲，这也算得上是武装商团了。然而,上海商界却初心不改,仍然试图恢复武装商团。

那么,这里面就存在一些疑问了:

其一,在组织有武装保卫团的情况下——且当初组建南市和闸北保卫团都是由商界发起的,为何上海商界还是执着于恢复武装商团?

其二,在民初社会秩序相对稳定之时,上海商界缘何还要坚持恢复武装商团?也就是说,为什么在"二次革命"之后,不管社会稳定与否,上海商界都试图恢复武装商团?

从前面的表述可知,上海商界对于由其发起组建的保卫团,非但没有一往情深,而是执着于恢复武装商团。那么,当时组建起来的保卫团究竟是个什么样的武装?商界与它们积极倡导组织的保卫团为什么"近而不亲"?笔者认为,主要原因有两点:

第一,根本的原因在于保卫团最终的监管权不在商界,而在官府。

保卫团虽然是由上海商界倡导组建的,却是个官督商办的组织。南市保卫团以上海县知事为总监督,闸北保卫团由上海县知事和宝山县知事共同担任总监督。① 并且,保卫团枪械的发放控制在淞沪警察厅或军队手中。也就是说,保卫团虽然以上海商界为中坚力量,但是官府拥有该团的"大脑"和器械,而上海商界只拥有其"躯体"——上海商界无法主导由它们创导组建的保卫团。与此相应,商界不能如以往办理商团一样,确保团员的素质,因为"现在之团丁,悉系无职业之客籍游民,及退伍兵、逃兵等,人类复杂,既不合法,又增许多月饷"②。很难相信,这样的保卫团能够有效地维持城市秩序,捍卫商家利益。因此,上海商界从根本上并不信任由官府行使终极监管权的保卫团。

第二,保卫团成立后的改编,削弱了上海商界对保卫团的影响力。

上海商界在南市和闸北保卫团中发挥的中坚作用,主要体现在总监督(知事)之下的董事部董事、团总、团副以及各区区长(按:南市保卫团分为若干区,每区设区长1人)基本由绅商担任,资金筹募也由绅

---

① 参见《南市保卫团组织就绪(附上海南市保卫团简章)》(《申报》1924年9月8日第14版)及《闸北保卫团章程业经核准》(《申报》1924年9月11日第10版)。

② 《商界对于保卫团之质问》,《申报》1926年8月8日第15版。

商负责。① 这就是所谓的"保卫团之主事者，皆系地方绅商"②。南市保卫团改编后，区队改为支队，原来的区长改为参议，新任命的支队长取代了原任区长的位置。这样一来，不仅保卫团的规格明显降低，原先由商界推选来担任区长的绅商，其保卫团中的职位被虚化，上海商界对保卫团的影响相应削弱。通过改编弱化商界影响力的做法，自然难以令商界对保卫团感到满意。

综合上述两点可知，即便上海商界在保卫团中起着中坚作用，但是它们不仅始终不能主导保卫团，甚至于它们对保卫团的影响力被人为削弱。这就是问题的关键所在。

所以，当保卫团需要增加经费时，南市商界毫不客气地进行了抵制。在南市保卫团改编之前，南市各商业团体就曾集体筹商反对加征房捐充作保卫团经费。改编之后，县知事继续南市保卫团加征房捐，南市商界提出种种质疑，矛头直指上海县知事。诸如：

> 地方加增捐税，应否于地方议会通过？抑或县知事有权独裁？……现在保卫团部雇佣之多数团丁，是否照章符合？抑或归专权人独负责任？……商民既负出资之义务，有无参议监督之权利？抑或商民只当尽义务，不当有权利？……现在之团丁，悉系无职业之客籍游民，及退伍兵、逃兵等，人类复杂，既不合法，又增许多月饷，不惜众人脂膏，豢而养之。若云国防，军队充斥；若云治安，侦探警察，亦属不少。区区百数团丁，试问对于地方有何益处？为公乎？为私乎？质诸专权办事之人良心，尽可表明一声……③

显然，从商界的质问来看，它们将自身置于保卫团及其监管人县知事的对立面的位置，指责知事独裁专权，对商界在团务等地方事务上缺少话语权表示强烈不满。其根本在于对商界未能主导团务表示强

---

① 参见《南市保卫团组织就绪（附上海南市保卫团简章）》(《申报》1924年9月8日第14版）及《闸北保卫团章程业经核准》(《申报》1924年9月11日第10版）。
② 《反对加收房捐而成之函牍》，《申报》1926年5月16日第13版。
③ 《商界对于保卫团之质问》，《申报》1926年8月8日第15版。

烈不满。①

有趣的是，商界在质问中，一面认为保卫团于地方无益，其理由除了认为团丁素质差之外，还有上海已经充斥军队，侦探、警察也不少。言下之意，现有的城市治安力量已经不少，根本不需要素质差的保卫团来维持城市治安了。果真如此，那当初不正是商界倡导办理保卫团的么？既然有足够的城市治安力量，就不需要保卫团，那同样也不需要商界办理的商团，为什么商界却如此执着于恢复商团呢？显然，商界试图恢复的商团，不只是拥有武器的武装商团而已，还应该是完全听命于商界、体现商界意志的武装商团。

综前所述，"二次革命"之后上海商界的拥武诉求的直接动因，除了维持城市社会秩序之外，就是力图争取由商界主导城市地方武装，取得维持城市社会秩序的主导权。

三 "二次革命"以后上海商界力图拥武的深层动因

从表1的对照叙述中，我们还可以看出，民初上海商界的拥武诉求似乎有"规律"可循，即在城市自治运动明显受挫或城市自治运动取得明显进展的时期，上海商界恢复商团的呼声就越高；尤其是争取建立特别市运动兴起后，上海商界的拥武诉求更加强烈。由此可知，"二次革命"之后上海商界的拥武诉求，与民初的上海城市自治运动有着非同寻常的关联。

在整个民初，上海的城市自治运动断断续续地展开着——这种间断性主要表现在1914年2月全国停止实行地方自治至徐世昌上台再次实行地方自治之前的这个时段里，再次实行地方自治以后，上海的城市自治运动则基本上延续不断并渐趋高潮。

---

① 周松青认为："上海市公所经过一系列举措逐渐恢复市政厅时期所具有的一些特征，诸如自主的表决机构，对本地征收地方税的能力，恢复对市政工程、慈善、地方保卫、学校教育等方面的管辖权。"［参见氏著《上海地方自治研究（1905—1927）》，上海社会科学院出版社2005年版，第260页］笔者认为，至少在地方保卫方面，并未达到他所说的恢复管辖权的程度。

城市自治运动，顾名思义，就是以实现城市自治为目标的社会运动。而城市自治的核心内容就是市民主导市政。因此，城市自治运动就是以争取市政主导权为目的的市民运动。不过，市民运动不可能以市民个体的形式出现，市民是存在利益分差的，这种分差往往使市民中的某个或某几个群体才可以主导这一运动。在民初的绝大多数时间里——从1912年到1926年底之前的这个时段，上海的城市自治运动一直由商界主导，更确切地说，是由商界（广义上还包括工业界）上层主导的。因此，"二次革命"之后至1926年底之前的这段时间里，上海商界的拥武诉求正是在商界主导城市自治运动并力争实现城市自治的时代背景之下发生的。我们要探讨"二次革命"以后上海商界力图拥武的根本动因，就必须探求商团与市政乃至城市自治之间的关联，看看上海商界是如何在特定的时代背景之下认识商团与市政乃至城市自治的关系的。

市政的内容包括基础设施建设、公共卫生、消防、水电等公用事业，以及公共安全等方面。城市自治运动既然以实现城市自治——市民主导市政为目的，那么，保障公共安全、争取维护城市秩序的主导权，在城市公共安全遭受严重威胁时，就可能成为促进城市自治运动得以深入展开的一大主题。问题的关键是，当时的上海商界是否意识到，保障城市公共安全、维持城市秩序，是属于市政范围内的事情，是举足轻重的城市自治事务之一。笔者检阅了民初的《申报》，从中搜寻可能解答该问题的蛛丝马迹，认为可以对此问题作出明确的解答。

民国建立后，城市自治运动继续沿着晚清以来的轨迹展开。南市在辛亥革命上海光复之后，一度建立了市政厅，开始了商界办理市政的尝试。而曾经热烈响应辛亥革命、在上海光复行动中发挥了重要作用的武装商团，被商界中人有意识地纳入市政范围之内。

1912年8月，上海商团公会要求市政厅补助出防保卫的经费。该会声称，"市政名义，商也。敝公会系以商保商，市政既可扶助市立学堂，愿亦顾名思义，亦当扶助敝公会之经费"，以便今后从容布置一切防卫事宜，建设商团公会的总机关。[①] 言下之意，维持市立学堂属于市政，维持商团公会也应该属于市政，市政厅不应该置商团公会于市政之外。商团

---

① 《商团公会请拨补助经费》，《申报》1912年8月18日第7版。

公会将防卫与市政关联起来，的确是耐人寻味的事情。这说明商团领袖已经意识到武装自卫对于市政发展的重要性。

1916年《临时约法》恢复后，上海商团公会会友袁颂丰认为，"约法既已恢复，自治当然复活。商团为地方自治之一，如何重要，无待赘言。上海商团创办最早，又为各地之模范。迩闻闸北已有成立之信"，倡议恢复南市商团。① 袁颂丰明确认为商团为地方自治的内容之一（按：对于城市而言，地方自治就是城市自治），那么，其倡导恢复南市商团，无非就是为了推动城市自治，争取城市自治。

1924年，随着上海市民的城市自治热情的日趋高涨和城市安全再次面临战争的严重威胁，该年3月中旬，共计有一百数十个商业公团加入发起筹备南北市商团，并会议决定正式呈请官厅立案，它们声明，恢复商团不仅为自卫起见，并且对于商人道德、法律、卫生、习惯，也加以注意。②这说明上海商界在筹备恢复商团时，其观念已经超越了商团只是为了商界自卫的狭隘层面，将眼光放得更宽——兼顾到市政的其他方面，如卫生等。

如果说上述上海商界所言所为，尚不足明确表达它们对恢复商团对于争取城市自治的重要性，显示出其恢复商团的深层动因的话，那么，"齐卢之战"结束后不久，上海商界头面人物的相关主张，应该明白无误地彰显了在城市自治运动日渐高涨之际，上海商界执着地图谋恢复商团的深层动因。

1924年"齐卢之战"结束后，饱受战争惊扰的上海商界向中央政府提出废使、移厂、永不驻兵的三大要求，并着手恢复商团。1925年1月，江苏省政府电令上海为特别市，得到了执政府的同意。③ 在这种情势之下，上海商界头面人物明确主张，淞沪特别市应该筹办商团，以资捍卫。

1925年2月7日，总商会会员谢蘅牕上书总商会，在阐述其淞沪特别市规划时，认为上海为东南巨埠，华洋荟萃，是商业之重心。现在奉

---

① 《恢复商团之建议》，《申报》1916年7月26日第11版。
② 《南北市商团筹备大会纪》，《申报》1924年3月19日第13版。
③ 需要说明的是，江苏省长希望淞沪特别市是省属特别市，不是这样直属的直辖市。民初上海商界的特别市运动，其内容主要是争取上海成为中央直辖市运动，以及争取市长民选运动。

令准许改为特别市区域，永不驻兵，永久和平，可期实现，他就市政厅辖治区域、组织、地方税、公署经费、警察提出了自己的看法，就城市公共安全提出了主张，诸如应该设置淞沪特别市商埠督办一人；凡设立市政厅之区域内，就工商业领袖及各法团组织市董会，凡地方一切兴革事宜，如改良司法、扩充道路、推广警察、注重卫生、普及教育，及其他公共事业等，均由市董会议决，咨请督办分别施行；应该设立商团及保卫团——"各处地方辽阔，警察即予推广，犹广不给，应由各地绅商组织商团，自己捍卫……"①

显然，谢氏是将组织商团置于其淞沪特别市规划之下的，也就是说，他是将组织商团作为一项重要的市政规划提出来的，目的是保障淞沪特别市的安全。因此，他组织商团的主张，不是为了一般意义上的维持上海市区的安全的问题，而是维护商界主导之下的淞沪特别市的公共安全问题。

如果说谢蘅牕的主张尚不足以代表上海商界的态度，那么，上海商界的头面人物、上海市公所总董、官聘淞沪特别市筹备员李平书的公开主张，应该说更能够表明上海商界对于商团和淞沪特别市的态度。几乎在谢氏上书总商会的同时，李平书为筹备淞沪特别市一事致电段执政和地方各军政要员曰：

> 北京段执政鉴，前读上月十五日明令，上海定为永不驻兵区域，公之为沪上市民计，至深且远。嗣韩省长艳日电令，定上海为特别市，并付钟珏（笔者按：李平书字钟珏）等以筹备之责。江日又续奉公函同前由，钟珏等分属市民，鉴于特别市之进行，关系江浙和平大计，情势迫切，不容瞻顾踌躇，即于东日集议，议决名称、区域等纲要若干条，电陈韩省长转报中央在案。钟珏等窃维淞沪为租界毗邻，外系国际观听，内为商业总汇，今后必与欧洲自由都市之地位等，俾市民尽量发展，始可永弭兵祸，而商人乃得安居乐业。敢本此义，历举根本原则二条：第一，淞沪既为不驻兵区域，其治安之职，商民自行负责；第二，淞沪市之根本法，由本筹备处拟定

---

① 《谢蘅牕上总商会书　对淞沪特别市之规划》，《申报》1925年2月7日第14版。

后，经各市乡同意施行……①

值得注意的是，李平书是将商民自行负责城市治安作为淞沪特别市立市的两大原则中的一个提出来的。也就是说，在他看来，这是保障淞沪特别市建立的前提之一，是商人安居乐业——保障商界利益的根本。

1925年3月，李平书又向北京政府方面陈述了自己对于淞沪特别市的主张，他说：

> 苟非仿行欧美制度，将警政隶属市政，脱离官权，则此毒不去，祸根仍在，而卫生、路政，亦难指臂相联，必与租界相形见绌。兼以苏官办之商埠局，层见叠出……特别市为自治团体，在事业未发达时，警政属辖于市政……特别市纯为内政，以永不驻兵及军队不得任意通过为要点……应明令淞沪特别市组织大纲，由划入各市乡原有自治团体之代表，公同议定，以警权属市政，特申烟禁，务使永绝乱萌……②

在这段话中，李平书表达了商界在筹组淞沪特别市时的另一种拥武诉求，这就是"以警权属市政，脱离官权"，实行警政地方化。

随着时局的发展和上海特别市运动的进一步高涨，李平书等人的拥武主张得到了商界更广泛的支持与响应。1925年10月21日，各路商界总联合会会议恢复商团，议决"应时势必要，商界急于恢复商团，以谋自卫"，海宁路等十路商联会则催组特别市："至于市民为自卫计，即应认真兴办商团与自治，共谋幸福。否则，前车可鉴，恐后来者，未必有异于今日也……"③各路商界总联合会"对时局主张淞沪永不驻兵，划为特别市，业已得各公团之赞同"④。可见，与市民有着广泛联系的各路商界总联合会和各路商联会，自觉地将恢复商团与建立特别市，城市自卫

---

① 《淞沪特别市筹备员之电函》，《申报》1925年2月6日第14版。
② 《李平书等致北京当道之公电·陈述对于商埠与特别市之公意》，《申报》1925年3月1日第13版。
③ 《恢复商团催组特别市之建议》，《申报》1925年10月23日第10版。
④ 《商总会拟就上海特别市组织大纲》，《申报》1926年11月22日第9版。

与城市自治联系在一起。1926年10月，驻军撤出上海市区之后，上海商界认为这种情况"对于治安关系綦重，恢复商团，视为当今急务"①——它们急于恢复商团，以替代军方形式维护城市公共安全的职能，以避免城市再遭兵祸。次月，由上海各路商界总联合会与上海市总商会、上海县商会合组淞沪特别市商团筹备处，并动员各路商联会加入。各路商界总联合会还拟就上海特别市组织大纲，主张由警察和市民自卫团专门负责城市治安。②

综前所述，笔者认为，上海商界之所以在已经组织有武装性保卫团的情况下仍然表达出强烈的拥武诉求——包括恢复武装商团、警权归属市政，其深层动因在于：商界欲以商属武装取代官方力量，行使维护城市公共安全的职能，从而更好地由商界把握上海市或淞沪特别市的市政主导权，真正实现城市自治。这种诉求，与反对官派市政督办，要求民选市长的诉求完全一致，它们共同构成了民初上海商界城市自治诉求的核心内容。如果说，上海商界将争取城市自治、争定上海为特别市作为抵制军阀专政和官府专制的手段，那么，"二次革命"以后上海商界的拥武诉求，实质上是欲以武力为后盾，建立商界主导的城市自治政权，最终摆脱外部军政势力对城市的专制统治，确保商界的利益。

四 辛亥革命对上海商界拥武诉求的影响

前面论述了"二次革命"以后上海商界试图拥武的深层动因，是商界欲把握市政主导权，真正实现城市自治。这从一个侧面反映出城市自治运动对上海商界的影响，对上海商界拥武诉求的推助作用。也就是说，中国城市社会变革的大势成为商界谋求拥武的重要推力。如果说这是作为发端于清季而于民初断续展开的较长时程的历史事件——城市自治运动对上海商界的拥武诉求的影响，那么，作为持续相对较短时段的历史事件辛亥革命——包括1911年的辛亥革命、1913年的"二次革命"，其对上海商界的拥武诉求又具有怎样的影响呢？

---

① 《淞沪特别市商团筹备处之通告》，《申报》1925年10月29日第10版。
② 《商总会拟就上海特别市组织大纲》，《申报》1926年11月22日第9版。

辛亥革命爆发前夕，上海社会秩序趋向混乱，为了加强治安，便于应对新的形势，上海绅商在征得清政府同意的情况下，发起组织"全国商团联合会"，李平书被推为会长，已经倾向革命的沈缦云、叶惠钧与虞洽卿分列副会长和名誉会长。全国商团联合会虽然没有成立，但上海各行业商团却因此联合了起来。实际上，上海商团的联合是上海的革命党人与立宪派走向联合的重要标志。这些联合起来的商团，是商界领导下的民间武装，它们在1911年上海反清起义的时候，整体倒向了革命阵营，在上海光复过程中起到举足轻重的作用——维持城市秩序，接管沪宁车站，攻打江南制造局。

上海光复后，上海商团队伍进一步得到壮大，在维持城市社会秩序方面继续发挥作用。同时，上海商界在沪军都督的支持下，建立了上海市政厅，开始实践商界主导下的地方自治。可以说，民国建立之初上海的城市自治运动得以继续深入地展开，得力于辛亥革命的推动——民主从观念转变为政治实践——上海绅商在革命之后被赋予市政主导权。在市政民主化这个层面，辛亥革命与城市自治运动有了交汇。从这个意义上说，"二次革命"以后上海商界欲争取市政主导权、实现城市自治而谋求拥武，与1911年的辛亥革命也不无关系，只是这种诉求遮掩在地方自治运动的显性影响之下而已。

不过，也正是在1911年辛亥革命发生后的混乱之际，原先隶属于上海城自治公所的自治警察，从地方组织机构中分离出来，上海市政厅因无市区警权，市政管理大受局限，从而促使上海商界试图拥有警权。这是辛亥革命对此后上海商界拥武诉求的第二个影响。

"二次革命"爆发后，部分深受革命党人影响的商界人物，他们组织了类似1911年辛亥革命期间组织的武装商团，但是，与1911年辛亥革命所不同的结果是，"二次革命"并没有得到上海商界的广泛支持，革命党人最终失败了，上海商属武装商团因支持革命而在其后遭袁系势力的清算，最终被解散，上海商界主导的自治机构——上海市政厅、闸北市政厅亦均被解散。革命失败导致的城市自治的受挫和商属武装的解散，成为上海商界心中的痛。当形势发展逼迫商界对于社会治安问题作出反应或推动商界谋求城市自治的时候，它们就试图恢复商属武装，借此推动城市自治。这是辛亥革命对此后上海商界拥武诉求的第三个影响。

总体而言，在"二次革命"以后，对上海商界的拥武诉求，地方自治运动更多地表现为积极的推动作用，而辛亥革命更多地以否定的方式——消极的形式表现出推动作用。需要指出的是，民初的城市社会变动实际上就是在革命与改革的双重影响之下进行的。所以，我们不能因关注辛亥革命的影响，就忽视了地方自治运动的影响；反之，也不能因关注地方自治运动的影响，而忽视辛亥革命的影响。事实上，发端于清末而以温和的改良手段开展的地方自治运动，其对近代中国城市社会转型的影响大大被低估，而同样发端于清末但以激烈的手段开展的辛亥革命对近代中国城市社会转型的影响，则因其对社会产生的强烈冲击，加之史学研究革命话语的持续强势等原因，而更易受关注。换言之，在清季和民初的十数年中，地方自治运动与革命运动两者相互助推，改良与革命两种手段在城市社会转型中都发挥了重要的作用。

五　从上海商团研究看近代中国商团研究

透过近代上海商团研究看近代中国商团研究，笔者认为有以下几点值得注意。

（一）应注意不同语境或历史场景下的保卫团和商团之间的同与异

就笔者所涉及的并不广泛的资料来看——笔者主要关注汉口和上海的商团，保卫团和商团这两个组织是不能轻易混同的，它们在特定的语境下可能性质是相同的，例如：前文所论及的上海总商会会员谢蘅牕说应该"设立商团及保卫团"，此处两者的性质很可能是相同的，都是商人主导的武装力量。但是，在很多历史场景之下，保卫团与商团两者的性质存在着较大的区别，由商人主导的以维持城市社会治安为目的的社团，都可以称为商团（按：笔者在此不想做广义的与治安无关的商业团体的辨析），但只有商人主导的拥有枪械等武器的商团，才可以称为武装商团；而保卫团只要以商人为中坚力量，也可以称为商团——《申报》有时候就是在这个意义上将保卫团与商团混称的。但是，如果该团的最终监管权，比如日常枪械管理权、团核心成员的任命，掌握在商界手中，那么，这样的保卫团也是商属武装，为民间武装力量，1913年响应"二次革命"的上海保卫团,就属于这种性质的商团;如果掌握在官方手中,那么,这样的商团,实际上只是半官半商性质的武装团体,并非真正意义上的商团——由商界主导的商团,前文所述1924年上海南市保卫团和闸北保卫团,均属这种性质的商团。在研究商团时,我们如果对具体的历史语境和历史场景不做细致的考察,那么就很容易将两者混为一谈,从而容易陷入无谓的争议之中。

(二)应将近代商团问题置于近代中国城市社会转型的进程中加以考察

商团是清末地方自治运动中产生的新式社团,并且不同程度地受到地方自治运动进程以及其他重大历史事件(如辛亥革命、国民革命等)的深刻影响,这些都是近代中国城市社会转型过程中的重大历史事件的影响,因此,商团问题就不可能只是一种纯粹的军事问题或武装问题,它必定会涉及城市治安之外的问题,诸如城市商界的社会意识转变与政治抉择、城市政治生态变化(——诸如政党问题、工运问题的产生与发展等),等等,这些其实都是我们在研究近代中国城市社会转型时应该关注的问题。如前所述,上海商团问题就不是一般意义上的维持城市社会治安秩序的问题,我们不能将上海商界的拥武诉求,简单地理解为上海商界单纯应对动乱局势而不带政治企图的应急之举。"二次革命"以后,随着城市自治运动的起起伏伏,城市社会秩序的定乱无常,上海商界建立城市自治政权的愿望越来越强烈。在它们看来,只有真正拥有商界领导的武装商团,以武力为后盾,才能确保城市自治由可能变为现实。

不过,不同城市商界的拥武诉求或拥武现实有所不同。在汉口,商界存在类似于上海商界的拥武诉求。在广州,其商界的拥武诉求则是基于既成的和承续性的拥武事实。如果说上海商界的拥武诉求要达到终极目标——城市自治,还必须先谋求恢复商属武装的话,那么,广州商界则是试图扩武以达到终极目标——城市自治,而其作为的实质则与上海商界没有什么本质的区别。关于此点,我们看看1924年广州官商冲突之前的相关舆论,就不难知晓。1924年,《香港华字日报》载,主张粤人应"本自决之精神,谋根本之解决",应采取以下四个办法:"(一)改造托庇于客军势力下之恶政府；（二）实行粤人治粤；（三）置广州市区于政争之外，无论何方，不得以之卷入旋涡；（四）资送客军。"① 这与上海商界的废使、移厂、永不驻军的三大要求何其相似也！粤商认为"自治之重要条件"有七："一市长选举；二组织市议会，议员民选；三各局长由市民任免，不受省长干涉；四选民须连续居住广州市三年以上；五选民有复决权、创制权、罢免市长权；六与省政府划分财政；七第一次市长选举及市议会选举，由商团办理"，并强调"第七项商团办理选举，为市自治成败之关键，当出死力抗争"。② 显然，如同上海商界一样，粤商也强调商界把握市政主导权，要求市政官员民选，也是以拥武作为争取城市自治的后盾与保障。

就以拥武作为实现城市自治的终极保障这一点而言，不论是上海商界，还是粤商，它们的拥武诉求本身就带有强烈的政治企图，因为这种诉求已经超越了纯粹治安层面，而上升为城市体制变革的层面。这正是传统城市社会商界所不具有的特点。

当然，另外一些城市的商界，其拥武诉求则未必上升到变革城市体制的层面，例如，苏州商界就一直将苏州商团的行动宗旨定位为"以辅助军警、共维地方治安"③。苏州商团与沪粤两地商团之间的这种显著差异，实际上也反映出近代中国城市社会转型过程中，不同城市商界在城市管理体制方面的态度存在着巨大的差异。也就是说，从商团发展的角度我们也可以窥见近代中国不同城市商界在市政体制变革进程中的态度或反应。

（三）比较的方法与更宽广的视野对于深入研究近代商团问题十分必要

朱英教授成功地论述了近代苏州商团的特点，而其成功之处就是将

---

① 《我粤人之决心若何》，载《香港华字日报》1924 年 5 月 28 日，转引自敖光旭《"商人政府"之梦——广东商团及"大商团主义"的历史考查》，《近代史研究》2003 年第 4 期，第 222 页。

② 《广州罢市与自治》，载《香港华字日报》1924 年 5 月 28 日，转引自敖光旭《"商人政府"之梦——广东商团及"大商团主义"的历史考查》，《近代史研究》2003 年第 4 期，第 223 页。

③ 《苏州商团未取消之原因》，《苏州商团档案汇编》，第 80 页，转引自朱英《近代中国商会、行会及商团新论》，中国人民大学出版社 2008 年版，第 360 页。

苏州商团问题置于国家与社会的观察视野之下，同时运用比较的方法展开论述，得出的结论颇具说服力。也正如朱教授所言，"既然商团在近代中国已是一个比较普遍的独特商人团体，我们应该对各地区的商团分类进行更广泛的全面探讨"[1]。这实际上就涉及近代中国商团的整体研究问题——研究的面要广，这也是整体研究的题中之义。如何进行分类？如果没有一定的参照和比较，是很难进行分类研究的。否则，即使研究，也很难深入。

至于研究的视野，我们可以更开阔，可以将研究的时段往前溯，这样更容易看清城市社会发展进程中的那些与商团相关的历史要素，是如何从无到有，是如何影响商团，或者如何受到商团的影响的。另外，古今中外的任何武装，都不可能只是简单的"人员+武器"的问题——安全或军事问题，其产生与发展的过程中，一定伴随着安全和军事之外的问题。这个问题本质上可能不是政治问题，也可能是；它本身不是经济问题，但其解决与否一定与经济问题紧密相关；它本身不是社会体制问题，但很多时候却绕不开社会体制问题，如此等等。我们对于近代商团武装，也应该作如是观。同时，近代商团问题，不仅涉及近代中国城市问题、城镇问题，还涉及地区或区域问题。这些都需要我们以开阔的视野来看待近代商团问题。

---

[1] 朱英：《近代中国商会、行会及商团新论》，中国人民大学出版社2008年版，第230页。

市政参与与城市社会治理

中华全国道路建设协会的市政参与及其对近代中国城市化的影响

——以《道路月刊》为中心之考察①

成立于 20 世纪 20 年代初的中华全国道路建设协会（时称"道路协会"，后文采用这一简称）②，在近代中国交通史和市政发展史上具有极为重要的地位。该会于 1922 年春创办的机关报——《道路月刊》，是当时国内唯一的路政、市政方面的专刊。在道路协会看来，发行专刊，并非

---

① 本文原刊于《江汉大学学报》（人文科学版）2014 年第 6 期。
② 中华全国道路建设协会由曾署理外交总长的王正廷邀集上海名流、专家学者 60 余人及少数西人共同发起组建。据王正廷所撰《中国公路建筑之进步》一文载：1921 年，"有联太平洋道路协会为战后太平洋沿岸各国，谋求谅解亲善之组织，中外人士参加者甚多。该会以为开发中国产业，首赖交通。陆上交通，以铁路与公路为主要，惟铁道修建，动需巨款，殊难普及；汽车公路，则轻而易举，事半功倍，城市乡村，均易普及。对于货物之运输，与旅游客之游览，易收迅速、敏捷、经济、安稳之宏效。该会乃先设小委员会，促进中国公路之建设。当时全中国公路，盖仅一千一百六十余公里，嗣以兹事伟［体］大，既非一朝一夕可奏肤功，亦非少数人力所能胜任，乃扩大是项组织，由余邀集海上名流，及专门学者参加，成立一独立国［团］体，即迄今犹巍然存在之'中华全国道路建设协会'是也。道路协会设于上海，各省各地多有分会，南洋、香港、汕头各埠，均有代表办事处"（载《道路月刊》，第 43 卷第 3 期，1934 年 5 月 15 日，"路市论著"之第 1 页）。该氏所撰《本会十周年纪念回顾》云："民十春间，联太平洋会议，设有道路股，推廷主持之。"（载《道路月刊》第 29 卷第 3 期，"论著"之第 1 页）另据《道路月刊》载："本会最初发起，附属于太平洋联合会，当时中外名人，合组委员会……后由吴山（按：后任道路协会总干事）提议，改组独立，向南北政府立案，遂完全为中国国民所组织之正式公团。"（参见该刊第 4 卷第 3 期"纪事"之第 1 页所载《全体职员会议纪》）周国衡的《为恳让庚子赔款以利用兵工筑路敬告各友邦》载："本会于民国十年，根据太平洋会议，由旅沪西人……以及南京、镇江、杭州各税务司，约翰大学、金陵大学、东吴大学，各校长等数十余人，会同上海中国有名商人所发起，当时名为治路会，是为本会成立之历史，亦即为中国提倡筑路之先声。"（载《道路月刊》第 6 卷第 1 期，"论说"之第 1 页）

为学术而学术的纯学术活动,而是难得的"提倡参政"之举。① 因此,道路协会发行《道路月刊》,也就是其参与中国路政和市政的最好凭借了。也正因如此,我们可以透过连续发行十多年的《道路月刊》,全面了解道路协会在当年为促进中国的道路交通和市政两方面的发展所进行的努力。我们研究《道路月刊》,基本上可以弄清道路协会是如何参与民国时期的路政与市政的,借此可以进一步了解当时中国的路政、市政,以及由此带来的城市化的发展状况。

然而,时至今日,国内外学术界对于该协会及其会刊《道路月刊》的研究,一方面仅涉及其对中国公路交通发展的影响,显然不够深入;另一方面绝少关注道路协会的市政参与活动及其对近代中国城市化所产生的影响。② 这不能不说是一个很大的缺漏与遗憾。这样的缺漏与遗憾表明,道路协会是一个很值得我们进行深入发掘的研究对象。有鉴于此,本文将以《道路月刊》为中心,对道路协会的市政参与及其对近代中国

---

① 道路协会在给各省省长的公函中说:"道路交通,本为应时之急务,而提倡参政,尤须藉重专刊。年来,交通事业异常发达,关于此事之专刊出版,仅本会《道路月刊》一种。近更大加扩充,记载翔实,凡属路政市政之切要问题,应有尽有。"(载《道路月刊》第 11 卷第 2、3 期合刊,1924 年 11 月 15 日,"文牍"之第 1 页)

② 目前,有关道路协会的研究成果主要有以下几种:(1)中国公路交通史编纂委员会编的《中国公路史》(人民交通出版社 1990 年版),该著简要介绍了道路协会的组织及其学术活动,指出道路协会的活动为推动公路建设造成社会舆论,不仅为当时国内公路界瞩目,而且也引起国外的注意;道路协会的建立,既担负着全国公路建设的宣传教育活动与学术活动,又普及筑路知识,培养专业人才,为当时中国公路建设事业的发展,作出了积极贡献(参见该著第 192—196 页)。(2)赵可《市政改革与城市发展》(中国大百科全书出版社 2004 年版),在论述"市政改革新兴势力组织的研究社团时",简略地提及道路协会对市政改良的宣传,指出:"《道路月刊》连续刊载的市政信息尤其是系统出版的市政学书籍在宣传和推动市政改革运动方面仍然发挥了主要的作用,特别是在 20 世纪 20 年代市政书籍极其缺少的情况下更显独树一帜。"(参见该著第 120—121 页)(3)完颜绍元的《王正廷传》(河北人民出版社 1999 年版)认为,道路协会"除了协助一些商业公司在南方修建了几条长度有限的公路,或者开会制定了几个仅仅停留在纸面上的'章程'、'办法'以外,没有更大的作为"(见该著第 101 页)。(4)王利娟《民国时期王正廷道路建设思想探析》断言:"尽管王正廷和道路会为提倡道路建设付出了不少的心血,然而在现实中由于受到军阀及各界的牵制,王正廷所任会长的全国道路建设会没能在实际的道路建设方面起到很大作用。"(见《宁波经济》2011 年第 1 期)此外,法国学者白吉尔的《中国的工业化与道路建设(1917—1922)》一文,在论述 20 世纪 20 年代中国的筑路运动时,提及道路协会(参见《国外中国近代史研究》第 23 辑,1993 年,第 223—226 页),但如同《王正廷传》和《民国时期王正廷道路建设思想探析》一样,该文也未论及道路协会与当时市政发展的关系。

城市化所产生的影响作一个初步的探讨。

需要指出的是，本文所论述的市政参与，是指非政府组织层面的、以改变和影响市政发展为目的，在市政工程建设、市政管理、市政宣传、市政经费的筹措、市政规划的制定、市政问题的咨询、市政决策等方面开展的活动。这些活动并不局限于某一城市，活动的参与者也不一定是市政管理者。

一 道路协会及《道路月刊》概况

(一) 道路协会的诞生

晚清以降，尤其是民初以后，随着各地工商业的发展与发展工商业的需要，地方自治的断续开展与城乡分治的发展，城市发展的步伐加大，人口城市化的步伐加快，城际的交通运输需求增强，完善城市基础设施与变革城市管理体制的要求日趋强烈。到了20世纪20年代，"城市日益成为近代中国变革力量积聚和活动的主要空间"[①]，城市化了的乡绅、城市工商业精英、走出新式学堂或留学归来而栖身城市的新型知识分子，甚至部分官员，这些社会精英汇集在城市。他们关注国家的命运，其声气相求者纷纷组织社团，开展社会活动，积极倡导社会变革与市政革新。作为当时最发达的城市和令国人倍感自豪的"东亚最大的港口"——上海，它就是当时国内社团最活跃的地方，在民国初年地方自治运动和市政变革运动酝酿的过程中一直充当着领头羊的角色。

民国初年，由于国内建设资金严重匮乏，加之20世纪20年代初国际银行团对外资在中国的投放采取遏制政策，中国铁路建设的速度放慢下来，中国的交通环境亟待改善。严峻的形势让中国政府和社会精英清楚地意识到，只有改变陆地交通的发展方向，才能适应城市和国家经济发展的需要。道路建设（即公路建设、马路建设）"是面对落后国家的发展

---

① 赵可：《市政改革与城市发展》，中国大百科全书出版社2004年版，第46页。

及满足最现实的需求做出的反应"①。于是，社会精英们将眼光投向了同等里程所需建设资金较铁路大大减少的道路建设上，希望通过筑路救国。

租界的存在促发中国人的筑路动机。一些辟有租界的城市，华租两界的道路建设与市政发展呈现出判若霄壤的发展态势：华界道路破败，晴则灰尘蔽日，雨则泥泞满途，交通拥挤，市政腐败不堪；而租界则道路整洁光鲜，工商业繁荣，市政发展令人艳羡。更令华界感到不安的是，租界市政当局往往越界筑路，安装电灯或自来水，派设警察，如此等等，侵夺着华界的市政管理权。此种情形以上海为尤。这种态势也促发了华界有识之士改良城市道路、发展交通和市政的动机。

当时的北京政府也曾有过修筑全国道路的意图。民国建立后，在道路建设立法和规划方面，已经有所作为，"民国成立，当局渐知道路之关系，曾于四、八两年，将《修治道路条例》，一再更定公布，以规划全国、国省等道，国内筑路，已有动机"②。

对于一个地域广大的国家而言，政府尤其是中央政府应该担当起道路建设的重任，充当道路建设的发动枢纽。然而，靠借债度日的北京政府仍然缺少建设资金，且当时国内"南北尚未统一，各省各自主张，中央威令不行"③。在这种情况下，指望中央政府出面组织开展大规模的道路建设，不啻痴人说梦。中国的道路建设亟须一个发动的枢纽。道路协会就是在这样的时代背景下，充溢着中国社会精英尤其是知识精英和工商业名流的救国热忱，在上海诞生的。

大约在 1920 年冬，王正廷等开始酝酿在上海成立道路协会。他们后来于 1922 年向南北两个政府分别呈请立案，最终获准。同年 5 月 5 日，道路协会正式成为全国性的法团。

对于道路协会的诞生，时人为之欢欣鼓舞：

---

① ［法］白吉尔：《中国的工业化与道路建设（1917—1922）》，载《国外中国近代史研究》第 23 辑，1993 年，第 227 页。
② 陆杰夫：《为第二届征求会员敬告会员诸君书》，载《道路月刊》第 3 卷第 3 期，1922 年 11 月 15 日，"论著"之第 6 页。
③ 陆杰夫：《为第二届征求会员敬告会员诸君书》，载《道路月刊》第 3 卷 3 期，1922 年 11 月 15 日，"论著"之第 6 页。

幸哉！中华全国道路建设协会应时而生，具全国修筑马路、行驶汽车之伟略，以济铁路、航政已失权利之穷，事半而功倍，设计至宏……

总之，事关全国筑路通商惠工之大功，为国家救亡图存之至计，上之促进政府之醒悟，中之引起社会之注意，下之开通地方之风气，近之倡导商人之利殖，远之培养专门之人才，莫不有赖发动机关，运用能力，为之枢纽……①

……国民有鉴于此，此建设协会（按：文中协会指道路协会）之所以必要也。②

(二) 道路协会的宗旨及事务范围

道路协会最初的宗旨是"专谋全国道路之早日建设完成"。围绕这个宗旨，道路协会的基本事务范围包括如下几项：鼓吹提倡；实地测绘；代为筹募资本；介绍专门人才；受理道路建设各问题之咨询。③

后来，道路协会的宗旨调整为"专谋全国路市之早日建设完成"，其事务范围也调整为：编译路市书报，普遍宣传；介绍路市交通专门人才；受理路市计划、建设各问题之咨询；介绍、订购路市所需要的机器、材料与运输各车辆。④ 至于道路协会具体是何时开始进行这样调整的，则有待进一步考证。

(三) 道路协会的基本组织

根据道路协会的组织大纲可知，其基本组织情况为：以执行董事会（由董事15人组成）为督促会务与筹划进行的最重要机关（主要职员有会

---

① 李则灵：《中华全国道路建设协会之使命与中国前途之我见》，载《道路月刊》第3卷3期，1922年11月15日，"论著"之第10页。

② 毕天君：《鼓吹私人捐资修路之商兑》，载《道路月刊》第4卷第3期，1923年2月15日，"论著"之第10页。

③ 《修正中华全国道路建设协会章程》，载《道路月刊》第1卷第3期，1922年5月15日，"文牍"之第1页；《中华全国道路建设协会章程》，《道路月刊》第3卷第3期，1922年11月15日，"章则"之第1页。至于道路协会最初的章程，笔者未能查阅到创刊号，遂不得而知。

④ 《道路协会章程摘录如左》，《道路月刊》第41卷第3期，1933年10月15日，"征求会员大会特件"之第5页。

长1人、副会长2人、书记和会计各1人），其下设干事部作为最高执行机构（主要职员有总干事1人），对执行董事会负责。干事部下设顾问、会务、交际、演讲、赛会、测绘、工程、调查、编辑、绍介10部，而以道路月刊社附属之。此外，为方便展开会务，道路协会还聘请各界名流为名誉正、副会长及董事。兹将道路协会的基本组织情形图示（图1）如下：

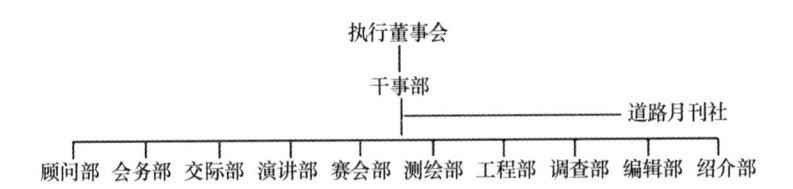

图1　中华全国道路建设协会的基本组织情形图示

干事部下各部的具体事务如下：

顾问部：关于本会一切重要设施之咨询。

会务部：关于本会之征求与各省区分会之筹设等均属之。

交际部：关于国内外公私法人与本部有关之交际等事均属之。

演讲部：全国宜设分会之省、区、县、镇均先派人用种种方法演讲促成之。

赛会部：国内外新旧之各种好坏铁路与治路、养路所须之一切器具、材料等，或制模型或绘图画等展览各事宜均属之。

测绘部：关于贯通全国之各省、区、县、乡各道支干路线与市政、交通等一切测绘事宜均属之。

工程部：关于修筑各种道路桥梁与修制治路机器及汽车等工程事宜均属之。

调查部：调查全国各省区与欧西各国治路、养路之比较取长补短等事宜均属之。

编辑部：关于治路、养路与市政、交通等新出书报均编译之。

绍介部：凡留学国外之专门毕业人才对于建筑及制造车路及其之

识验宏富者,均可由本会绍介于全国各路局及各长途汽车公司,并绍介各国工商关于建筑道路、桥梁与机器材料等事宜均属之。①

到 1934 年,道路协会又专门增设了服务部,以协助国内各省促进道路工程及交通事业的改善。②

(四)《道路月刊》的宗旨及其内容的变化

1922 年 3 月 15 日,道路协会开始发行《道路月刊》,直至 1937 年 7 月停刊。该刊共计发行了 54 卷,前 53 卷每 3 期为 1 卷,第 54 卷只发行了 2 期,总计发行 161 期。

《道路月刊》"以提倡建设全国道路、发展国民经济、巩固权利及普及文化为宗旨",其最初刊载的栏目与内容如下:

一、图画　关于长途汽车之路线及建筑道路之计划、图说及其他名胜、名人等照片。

二、论说　关于筑路一切重要著作。

三、工程　关于治路之建筑及其他足供研究参考之资料。

四、纪事　专载本会经过与现在及将来之事实。

五、调查　关于治路之调查报告及其他路政等。

六、文牍　关于建筑道路之一切重要法令、函件。

七、来件　各省有关于道路之章程、计划均属之。

八、游记　游历中外各地之详细情形、有关治路养路之笔记者均采录之。

九、杂俎　道路方面之琐闻及古今著述、歌曲,有关道路问题者均属之。

---

① 参见《中华全国道路建设协会组织大纲》,《道路月刊》第 3 卷第 3 期,1922 年 11 月 15 日,"章则"之第 2—4 页。

② 参见《征求会员大会定期举行》,《道路月刊》第 45 卷第 1 期,1934 年 10 月 15 日,"会务纪要"之第 1—2 页。

十、会员录　凡已入本会为会员者皆得列入。①

《道路月刊》发行到第 2 卷第 3 期（1922 年 8 月 15 日发行）时，其内容有了一个重要的调整，即在"调查"专栏内，刊载"关于治路之调查报告及其他路政、市政、长途汽车等等"②内容。1924 年之后，道路协会更加注重市政问题，对于《道路月刊》的栏目和内容作了进一步扩充与调整，增加了关于市政的主栏目和子栏目，如"调查"栏目下增设"市政建设"子栏目，"杂俎"栏目下增加子栏目"短评"，另增加主栏目"附录"，等等。"短评"和"附录"均不时刊载有关市政的内容。

二　道路协会的市政参与

围绕会务的展开和《道路月刊》等刊物的发行，道路协会积极倡导发展交通、改良市政，奋勇投身于日趋涌动的国内市政变革大潮中。

(一) 大力制造市政革新舆论

通过广泛的宣传，制造市政革新舆论，从而影响市政发展，是道路协会参与市政最重要的方式。

如前所述，道路协会最基本的事务范围之一就是"鼓吹提倡"或"普遍宣传"，这也是道路协会市政参与的基本定位和一直坚持的地方，是其市政参与最被认可的地方。因此，时人对道路协会有这样的评价：

> 协会的事业就是在能空谈，所以由他产生的分会，当然也是空谈……上海协会的宗旨对于筑路是在"提倡、鼓吹、研究、计划"

---

① 《道路月刊广告》，《道路月刊》第 1 卷第 3 期，1922 年 5 月 15 日，"杂俎"第 6 页之补白处。

② 内容调整的说明见《道路月刊广告》（《道路月刊》第 3 卷第 3 期，1922 年 11 月 15 日，"章则"第 9 页之后补白处），而具体调整的时间则始于第 2 卷第 3 期。

八个字,这八个字都是在空谈方面做事。要使全国人知道筑路的必要……这便是空谈的事业。①

而国民政府对道路协会的褒扬,就是因为其贡献"在于鼓吹提倡"②。
那么,道路协会是如何"鼓吹提倡"和"普遍宣传"以制造市政革新舆论的呢?

1. 大力鼓吹"筑路救国",拆城筑路办市政

一方面,道路协会主要通过《道路月刊》从理论上鼓吹筑路与国家的关系,将筑路上升到关系国家存亡的战略高度。首先,从根本上否定城垣在当代社会的存在价值:阐述在热兵器时代,城垣原有的防卫价值已经丧失;斥城垣为"封建"产物、"废物"和"圈禁"之物,于维护城市治安并无益处。进而详细分析不拆城之弊端,诸如阻碍交通和教育的发展,对市民思想的禁锢,对卫生的消极影响,对经济发展的阻碍,等等。革命军北伐后,惠州、武昌、西安、涿州等城市因保留了城垣,使得百姓在战时被困城内,以致死亡众多。这一点后来也成了道路协会用来宣传城垣不拆的危害的生动素材。同时,道路协会大肆宣扬拆城筑路之利,诸如地方安宁、交通便利、商务发达、卫生适宜、屋价低落、思想变迁,以及拆城对于市政经费的筹措、城市空间扩展的好处等;称赞欧洲国家拆城之后,市政进步。这些论述,旨在促使国人认识到保留城垣之弊害和拆城之必要。

另一方面,道路协会从事实上报道各地拆城筑路与否等相关动态。对于已经拆城办理市政的城市,反复列表登载于《道路月刊》之中;对于有的地方发生的拆城派与保城派的争论,也进行了刊载;对于各地开辟城门的事实和呈请拆城、要求拆城办理市政的信息,均予以详细登载。

2. 提倡修筑汽车路、开设长途汽车公司和市内公共汽车

道路协会不仅宣传修筑汽车路和汽车运输的好处,还出面为国内首

---

① 《江苏省道路分会宣言》,《道路月刊》第6卷第2期,1923年7月15日,"特件"之第8—9页。
② 《行政院对本会之褒扬》,《道路月刊》第30卷第1期,1930年4月15日,"会务"之第1页。

个沪太长途汽车募集开办经费，对沪太长途汽车公司的营业状况进行详细报道，对各地汽车道路的建设、长途汽车公司的成立、车况及车辆的运载、城市内外车站的建设及其他各公司的运营大致情况，均进行报道。对于市内公汽的创办也予以关注和提倡。

3. 注重宣传市政革新

调整《道路月刊》的栏目和内容编排，加大市政内容的分量。应该说，道路协会一开始就对宣传市政有所注意。在第2卷第3期、第3卷第2期、第4卷第2期和第6卷第1期的调查栏目中，分别设有"各省市政近观"子栏目，并且从第6卷第1期开始，有关市政革新报道的分量明显增加。而从1924年开始，由于进一步意识到路政与市政之间有密不可分的关系，市政与路政在建设中具有同等重要的地位，经过道路协会的董事会和干事部协议，决定由道路月刊社担负起宣传市政改良的责任，开始登载讨论市政的专文，每期摘录国内外市政论文和市政信息。在论文编排上，路政与市政的论文并重，还增加了"市政建设"等栏目。

宣扬发展市政的重要性与必要性。诸如：宣扬"自治进行，首重市政"[1]，"能表现地方自治之成绩者，莫若市政。市政事业实为地方自治基础中之基础"，"建设经纬万端，市政实为先务"[2]，"建设百端，首在市政"[3]，"市政为新时代之首要建设"[4]，"要社会文明，必须刷新全国市政"[5]，等等。

附丽于三民主义，倡导市政改革。国民政府，尤其是南京国民政府建立以后，道路协会自觉地将对市政改革的提倡纳入三民主义的理论框

---

[1] 《浙江筑路近况·江苏筑路潮》，《道路月刊》第4卷第3期，1923年2月15日，"调查"之第4页。

[2] 陆丹林：《训政时期的市政建设》，《道路月刊》第26卷第3期，1929年4月15日，"论著"第32页。

[3] 《最新公园建筑法》（广告），《道路月刊》第24卷第3期，1928年9月15日，"论著"第6页。

[4] 《市政建设之一斑》，《道路月刊》第29卷第2期，1930年1月15日，"调查"之第1页。

[5] 《标语摘要》，《道路月刊》第30卷第3期，1930年10月15日，"法规"第4页之补白处。

架之下。如宣传"革命伟业完成,市政建设伊始"①,"市政——是时代底产儿,亦是训政期间底首要建设"②,"民生主义,首重民行;修筑道路,事业振兴;市政交通,商务繁盛"③,等等。

树立市政模范,批评市政后进,倡导市政批评。道路协会对于市政发展良好的广州和南通屡屡进行表扬,对于市政落后或缺少改进的城市则予以批评。广州市被树立为省城市政革新的模范,南通被树立为县城市政革新的模范,并号召其他城市向这两个城市学习。从1930年开始,道路协会开始注重市政批评,甚至大声疾呼,开展市政批评。对南京的拆迁问题,对中国城市拆迁过程中存在的通病,对广州市公共汽车经营管理中存在的问题,对成都市政的腐败问题等,都进行了尖锐的批评和深入的解析。不论是树立市政模范,批评市政后进,还是倡导市政批评,都是为了促进市政的革新与发展。

(二) 发行路市政专刊专著,提供市政参考

道路协会不仅创导发行专刊以提倡参政,同时它自己也很注重通过发行专刊专著,实现市政参与。

《道路月刊》是道路协会的机关刊物,该刊是当时"唯一路市界专刊",发行量最大时达1万多份。同时,为了更加集中、系统地介绍路市政方面的信息,满足日益增加的社会需求,道路协会还出版发行路市著作,其中最重要的有:《道路丛书》《道路全书》《市政全书》,此外还有《都市建设学》《最新实用筑路法》《最新公园建筑法》等市政专著。其中,《市政全书》深受各界欢迎,至1931年再版达4次之多。这些刊物对市政革新与市政管理信息的贡献,主要体现在以下几个方面:

其一,介绍先进的市政知识和市政法令。道路协会对市政知识的介绍,侧重于国外先进市政设施、市政制度设计、市政发展的动态,市政

---

① 《〈市政全书〉广告》,《道路月刊》第26卷第1期,1929年1月15日,版权页后之广告之一。
② 《〈市政全书〉广告》,《道路月刊》第29卷第2期,1930年1月15日,版权页后之广告之一。
③ 郁樱:《参观上海国运中之道路协会陈列所》,《道路月刊》第30卷第2期,1930年5月15日,第3页。

工程如马路修筑与管理的方法及使用的材料和机器,汽车(包括长途汽车和市内公共汽车)制造及经营管理办法,筑路及城市的设计与规划,相关市政法规、章程、条例等。这些皆为各地路市政建设与市政管理提供了参考和指导。

其二,报道国内路市政建设与发展的动态。《道路月刊》几乎每期都要报道各省道路建设的情形和各地市政发展的新近情况,对上海、南京、广州、北京、汉口、成都、重庆、昆明、南通、宁波、长沙等城市的报道尤多。各地市政管理者不难通过对比,知道本地市政发展程度和今后努力的方向。

其三,讨论和揭示市政建设和管理中存在的问题,并提供相应的解决问题的信息。如:道路协会不仅披露上海租界越界筑路问题,还提出杜绝租界越界筑路的对策——建筑环租界马路。又如:指出城市更新过程中的土地与房屋问题及更新过速问题,并揭示解决相关问题的途径或方法,批评南京建造道路的拆迁横暴,同时又指出广州、上海等地通过官民协作,较好地解决了拆迁过程中存在的问题。还有讨论筹集市政经费问题、公共汽车乘车买票问题、市政腐败问题,等等,并分别指出解决之道。

此外,道路协会还于1931年成立十周年纪念之际,主办了全国路市会议,召集各省市所派来的办理市政的代表,对收集起来的有关路市政问题的议题展开讨论,寻求解决市政问题或改良市政的办法和途径,并将有关市政改良的决议呈送中央政府,备中央政府市政决策之用,以期促进地方市政革新。这些信息都反映在《道路月刊》中。

(三) 提供市政咨询,介绍市政人才

根据既定的事务范围,道路协会积极提供路市政咨询,介绍道路和市政交通专门人才。道路协会成立、《道路月刊》发行之后,各省军民长官、地方社团纷纷以治路问题等相咨询,并以筹办长途汽车公司问题相商榷者最多。如昆明市政公所函请协会代为调查新式车辆,以便购置,四川分会咨询长途汽车的价格与式样及汽车橡皮轮胎方面的信息,道路协会均一一认真作答。襄阳分会提倡的襄沙路,由道路协会介绍工程师陈树棠前往测量全路380余里。道路协会还介绍刘士琦担任泉州市政局的工程师，协助该地实行拆城筑路，兴办市政。江浙两省和上海地区筑成汽车路多处，开办长途汽车公司的热情很高，道路协会"代为规划进行，介绍人才之力居多"[①]。

(四) 维护市政主权

道路协会对市政主权的维护，突出地表现在其对上海华界市政主权的维护上。上海租界越界筑路的问题十分严重，为防止租界进一步越界筑路，道路协会建议华界修筑环租界马路，并积极推动官民各方予以落实。同时，道路协会还积极倡导华界相关各方对上海租界越界筑路的具体情况展开调查，以便给华界在寻找到合适的时机而对被侵路权等市政管理权进行收回时，提供确切的证据。

此外，部分会员直接参与市政建设与市政管理。道路协会的少数职员如陆丹林、董修甲、陈树棠、陈维新等曾直接参与地方市政建设。而分会会员参与市政建设的更多一些。

随着南京国民政府的建立，市政府市政主导权的法制化，中国市政改革的主动权再次把握在市、县等地方政府的手中，由此导致市、县等地方政府对市政人才的更多吸纳，对市政的全面掌控及对民间组织监控的相应强化，使得道路协会参与市政的空间明显缩小。到1934年，很多分会的会员"多从事实际建设"[②]。自然，这部分人参与市政的动力则主要来自地方政府，而非道路协会。所以，到20世纪30年代中期，道路协会已经走过了其市政参与的黄金时期。

三 道路协会的市政参与对近代中国城市化的影响

在一般情况下，市政发展最初的启动在于城市道路交通的发展，即

[①] 《北京分会筹备详情》，《道路月刊》第6卷第1期，1923年6月15日，"纪事"之第5页。

[②] 道路协会《本届执董会暨干事会十四周年纪念总报告书·设立各省市分会》，《道路月刊》第43卷第1期，1934年3月15日，"特载"之第13页。

民国时人常说的市政以发展道路交通为前提——都市道路"较都市之其他建设事业，为首要素……都市建设，必先改良道路"①。而道路交通的发展，又可能带来市面的繁荣、人口的增多、市区的推展、新型城市空间的形成、新式出行方式等城市化生活方式的产生。道路协会的市政参与很好地促进了城区及城际道路交通的发展，从而对近代中国城市化产生了积极的影响。

道路协会成立后，依托会刊《道路月刊》积极宣传，对相当一部分城市的道路建设起着积极推动作用。所谓"因为各处建设道路时，在人才方面，计划方面，得道路协会的助力，也非常之多"②，"如计划首都市政及各大城市之交通……均承各当道之采纳"③。鉴于道路协会对全国道路建设所作出的贡献，国民政府对该会进行了褒奖，其理由就是该会从1921年开始，汇集社会名流，对"道路交通，锐意提倡，努力宣传"④，使各省筑路事业，闻风兴起。

在道路协会的鼓吹下，一些城市的市政管理当局意识到拆城筑路的重要性，认为"市政范围至广且大，原非限于拆城筑路。而拆城筑路，实为最急最先"⑤，因此纷纷拆去城墙或者增辟城门，进而开辟道路，发展市政。杭州、南昌、广州、无锡、九江、安庆、南通等城市，陆陆续续拆去城垣，修筑马路。而昆明、无锡、苏州等城市，则拆去部分城墙，增辟城门，以便打通城墙内外的交通。以至于到1928年前后，"各地拆城消息，亦书不胜书"⑥，形成了一个拆城筑路的高潮。

对于很多城市而言，其规模性的市政革新就是从拆城筑路开始的。

---

① 刘矩：《论都市之道路》，《道路月刊》第25卷第3期，第2页。
② 《路市展览大会开幕志盛》，《道路月刊》（即《中华全国道路建设协会路政展览、会议特刊》），第35卷第1期，1931年10月（具体是10月的哪一天，未见标明），该篇之第5页。
③ 刘郁樱：《新年致读者》，《道路月刊》第29卷第2期，1930年1月15日，"论著"之第2页。
④ 《行政院对本会之褒扬》，《道路月刊》第30卷第1期，1930年4月15日，"会务"之第1页。
⑤ 《各省市政近况》，《道路月刊》第6卷第1期，1923年6月15日，"调查"之第13页。
⑥ 刘矩：《路政前途》，《道路月刊》第25卷第3期，1928年11月15日，"论著"之第2页。

同时，因为拆城使城市发展快速突破城墙的束缚，城墙内外开始更好地贯通，城市化进入一个内扩外展的新时期，而向外拓展城市空间的趋向更为明显。

又因为城墙的拆除与城门的增辟，大大地方便了一些连接省城与省城之间、省城与县城之间、县城与县城之间、县城与市镇之间的道路的修筑与贯通。而作为道路建设节点的城市，其道路交通事业得到了较大的发展，市街沿着新筑道路延伸，城市空间扩展又明显地呈现出与道路的延伸相伴随的特点。

道路协会在鼓动各地拆城筑路的同时，还大力倡导开办长途汽车公司。在道路协会的鼓动之下，各地长途汽车公司纷纷成立。

1921年，道路协会的职员洪伯言率先组织成立沪太长途汽车公司。此后上南（上海—南汇）、上川（上海—川沙）、杭余（余杭—杭州）、沪闵南柘（上海—闵行—南桥—柘林）、苏杭湖（苏州—杭州—湖州）、津京（北京—天津）等长途汽车公司纷纷筹办和创立。到1924年，"长途汽车开车者，达三十余处。考其创办之人，十分九均属该会（按：指道路协会）会员、职员"①。到1928年，各地成立之长途汽车公司，已达380余处。②

长途汽车公司的成立与长途汽车的开通，积极推动了相关城镇的城市化。如：上南汽车开通前，自周浦到周家渡需跋涉6小时，开通后只需20分钟。开通仅二月余，"而其影响之大，步骤之速，诚有出于意料之外者"。其显著影响之一就是促使市镇快速城市化。浦东的绅商为了方便市镇交通，决定修筑里道，与已修筑的汽车道相衔接，到1922年底，除杨思桥已经开筑外，其他龙王庙至周浦、北蔡、张江栅等市镇，也纷纷兴工筑路，以期与汽车路一气相通。

与此相应，市镇的商业快速趋向繁荣，公共空间也快速发生变化，趋向城市化。如上南汽车开通后，沿车站两旁的店铺"营业骤兴，获利

---

① 参见该氏《华侨能助中国兴办之事业》，《道路月刊》第11卷第2、3期合刊，1924年11月15日，"论说"之第10页。

② 刘郁樱：《新年致读者》，《道路月刊》第29卷第2期，1930年1月15日，"论著"之第2页。

倍徙",除周家渡、杨思桥、三林塘之外,新近都有茶园、菜馆、医院、杂货小店铺开设,而本来人口稠密、市肆栉比的周浦更加兴旺起来:"商业更兴,赴沪者每以其市物价廉,相率购之,馈诸亲友。来浦者固无风景地可游,则造菜馆大嚼。故华阳楼、华春楼莫不高朋满座,觥筹交错。而购三阳泰之宁波茶食者,则摩肩接踵,争先恐后,热闹不堪。将来游戏场、公园、工厂等落成,其繁荣更甚。近且闻已有人办置汽油船,开驶大团镇,以利交通。"①

再如,闵行镇在沪闵汽车通行以后,人烟益行稠密,旅客往来,咸称便利。但是该镇向来没有游憩场所,沪闵公司决定建筑一个游憩场,取名"敏园"。② 该园建成后,游人如织,该公司当即就在敏园前特设驿站,取名"敏园车站",以方便乘客。

可见,随着道路的建设,长途汽车、小轮的开行,公园、旅馆、茶楼、医院、游戏场等公共娱乐与休闲设施的出现,城镇人的食住行游的方式也快速地发生了变化,这些变化无疑也是城市化的表征。

需要指出的是,当时道路建设和开通长途汽车的区域主要是在江浙地区,因此,道路协会的市政参与对当时中国城市化的影响是不均衡的,显然对城市和市镇分布比较密集的江浙地区的城市化影响最大。

---

① 飞羽:《上南通车后之影响》,《申报·汽车增刊》1922年12月23日第3版。
② 《沪闵公司新讯》,《申报·汽车增刊》1923年9月1日第3版。

果与因：中华全国道路建设协会的市政参与与民国市政发展研究

——以《道路月刊》为中心之考察[①]

1921年，中华全国道路建设协会在上海成立，其活动宗旨在于谋求路政乃至路市两政的早日完成。[②]次年开始发行的《道路月刊》（1922—1937年），被该会视为参与路政和市政的凭借[③]，并很快成为该会倡导路政和市政最重要的喉舌及当时唯一同时针对路政和市政的专刊。透过该刊，我们不难窥见该会对民国路政和市政两方面所产生的重要影响。不过，目前学术界对于该会的市政参与及其对近代中国市政发展进程所产生的重要影响，没有给予应有的关注。[④] 笔者认为，这是十分值得深入探讨的问题。

[①] 本文原刊于《江汉论坛》2014年第12期，人大报刊复印资料《中国近代史》2015年第3期全文转载。

[②] 《修正中华全国道路建设协会章程》，《道路月刊》第1卷第3期，1922年5月15日，"文牍"之第1页；《中华全国道路建设协会章程》，《道路月刊》第3卷第3期，1922年11月15日，"章则"之第1页。《道路协会章程摘录如左》，《道路月刊》第41卷第3期，1933年10月15日，"征求会员大会特件"之第5页。

[③] 《致各省省长的公函》，《道路月刊》第11卷第2、3期合刊，1924年11月15日，"文牍"之第1页。

[④] 参见中国公路交通史编纂委员会编《中国公路史》（人民交通出版社1990年版）、完颜绍元《王正廷传》（河北人民出版社1999年版），以及王利娟《民国时期王正廷道路建设思想探析》（《宁波经济》2011年第1期），法国学者白吉尔《中国的工业化与道路建设（1917—1922）》（《国外中国近代史研究》1933年第23辑），汤建强的硕士学位论文《中华全国道路建设协会研究》（华中师范大学，2014年）。需要指出的是，汤文对于该会在民国市政发展方面的重要影响，并未给予关注。另外，赵可《市政改革与城市发展》（中国大百科全书出版社2004年版，第120—121页）亦未就此展开论述。而曾任该会《道路月刊》编辑部主任的陆丹林，曾经写过一篇回忆性的文章《王正廷与中华全国道路建设协会》（载全国政协文史资料委员会编《文史资料存稿选编》第19辑《军政人物》（上册），中国文史出版社2002年版），也没有专门论及该会的市政贡献。

一　中华全国道路建设协会对
民国市政发展的贡献

中华全国道路建设协会（以下简称"道路协会"）的市政参与，积极而有力地推动了民国市政发展。[①]

（一）开民初市政革新之风气

民初的市政革新运动兴起很大程度上就是通过道路协会宣传拆城筑路实现的。由于道路协会的积极倡导，从20世纪20年代开始，全国很快形成了一股拆城筑路热潮。

拆城筑路宣传引起了拆城与保城的争议不断，而这种争论的结果是全国舆论越来越倾向支持拆城筑路，只不过对于拆的程度——是全拆以筑路还是部分拆以保留一点古迹。这就为各城市兴办路政创造了良好的舆论环境。

拆城筑路宣传使市政当局以不拆城为失职和有负民望。在一片拆城筑路和革新市政的舆论声浪中，一些保留城垣的地方市政当局感受到越来越大的压力，市政人员也越来越以拆城筑路为应尽之责。如：鄞县市政筹备处为拆城筑路而组设的特别审查会报告说，在市政范围中"拆城筑路，实为最急最先"，不拆城不足以负市民之期望。[②] 为此，该处制订了拆城筑路的通盘计划。这个计划很可能是宁波属县最早的市政革新规划之一。

一些暂时不能拆城的地方，为了方便城市交通，拆毁部分城墙，增辟城门。大规模拆城前的昆明、苏州、无锡等城市即是如此。对于这些城市而言，增辟城门便利了交通，为日后市政当局进一步拆城筑路和革新市政打下了一定的基础。

[①] 笔者另有文《中华全国道路建设协会的市政参与及其对近代中国城市化的影响》阐述了该会及《道路月刊》的基本情况，梳理了该会的市政参与活动，即大力制造市政革新舆论，发行路市政专刊专著以备市政参考，提供市政咨询并介绍市政人才，维护市政主权等。

[②] 《各省市政近况》，《道路月刊》第6卷第1期，1923年6月15日，"调查"之第13页。

有的城市社团因看到了拆城对于城市发展的好处，遂将市政得以发展的主要原因归结为拆城。如苏州救火会认为松江、上海、昆山等处正是因为拆除了城垣，市政尤其是火政发展蒸蒸日上，就主动请求拆除苏州套城。①主张拆城筑路的苏州救火会成为革新苏州市政的推动者。

正是在一片拆城筑路的舆论声浪中，一批城市如杭州、南昌、无锡、广州、安庆、九江、南通等，陆陆续续拆去城垣，修筑马路。到了1928年前后，各地拆城消息"书不胜书"②，全国形成了一个拆城筑路的高潮。

就近代中国城市发展的总体情况来看，很多城市的大规模市政革新就是从拆城筑路开始的——民初办理市政的人员就已经意识到了"各省市政，往往从拆城筑路起"③，前述城市莫不如此。因此，拆城筑路运动实际上成了民初市政革新的重要先导，道路协会在民国尤其是民初市政革新运动中起着开风气的先导作用，而其在民国中期的筑路宣传则对当时的市政革新运动起着推波助澜的作用。

（二）启动现代城际交通，促进城市公共交通事业发展

道路协会对筑路的提倡，得到了山西、山东、江苏、浙江、广西等省的积极响应，而广西筑路进步堪称迅速——至1933年已筑成公路6531公里，完成了该省公路规划里程8999公里中的72.6%。④1921—1933年间全国道路里程增速较快，从宣传筑路之前的1921年的1185公里，增加到1933年的98161公里，共计增加96976公里。⑤虽然无法从上述数据得知中国城市道路进步的情况，但这必定促进城市道路的开辟、城市道路交通的进步和城际交通的开启。因为这些道路的连接点主要是省城与省

---

① 《苏省拆城筑路三则》，《道路月刊》第10卷第1期，1924年6月15日，"调查"之第2页。
② 刘矩：《路政前途》，《道路月刊》第25卷第3期，1928年11月15日，"论著"之第2页。
③ 《市政员对市政意见》，《道路月刊》第7卷第1期，1929年9月15日，"调查"之第11页。
④ 《全国公路历年成绩及统计·二十二年度中国各省公路统计表》，《道路月刊》第43卷第1期，1934年3月15日，"特载"之第19页。
⑤ 《全国公路历年成绩及统计·民十后公路历年调查表》，《道路月刊》第43卷第1期，1934年3月15日，"特载"之第18页。

城、省城与县城、县城与县城，以及县城与比较繁盛的市镇，有的城市正是为了接通国道或省道、县道而增辟城门甚至拆除城垣的。

道路协会对于长途汽车交通的提倡，推动了中国长途汽车事业的发展。该会首先直接促成了沪太长途汽车公司的诞生——为其募集资金，该公司负责人洪伯言就是道路协会的职员。这是中国第一条城际长途汽车。也就是说，道路协会启动了中国现代性的城际交通。

紧接其后，上南、上川、南通、余杭、沪闽南柘、苏杭湖、津京等长途汽车公司纷纷筹办和创立。1925年，各地会员筹设长途汽车公司共计80余处，开业者达30余处。①到1928年、1930年，全国长途汽车公司分别共计150余处、380余处。②由于长途汽车的起始站点基本上就是省城、县城和繁盛市镇，运行线路是省城—县城—市郊，日益增加的长途汽车公司与长途汽车的通行，毫无疑问地促进了城际交通（尤其是省城到县城间的交通）的发展，同时也促进了城市公共交通事业的发展。

（三）促使中央政府作出促进改良市政的决策

道路协会的市政参与还促使中央政府作出革新市政的决策，从而推动了民国时期的市政变革，促进了当时的市政发展。

道路协会开出的一个"重要文牍"清单中，一部分条目内容就是有关其促使中央政府作出改良市政的决策：（1）函请内务部统领各省市政机构速设模范育婴院部覆已通令各省照办由；（2）函请行政院通令各省府仿照苏省实行征工筑路由；（3）函请行政院通令内政部召集全国市政会议与铁道部召集全国道路联合会议由；（4）函请教育部通令全国中等以上学校增设路市两政及土木工程专科自制汽车开采石油各科以应时城需而挽利权经荷复函存备参考由；（5）路市展览大会确定开会时期呈请行政院备案并通令各省市所属机关赶制陈列物品以壮观瞻而资比较观摩去后选接各省市政府建设厅管理局与驻外各使领署来函均愿从事征集筹备送会陈列由；（6）决定路市会议举行时期呈请行政院通令各省市政府届时选派专家

---

① 《致段执政函》，《道路月刊》第12卷第2期，1925年1月15日，"文牍"之第1页。
② 刘郁樱：《新年致读者》，《道路月刊》第29卷第2期，1930年1月15日，"论著"之第2页。

出席共同研究讨论策进全国路市一切重要问题由;(7)呈函行政院及各市政府根据路市会议所决议各案斟酌当地情形采择实行以促进路市交通而利民行经接复函查照办理由。①

按:条目(3)后来得到回复,内政部已决定召集全国市政会议,铁道部召集全国道路会议。条目(4)意在培养路市政专门人才,落脚点还是在发展市政。条目(5)中"比较观摩"的主要目的之一就是促进各地方市政当局革新市政。条目(7)中所指的全国路市会议的有关促进市政发展的一些决议案,由行政院通令所属遵照办理,或通令各市政府斟酌地方情形进行办理。如:各省就省会及工商繁盛之区建立一市,不设处局只分科办事以为各县日后创办市政之模范;设立市政传习所,以培养市政人才②;提倡市办公用事业;各省修路应与矿区联系以期相济为用;改良土路及渣石路面;严令取缔军警民团无票乘车及自由借用车辆。③

从上述列举与说明可知:道路协会的确在促使中央政府作出改良市政的决策方面,起到了积极的推动作用。

(四) 对地方市政当局开展市政革新起着积极引导作用

道路协会的市政参与还对地方市政当局开展市政革新起到积极引导作用。道路协会对成都市政的影响,就很能说明这个问题。川军将领之一——杨森,很想在市政方面有所作为,他任重庆商埠督办期间,在市政建设方面虽非一无是处,但因是市政门外汉,又缺少市政方面的高参,而于重庆市政发展无大的贡献,以至于被讥讽为"多更张而少系统,实系一破坏家,绝对非建设家"④。道路协会派会员陈维新入川,陈于1923年冬在成都成立了道路协会四川分会。此时,杨森督理四川军务善后事

---

① 《本届执行董事会暨干事部十四周年纪念总报告书·十四年来经办各种重要事由分类摘要录(民十至廿三年一月底止)》,《道路月刊》第43卷第1期,1934年3月15日,"特载"之第4—7页。

② 《路市会议提案将见实施·各部省市府分别采择办理》,《道路月刊》第36卷第1期,1932年1月15日,"会务纪要"之第1—2页。

③ 《理事会议决案·行政院令行所属照办》,《道路月刊》第36卷第1期,1932年3月15日,"会务纪要"之第1—2页。

④ 《渝埠之市政》,《道路月刊》第11卷第2、3期合刊,1924年11月15日,"调查"之第13页。

宜，驻节成都。陈遂成功鼓动杨森及其他川中将领修筑川路。次年，成都市政开办，成灌、成简马路相继规划进行修筑。结果，川路建设锐进，成都市政得到较快发展。到1928年，"市政粲然，县道平夷，万商云集"。曾经与陈维新一起指导和宣传路政、市政长达6年之久的道路协会驻川代表——金豹庐认为，这样的结果应归功于"协会同仁之主持总枢，先声夺人"①，即道路协会方面的提倡与指导。对于该会对各地市政革新积极的促进作用，上海市市长张群1931年在道路协会上海路市展大会开幕致辞中进行了充分肯定，认为该会在诸如为各地贡献市政人才、市政发展计划，提供市政参考和指导等方面对市政革新发挥了积极的推动作用。②

道路协会出版的《道路月刊》《市政全书》等路、市政书刊，也推动着地方市政当局革新市政。由于《道路月刊》的发行广，影响大，它对全国各地市政的褒与贬，都会引起各地方市政当局的注意，这就使得被褒者受到了激励，被贬者也难以无动于衷，必待改进而有所交代，从而在无形之中对各地方市政起着鞭策作用。1930年，《道路月刊》连续发表短评，批评成都市政的腐败。对此，成都市政当局不得不做出回应，表明自己正在积极整顿道路，并已拟定了清洁市街计划。这实际上是针对批评而积极筹划如何整顿市政。③这个例子很好地说明了道路协会的市政宣传，的确起到了引导和促进各地方市政当局开展市政革新从而对民国中期的市政革新起了推波助澜的作用。

道路协会的市政参与对民国市政发展的积极推动作用，受到了外界的好评。1924年，道路协会的名誉撰述、英国人N. E. B. Ezra充分肯定该会的市政参与对中国市政发展的推动作用，认为道路协会是提倡道路建

---

① 金豹庐：《六年来蜀道建设的回顾》，《道路月刊》第25卷第3期，1928年12月15日，"论著"之第6页。

② 《路市展览大会开幕志盛》，《道路月刊》第35卷第1期即《中华全国道路建设协会路政展览、会议特刊》，1931年10月，该篇之第5页。

③ 参见《呜呼！四川市政》《短评·成都市政之腐败》《市政建设·成都市工务局整顿环城马路》《市政建设·成都市政府拟定清洁市街规则》，诸文分别见于《道路月刊》第31卷第2期（1931年9月15日，"杂俎"——缺页码标记）、第31卷第3期（1931年10月15日，"杂俎"——缺页码标记）及第32卷第1期（1931年11月15日，"调查"之第12—14页）、第32卷第2期（1931年12月15日，"调查"之第7页）。

设事业的"唯一中心处"。在民国中期,道路协会还被国人认为是"路市两政建设之导师"。①

值得注意的是,道路协会的市政参与对民国市政革新与发展的推动,是当时任何专门性市政研究组织,如:中华市政学会②、北平市政问题研究会及后来的中国市政协会等,所无法企及的。故就学术性社团组织范围而言,道路协会是近代中国民间参与市政的一个比较成功的典范。

综前所述可知,道路协会实际上成为民国市政发展的重要推手。但需要指出的是,道路协会的市政参与也存在很大的局限性。如:该会最初的拆城筑路宣传,对于城垣不加分别地鼓动拆除,显然失之矫枉过正。同时,道路协会对市政的参与始终感到力不从心,难以兼顾市政建设整体。不过,如果我们回到历史的情境中,观照该会服务于路市两政的立会宗旨,就会对其存有的局限多一分同情与理解。

二 中华全国道路建设协会成功参与市政的主要原因

(一)能够在特殊的政治生态下因势利导而行

对民初的中央政府而言,本应履行其政府职能,开展道路建设,发展交通事业,但因其可资利用的资源——包括资金、管理资源严重匮乏——缺少现代市政管理经验和知识,故力不从心或心不在焉。同时,中央集权的荒废,中央政府很难有落实政令的能力。尽管如此,作为中央政府,它却不能无视来自地方和民间的合理的利益诉求。毕竟,它还能够为民间组织之所不能为,能够颁行民间所无法颁行的政令,给予民间以政策性扶助。地方政府尽管各省各自为谋,在地方建设方面困难重重,但是它们也拥有不为民间所有的行政资源。并且,地方市政当局不

---

① 郁樱:《参观上海国运中之道路协会陈列所》,《道路月刊》第30卷第2期,1930年5月15日,第9、11页。

② 据赵可称,该会系道路协会下属组织(参见《市政改革与城市发展》,中国大百科全书出版社2004年版,第120页),但笔者尚未找到相关印证材料。

能没有民间或地方社会的支持，在市政方面不能无动于衷，对活跃于全国和地方的民间力量不得不有所借重，对它们的呼声不能不有所回应。就民间社会而言，其在民初获得了相对自由的社会活动空间，有可资利用的社会资金和优质人力资源——一批懂得现代市政管理知识和道路建设的专门人才——尽管并不充足，并且积聚了相当的社会动员能量，但却缺少政府手中的公权力。总之，民初的国家与社会之间形成了一种特有的互补互制的生存机制。

到了民国中期，随着党国政治的强化，虽然国家的力量在不断扩充，但因政治运行在理论上没有完全偏离孙中山三民主义的仪轨，一时还有些包容民治的真精神，故民初建立的这种国家与社会之间的互补互制的生存机制，尚未完全遭到破坏。

在民初，中央政派分立，政潮迭起，地方军政势力各是一方，争斗激烈。故任何牵涉政治纷争的民间参与，都可能使良好的市政参与努力最终难有作为。在民国中期，国家力量总体上呈现强化之势，对于民间社团组织的监控不断强化，后者如果表现出侵夺国家管理权力的趋势，则必将因不为强势所容而无所作为。因此，对于道路协会而言，要想在路市政建设方面有所作为，必须因势利导而行，而其中的一个关键就是，绝对不能卷入政治斗争的旋涡，不能触碰政府不欲被触碰的政治高压线。故道路协会屡屡表示自己关注和倡导的是路政、市政，在现实的政治上取超然态度，会务进行"不涉政治问题"①，否则"恕不登录"②。由此避免了卷入政治斗争的旋涡。

同时，道路协会还很善于利用国内形势的变化，进行有针对性的宣导，始终保持会务的发展朝着推进市政革新的方向发展。在道路协会成立之初，国内"废督裁兵"的呼声甚嚣尘上，而地方自治运动恢复。于是，该会大力宣扬兵工筑路救国，拆城筑路，发展市政；随着地方自治运动的高涨——一段时间内以"联省自治运动"的形式表现出来，

---

① 吴山：《本会进行计划书》，《道路月刊》第3卷第3期，1922年11月15日，"论著"之第8页。

② 《本会征求文件广告》，《道路月刊》第2卷第1期，1922年6月15日，"选论"之第8页之补白处。

城市自治呼声的增强，市政革新力量的壮大，它又大力提倡修筑省道，宣导发展市政。到了民国中期，道路协会的市政宣传，又在理论上附丽于三民主义，在事务上继续为政府提供智力支持，更加注意通过争取中央政府的决策支持推行自己革新市政的主张。如此等等，都表明道路协会在市政参与的过程中，始终能够因势利导而行，表现出高超的参与智慧。

（二）依托各界名流、借助分会以推动市政革新

道路协会在市政参与的过程中，还能够广泛联络各界名流，充分地利用其所拥有的各种资源，依托名流壮大声势，积极促成省、县分会，借此推动市政革新。

这些名流包括党、政、军、工、商、学等各界人士，既有一国之元首、权倾一时的军阀，又有富甲一方的绅商，拥有声望的大学校长，以专才见长的路市政专家，还有省、县、市的职员，以及海外华侨和在华西人等。

名流入会的形式，多为道路协会邀请其为总会中的名誉正、副会长，名誉董事、永久会员等，或为分会的名誉正、副会长，名誉董事。在分会成立以前，多以名流为分会筹备群体的负责人或筹备员。故道路协会的名誉正、副会长，名誉董事、永久会员，多为军、政、商、学等各界的头面人物。而分会负责人或名誉负责人，则多为地方军政实力派人物。遍查各道路分会，几乎莫不如此。

道路协会如此作为，与会长王正廷的会务发展主张密切相关。他主张联络在全国或地方上具有实力和影响力的人员，只要他们公正明白，热心公益，就不妨与之携手。并自信道路协会所作所为，事关国家社会大利，"其人亦断无不乐赞助之理"[①]。

道路协会对各界名流的借重，对成立分会的重视，争取城市绅、商的支持，地方军政势力和中央大员的护持，乃至中央政府的政策支持，架起了联络和沟通国家与社会之间的桥梁，最大限度地实现了化阻力为

---

① 《北京分会筹备详情》，《道路月刊》第 6 卷第 1 期，1923 年 6 月 15 日，"纪事"之第 5 页。

动力，最终使市政宣传逐渐变为市政发展的现实。同时，分会的建立，使道路协会撒布了路市政宣传和路市建设的推广网络。分会成立后，道路协会的路市政参与得以延伸到县、市。分会的筑路或筹划筑路等活动，推动了各相关县城和市区的道路建设。

（三）采用灵活多样的宣传方式

为了制造市政革新舆论，道路协会采取了多种宣传形式。根据道路协会自己的总结和《道路月刊》的相关刊载，笔者将这些形式归纳为两大类：一类是集会宣传；一类是书报宣传（见表1）。通过多种多样的舆论宣传，道路协会不但扩大了自身影响（包括《道路月刊》的影响），还使得市政宣传向全国各地扩展开来，舆论宣传所聚集的能量越来越多，市政革新的理念越来越深入人心。

（四）设法保障基本会务经费并取信于众

道路协会要持续不断地开展会务，参与市政，就需要一定的经费。因此，道路协会一直比较注重筹措经费。它借鉴了基督教青年会的组织形式，发起征求会员大会，以会费为会务经费主要来源，使基本会务经费得到保障。另外，道路协会还不失时机地编辑发行社会急需的路市政著作，且注意推销自己的机关刊《道路月刊》。所以，道路协会的书刊发行费在很多时候（尤其是到了民国中期）成为该会基本会务经费的重要组成部分。此外，道路协会还经常联络各地名流或市政建设机构，争取他们（它们）的捐助，不断地或多或少地使会务经费得到必要的补充。

道路协会对于会务经费开支坚持量入为出的原则，对财务实行诚信管理。经费均要经过收支预决算。并且，还要将预、决算情况呈部备案。对于入款，均存入银行，任何人不能自由支取挪用。支款必经会长与主干同时签名盖章，另用单据说明支出事由，由会计董事稽核及经手人签名盖章，归档存查。每年度要特别召开执行董事会议，公推审查员四人，详细稽核全年收支各簿记及单据种种，如有错误，即由经手人与主干负责赔偿。如果钩稽无误，再开执行董事会报告，一同签名盖章，最后将预、决算表及收支基本情况登载在各刊报上。因此，凡是该会有关银钱收支手续都异常繁重,但多年下来毫无蒂欠。①

表 1　　　　　　　　全国道路建设协会路市政宣传形式

类别			具体宣传形式及相关信息
集会宣传	演讲	名流演讲	邀请社会名流演讲
		学生演讲	开办演讲竞赛
			开展假期演讲——函请各大学学生赴各省旅行演讲
		露天演讲	由道路协会派员分赴各省各地演讲
		学校演讲	由各校邀请道路协会职员演讲,或由道路协会函请学校听讲
	会议	常会	每年征求会员大会
		特别会议	临时性征求会员、主持召开全国路市政会议等
	展览	年会成绩展览	每年举办年会时进行成绩展览
		征求大会路政展	每年征求会员或临时性征求会员的时候举办全国各地道路建设成绩展览
		永久展览	在上海总商会商品陈列所三楼设陈列室;赠送陈列品与西湖经济学会图书馆等
		临时展览	路市成绩特展,如道路协会成立10周年时举办路政市政工作成绩展览
			道路协会参加各地重大集会,展出自己的工作成绩
	演剧	新剧	剧本有《行路难》《越界筑路之一幕》《最后的光荣》等
		影片	由天一公司制作的兵工筑路影片等
书报宣传			道路协会自己发行《道路月刊》《道路丛刊》《道路全书》《市政全书》等书刊,道路协会下的部分分会也发行书刊,同时借重海内外各地的报纸进行宣传(这些报纸或进行报道,或转载道路协会出版物中的文字,或特辟相关副刊——如《申报》就辟有两个相关副刊"汽车增刊""道路专刊")和各地建设机关发行的书报

资料来源:道路协会撰写的《造路运动统计·复中国国民党中央执行委员会统计处》,(《道路月刊》第32卷第2期,1930年12月15日,"论著"之第8页),《道路月刊(路市政展览、会议特刊)》(第35卷第1期,1931年3月15日)及该刊所载其他相关信息。

---

① 王正廷:《本会十年来纪念之回顾》,《道路月刊》第29卷第3期,1930年3月15日,第3页。

道路协会的上述所为使会务经费基本得到保障，其路市政参与也得到了公众的信任。因此，尽管当时政争和灾变频仍，该会工作却并未中辍，其市政参与活动得以持续开展，从而为其成功开展市政宣传打下了必要的经济基础。

　　此外，该会中坚分子王正廷、吴山等职员勇于奉献与牺牲，有的甚至为了操持会务而家败人亡。[①]正是他们保障了会务的持续运作，为道路协会成功地参与市政奠定了坚实的人事基础。该会还高张民族主义大旗，有效地激励着国人着力于市政，从而达到促进市政发展的目的。

三　结语

　　在近代中国，由于社会力量的发育与壮大，地方自治运动的断续展开，国家与社会呈现出分离的趋向，城市社会对于市政民主化的要求逐渐强烈，在一定程度上对国家施政起着制衡的作用。另外，由于集权的相对衰弱和社会力量发育得还不够强大，国家与社会双方在相当一段时间内都无法独力主导市政改革，实现国家、社会和城市由传统向现代的顺利转型，加之来自社会内部对于发展城市的强烈诉求，民族主义对以政府所代表的国家的强烈影响，又使得国家和社会两者之间呈现出一种相互扶助的积极互渗互补状态。中华全国道路建设协会的市政参与，就很好地体现出处于20世纪20年代至30年代初的国家与社会两者之间的既趋向分离又无法彼此断然割舍的互渗互补状态。同时，在近现代社会，民间市政参与的广度和深度在很大程度上是衡量一个城市乃至整个国家现代性强弱的重要尺度。就近代中国而言，虽然民间市政参与的广度和深度随着民国中期以后国家力量的增强而有所减弱，但是其市政参与的价值是难以否认的——近代中国城市与国家现代性的获得，在很大程度上就是通过来自社会的民间力量的市政参与实现的。

---

① 王正廷：《本会十年来纪念之回顾》，《道路月刊》第29卷第3期，1930年3月15日，第4—5页。

模拟市政：近代中国的学校市[①]

20世纪初年，在中国的学校里出现了一种新的学生组织形态——学校市，它是西式市政引入中国之后国人学习与实践市政在校园里的表现。对于作为组织形态的学校市，既有的学术研究成果只是在探讨近代中国学生自治、学校教育革新的时候涉及这个问题，但这些研究成果并未对其特殊的组织形式给予关注，大多笼统地将其概括在学生自治会这个组织之下。而相当一部分研究者甚至根本就没有注意到这个名词。换言之，既有的研究基本上是从学校教育与学生组织的角度认识学校市这种特殊的学生自治组织，对学校市并未引起足够的重视。不过，学校市作为近代中国人学习和实践西式市政的一种特殊表现形式，其对于近代中国社会发展的影响，并不止于学校教育层面和学生组织层面。如果我们从市政传播的角度来探讨近代中国的学校市，则有可能获得新的认识。[②]

[①] 本文系"中国与世界：多维视野下的中国城市史研究"会议参会论文，载《中国与世界：多维视野下的中国城市史研究会议论文集》（四川成都，2018年10月，第314—332页）。兹系首次公开发表，对资料有校正。

[②] 目前已经公开发表的有关近代中国学校市的成果主要有两篇论文：李林撰《学校市：民国时期一种"学生自治"的实践及得失》（《中国近代史》2020年第3期）、芦正芝与洪松舟合撰《"学校市"：杜威"学校即社会"的本土化实践——秀州中学早期办学思想和教育传统研究》（《教育理论与实践》2009年第17期）。两文论述的角度分别为公民教育与学校社会化、国外教育理论本土化实践。本文则将学校市作为近代中国特殊的市政实践形式，探讨西式市政本土化在学校这个特殊场域的表现，由此展现西式市政在近代中国的传播及其影响。

一 民国校园内的两个场景：一场会议与一场选举

场景之一："市政府"的"行政院"会议

1930年4月19日，广东台山县台山中学的一小群人正在召开一场行政会议，主持会议的是（市）"行政院"，该会议记录如下。

四月十九日行政院第三次会议录

出席者：何锦周　黄安民　陈汝舟　谢锦添　李锡英　曹伯森
　　　　雷华强
主席：黄安民
记录：何锦周
主席恭读总理遗嘱

议决事项

1. 关于厨房承商人朱昌荣呈请辞职案
   议决：召集全体市民大会解决之
2. 关于财政局长提出本市预算案
   议决：照案修正通过转咨立法院核准施行
3. 关于教育局长提出民校预算案
   议决：照案修正通过转咨立法院核准施行
4. 关于公安局可否速定洗衣保证办法以维公安案
   议决：召人承应在办以每月十元为饷金交公安局长照案执行
5. 关于本市所欠同文公司之经费应如何摊还案
   议决：暂向学校借拨摊还由市长负责办理之
6. 关于本校校长出洋筹款本市可否依半月刊期限特出专号以广宣传案
   议决：照办

7. 关于出专号时款项如何筹措案

议决：除本市预算外不足时应由市长负责向学校交涉拨足①

从该会议记录的情况来看，会议议决事项多项：召集"全体市民大会"解决（学校）厨房承包商呈请辞职案、修正通过"财政局长"提出的"本市财政预算案"并转咨"立法院"核准施行、修正通过教育局长提出的"民校预算案"并转咨"立法院"核准施行（按：民校是该学生组织开办的补习学校）、由"公安局"执行承应学生洗衣的商家每月缴纳10元饷金一事，暂时向学校借款、由"市长"负责摊还"本市"所欠同文公司欠款，出半月刊专号宣传校长出洋筹款事迹，专号出版经费在"本市"预算不足时由"市长"请学校补足。议决时涉及的"本市"机构有"全体市民大会""立法院""财政局""教育局""公安局"，涉及的官员有"财政局长""教育局长""公安局长"和"市长"。

与会的这一小群人不是该校的教职员，而是该校某学生组织的职员，他们召开"本市"行政部门会议。并且，这已经是该部门的第三次行政会议了。从会议议决的情况来看，该部门俨然是一个市级最高行政机关，而它所属的机构，自然就是"本市"的市政府了。

学生组织召开"市政府"行政会议，这可能吗？

场景之二："市长大选举"

1934年某月某日（大约为春季开学），某校（笔者按：该校很可能在浙江省境内）正在举行一场竞争激烈的大选举。事后，这场选举如实而生动地被记录在浙江杭州出版的《学校生活》周刊（笔者按：该刊编辑对于投稿文字的要求就是"内容必须真实、生动、有趣"②。）上，其原文如下：

市长大选举

梅 萼

校内有左右两派。

---

① 《四月十九日行政院第三次会议录》，《台中半月刊》第22期，1930年5月1日，第47页。
② 《从编辑室放送》，《学校生活》第75期（1934年3月31日），第11页。

×月×日市长大选举。

两派人员一大淘（笔者按：上海话，即一大群）群集纪念厅，首先选举临时主席：

"吕××——吕××……"左派的呼声。

"江××——江××……"右派的呼声。

声音够纷扰，纪念厅乱到一团糟。

代理训育主任老丘，坐在一旁，想开口，又怕开口。

"维持秩序！"××级著名大炮手，喉咙像张飞，吓住了小鬼躁。

镇静下来表决，吕××当选临时主席。

左派大示威，掌声欢呼声像春雷。

吕××当然上台。

是时也，才正式选举市长。

纪念厅内东一堆西一堆杂声像出狱的囚犯那么乱。

"××，你们一级选举谁？"右派运动（此非指操场中之运动者。）股股长象限想来拉票。

"别管吧，我们有自己的意志。"

象限碰着一鼻子灰。

我们哄堂大笑啦。

"××，你们一级选举谁？"左派探目接踵而求【来】。

"去，我们不是被人利用的傀儡呀！"

探目又讨着没趣走了。

"唉，中国一辈子是休矣哉，未出世的青年，为着自治会中的一个市长，竟想拉票贿选，何怪此前有那种猪仔议员呵！"

你们一级的人转到叹息啦！

开票啦！

报票员是肺病阿二，喉咙真低。

"报响点，报响点……"

全堂又大哗起来。

"不要乱！"老丘勉强起来维持秩序，不等全场肃静下来，又坐了下去，金自仰头望着屋顶。——哼，自己为什么不知道惭愧哟！

……

仿佛如梦般的开完了票。

吕××以四十七票当选为××市市长。

左派大胜,奏凯而回。

右派齐忿,一个个都有点像勇敢的战士。

我们中间分子,不快乐不忿愤,只觉到所谓是国家未来的柱石的中国青年,是深深为中国的环境所征服了。①

原来,学生们是在模拟进行"市长大选举",一场"真实"的"市长大选举",而"市长"所在的学生组织被称为"自治会"。这是否意味着该(学生)自治会就是"市政府"?

如果我们翻阅有关民国时期学生自治组织的资料,那么,对于上述两个疑问,就不难做出肯定的回答。前一个场景中的学生组织所在的"市政府",与后一个场景中的学生"自治会",其实有一个通用名——"学校市"。前一个场景是广东省台山县台山中学学生召开他们的学校市市行政会议,后一个场景是某校中学学生选举他们组织的学校市的市长。现有的资料显示,类似的场景在民国中期的校园并不少见,在民初的校园里也不少见。

那么,什么是"学校市"?它是如何被译介到国内并兴盛一时的?其组织形态的发展变化反映了什么?这将是本文要论述的核心内容。

二 民国时期学校市译介的概况

学校市(School City)组织渊源于欧洲而曾经在美国兴盛一时,其组织的精神实质是学生自治。在清末地方自治运动将兴的时候,学生自治已被介绍到国内,"在报刊传媒的影响下,全国各个省市纷纷建立学生自治会,甚至中小学也效法创办学生会"②。而学校市作为一种特殊形态

---

① 梅萼:《市长大选举》,《学校生活》第75期,1934年3月31日,第8—9页。民国时期文献中的小学新生一般被称为儿童,而该选举纪实内容称参选学校市市长的学生为"未出世的青年",即尚未走入社会的青年,据此推断该校当为中学。

② 谢雯:《清末至民国时期高校的学生自治发展历程研究》,《高等理科教育(兰州)》2018年第3期。

的学生会——一种模拟市政组织的学生自治团体，也在清末被译介到国内。

1903 年，《新民丛报》报道说，美国学者毅尔倡导"学校都市"（School City），美属古巴及美国本土都市如纽约、拉特尔等城市均据此予以推行。报道还介绍说："所谓学校都市者，使各学之学徒自为市民之组织，由此市民公撰【选】市参事员，又由市参事员公选市长、判事及他行政吏、司法吏。市署内吏员、僚属皆由市长自由任免、黜陟。"① 从该报道的标题《学校之自治政府》及介绍的内容来看，译介者对学校市内涵的把握是相当准确的。

第一次世界大战爆发后，世人开始反思独裁政治，提倡平民政治。而国内在此期间又经历了洪宪帝制及其失败，地方自治运动受挫，宪政问题受到国人重视。1917 年，一位署名天民的人在《教育》杂志上发表文章《学校市之组织》，称当时的有识之士"为养成国民之立宪思想计，盛唱学校教育宜加入宪政教育之说"，教育界对于学生组织问题研究已久，但并没有找到适当的方案，或者浅浅尝试就失败了，而"近时美国学校市之组织法良意美，于宪政教育上大有足供参考之价值"；学校市是中国欲效法试行的，应该加以研究。文中具体介绍了美国阿塞奈尔学校市宪章，并认为如果中国学校实行学校市训练并指导得当的话，对于宪政教育必有裨益，希望学校中的实践家对学校市予以研究。② 这是首次以"学校市"为名介绍西方的 School City。同年稍早的时候，任民在《进步青年》杂志上介绍了美国人史密斯在学校指导学生组织学校市、开展训练学生自治实验的情况。③

五四运动以后，全国地方自治运动又逐渐高涨，学生的自治意识进一步增强，大规模学潮的潮涨潮落，进一步刺激中国教育界研究学生的训育问题，促使教育工作者尤其是教育家们纷纷关注学生自治问题，"于

---

① 《学校之自治政府》，《新民丛报》第 36 期（1903 年 6 月 29 日），"杂评"，第 3—4 页。
② 天民：《学校市之组织》，《教育杂志》第 9 卷第 7 期（1917 年 7 月 20 日），"实验"，第 124—130 页。
③ ［美］史密斯：《学校编制中学生自治之实验》，任夫译，《青年进步》第 3 期（1917 年 5 月），"智育之部"，第 1—4 页。

是学生自治成为一个新流行的极时式的名词"①。在这种情况下,教育家探讨组织自治市或学校市以训育学生的问题,美国学校市的相关信息遂进一步被介绍到国内。如:《北京大学日刊》在 1920 年多日连载介绍美国学生自治制②,《教育杂志》以欧美实行学校市为新潮,介绍美国的学校市(有时也译介为"学校城"③),等等。

由上述可知,近代中国学校市的相关信息是从美国译介到国内的,美国成为学校市译介的最重要的信息源;学校市的译介与国内社会运动(如地方自治运动)、政局与社会变动(如洪宪帝制、五四运动及学潮)、教育革新运动的影响,以及欧美国家尤其是美国的学校教育改革、第一次世界大战的影响等密切相关。

三 民国时期学校市发展的概况

作为组织实体的近代中国学校市,最初脱胎于学生自治会,兴盛于民初,部分蜕变于民国中期。

(一) 民初学校市的兴起

学校市组织实体在国内初始出现究竟是什么时候?这是一个尚待考证的问题。不过,学校市曾在民初兴盛一时,则是毫无疑虑的。

民国建立以后,学生自治会成为学校中最常见的学生社团组织之一。而作为学生自治组织形式之一的学校市,往往脱胎于学生自治会,例如江苏省立第二师范附属小学校于 1912 年春就建立了学生自治会,到了 1919 年 8 月,改组为学校市。④而民国时期所有的学校市均并被视为学生自治组织,则更可概见学校市脱胎于学生自治会的精神实质。

---

① 黄炎培:《"学生自治号"发行的旨趣》,《教育与职业》第 16 期(1919 年 12 月 31 日),第 2 页。

② 《美国学制述略·美国学生自治制》,《北京大学日刊》第 520—527 期(1920 年 1 月 21—29 日),第 4 版。

③ 《欧美教育新潮·美国一个学校的学生自治制》,《教育杂志》第 13 卷第 5 期(1921 年 5 月 20 日)。

④ 参见《江苏省立第二师范附属小学校校友会杂志》第 1 期(1920 年 3 月),第 63—64 页。

在洪宪帝制失败之前，学校市虽已萌生，但毕竟少见。1915 年，江苏省立第五中学校的学生自治会就设置有议事部和董事部。两部的设置显然是模仿清末以来议行两分的地方自治组织的组织形式。当时，部分中国人心中虽然已有"市政"或"市政公所"等相关概念，但是因市制的缺乏，主持市政的政府机构尚无"市"的建制——不是市政府，故而此时的学生自治会还只是学校市的雏形。

第一次世界大战爆发之后的 1917 年，"学校市"概念被正式引介到中国，得风气之先的上海可能是最早诞生学校市的中国城市。1918 年 9 月 8 日，中华职业学校在上海建立。10 月 10 日，中华职业学校学校市成立，因是职业学校的学校市，故名为职业市。次月，江苏省奉贤县立第一高等小学筹组学校市。12 月 1 日，该校正式建立学校市——奉贤市（以校址在奉贤故）。① 1919 年，江苏省立第三师范附属小学校建立了模范村② （按：模范村系学校市的别名之一）。同年 8 月，江苏省立第二师范附属小学改学生自治会为勤敬市。③ 12 月，浙江嘉兴秀州中学成立了学校市。④

五四运动以后，各地教育家向中华职业学校索要自治组织法作为参考。⑤ 可见，中华职业学校职业市起到了很好的示范作用。其后，学校市在各地尤其是江浙地区纷纷出现，从而开始进入兴盛期。其间，北京政府于 1921 年 7 月 3 日颁布了中国首个全国性市制法令——《市自治制》。日益高涨的地方自治运动尤其是城市自治运动，日益强烈的学生的独立自主与民主自由意识，推动着更多的学校市建立。

至 1926 年，各地成立的学校市还有很多，诸如：浙江省立女子师范学校学校市、江苏省立第一女子师范学校中正市、云南省立第三小学校学校市、山东省立第一中学校学校市、国立广东大学附小学校

---

① 参见《奉贤县立第一高等小学校友会杂志》1920 年 7 月第 3 期。
② 据《附录：模范村自治制大纲》，《江苏省立第三师范附属小学校教育会研究报告》第 1 期（1919 年），第 85—91 页。
③ 《江苏省立第二师范附属小学校校友会杂志》第 1 期（1920 年 3 月），第 63—64 页。
④ 窦维思（Lowry Davis）：《嘉兴秀州中学"学校市"概况》，《申报·教育与人生周刊》第 33 期（1924 年 6 月 2 日），第 396—397 页。
⑤ 唐海：《职业市小史（七年十月至八年八月）》，《教育与职业》第 16 期（1919 年 12 月 31 日），"中华职业学校职业市第一年概况"，第 1 页。

市、安徽省立第五中学校学校市、安徽省立第六中学校学校市、河南第一师范附小学校三三市、山西国师小校学校市、江苏省立第四中学校小学部爱华市、江苏省立第四中学校设计部快乐市、浙江吴兴女子师范学校湖市、吴兴县立女子师范附属小学校寿仙市、温州十中中山市①，等等。

值得注意的还有两点，其一，五四运动以后学生运作学校市的自由度较此前更大，学校市的组织不仅更少受到学校行政的约束，还越来越多地干预学校行政，甚至还因自治程度高而被视为旧式学生会的对立面被提倡。1924年，有人主张改造清华学校的学生组织，其办法就是"取消学生会，建设学校市"，其理由之一，旧式现存的学生会既失信于学校，又失信于同学，是"不完全不彻底的自治"，而学校市则可以"增进学生自治事业"②。言下之意，学校市的自治是完全的彻底的自治。从反面印证了学校市具有的高度自治权。

其二，一部分学校的学生会组织实行了改组，但会名还是学生会，其制定的市制与学校市无异。例如：五四运动后，学生罢课，复旦大学学生分会以维持校内治安为己任，设评议、执行、纠察三部，分工办理，效果良好。1920年，设立学生自治会。1922年，又进一步进行改组，"从根本上确立学生自治地位的同时，打破了以往学生只是处于'被管

---

① 分别参见《短评·浙江省立女子师范学校学校市制草案玄庐》(《星期评论》第36期，1920年2月8日，第4版)、《记事·中正市组织大纲》(《江苏省立第一女子师范学校校友会杂志》第3期，1920年)、《省立第三小学校学校市（未完）》(《云南小学教育旬报》第8期，1920年10月20日，第15页)、《山东省立第一中学校学校市组织大纲》(《北京高师教育丛刊》第2卷第5期，1921年10月，"附录"之第33—35页)、《附小消息：附小学校市四周年纪念日之纪录》(《国立广东大学周刊》第32期，1925年11月23日，第3—4版)、《安徽公报》(第1173期，1922年)、《省立第六中学校组织学校市章则》(《安徽教育月刊》1922年5月，第53期)、《第一师范附小学校之现在与将来》(《河南教育公报》第2卷第7期，1923年2月1日)、《各地政教现况撮要·国师小校成立学校市》(《来复》第315期，1924年)、《校闻·小学部·十、爱华市议会开成立大会》(《江苏省立第四中学校校友会月刊》第23期，1925年10月20日，第3页)、《校闻·小学部·（二）设计部近况约述数点如次1. 快乐市组织大纲》(《江苏省立第四中学校校友会月刊》第24期，1925年11月20日，第2页)、《吴兴女师湖市大纲（十四年九月订）》(《湖州月刊》第2卷第7期，1925年)、《吴兴县立女子师范附属小学校概况》(《湖州月刊》第2卷第1期，1925年4月1日)。

② 彭光钦：《清华学生组织之改造——取消学生会　建设学校市（附图表）》，《清华周刊》第326期（1924年11月14日）。

理'地位的传统"①。这样的学生自治会，其实就是学校市。再如：1919年12月，东南大学校长郭秉文废除了学监制，成立学生自治会，实行学生自治会制度，会内组织议事部（立法）、纠察部（司法）、执行部（执法），实行三权分立。②后来执行部下设科理事，一如市政府市行政委员会下分局理事。

综前所述，民初学校市发展至少具有以下特点：其一，从时间上看，学校市兴起于第一次世界大战期间，兴盛于五四运动之后；其二，从地点上看，学校市基本上栖止于城市和富庶的城镇；其三，从地域范围上看，学校市以江浙两省建立最多，众多的省会城市建立有学校市；其四，从设市学校来看，设立学校市的主要是中小学和师范学校（大学本来就少，故从数量上看设学校市的大学少）；其五，从自治程度上看，学校市的学生自治在旧式学生会的基础上普遍得到了发展。

（二）民国中期以后部分学校市蜕变为自治权大为削弱的学生会

民国中期以后，中国进入党国时期。一方面，随着党治政权发展的需要，学校教育被纳入党治之下，被打下党治的烙印。另一方面，由于党国建设的需要，国民党政权力图加强中央集权，通过法制手段对学校教育及学生组织进行规整。在这种情况下，学校市的发展进入了新的阶段。

1927年南京国民政府建立后，为了避免学潮频发，中央政府加强了对学生自治组织的规整。1928年，批准了《学生团体组织大纲》，规定各校成立校长主管的"学生自治会的指导委员会"加强对学生自治组织的监管，"学生自治会的监察，司法及执行委员会之成员由全校学生直选，但候选人必须经过指导委员会基于考试成绩及平日表现进行检查"③。

1930年以后，国民政府颁发了《学生团体组织原则》《学生自治会组

---

① 王长城：《民国上海高校学生自治研究（1912—1937）》，华东师范大学，硕士学位论文，2017年，第35页。

② 张雪蓉：《1920年代我国现代大学学生自治制度研究——以国立东南大学为中心》，《南京社会科学》2006年第12期，第113页。

③ 王长城：《民国上海高校学生自治研究（1912—1937）》，华东师范大学，硕士学位论文，2017年，第35页。

织大纲》《学生训练暂行纲领》等。规定各学校学生应组织学生自治会，并将其功能定位为"辅助学校施之推行"，养成"公共生活之习惯与组织能力"。如果原先有学生会组织，就应一律正名为学生自治会，并依照大纲对组织进行整改，采用委员会制度，避免三权分立制度干涉校政。"中学多遵照两个大纲，取消了学生会的名称，改名组建了学生自治会。"①

1931年春，该学校市"奉令改为学生自治会"②，仍实行委员会制。也有的学校，既按政府要求成立学生自治会，同时又推行学校市，即学校市与学生自治会并存。

从现存的资料来看，民国中期依然有相当一部分学校建立有或保留有学校市，江浙一带尤多。

在民国中期，对于学校市是否适合于儿童的问题，教育界存在着分歧——而民初教育界似乎比较一致地积极主张以学校市（自治市）的形式训育儿童，主张儿童参与学校市实践。持积极主张者，有建议在开展休闲教育的时候组织学校市的，认为实施休闲教育时可以"组织市政府——由各级儿童组织市政府办理一切，如处理同学纠纷，检查厨房，教室，商店，图书馆服务……以养成儿童班上之能力"③。

持消极主张者，则质疑小学校建立学校市的做法："查各校儿童自治之训练，多有市政府县政府之组织，迹其名称，固冠冕堂皇；然揆诸实际，实理有欠适，盖教育之为物，不过于适应环境，而促其进化而已。儿童之生活环境，既为集美学村，而将来之职责，亦莫不为改进学村。故小学自治之训练，自应根据新村之组织，以学村为背境为依据，冶校社为一炉，使富于可塑性之儿童时期，即深植改进学村之根苗，将来献身社会，自可据以服务。至于县市组织，离开儿童想象太远，似无保存之必要。"④

从小学学生会组织的情况来看，至少在一段时间内，江浙一带的小学尚保有不少的学校市。1931年5月刊载的一份上海尚公小学的春季考察报告——《首都暨苏杭教育参观报告》里，就报告有不少的小学学校

---

① 刘京京：《民国前期的中学生自治会》，《现代教育论丛》2016年第5期，第91页。
② 石榆：《编完余话》，《台中半月刊》第30期，1931年3月15日，第123页。
③ 《休闲教育之研究》，《集美周刊》第212期，1929年6月24日，"研究"，第10页。
④ 王秀南：《改进集美学村发凡》，《集美周刊》第245期，1930年5月26日，"著述·专著"，第3页。

市，就是明证。①

因此，一部分很可能是大部分学校市被按照政府的要求改组为党政机构及校方督管下的学生会。②经过规整后的学生会不再具有学校市那样的自治权，或者说，原有的学校市自治权遭到阉割。与学校市相比，经过规整后的学生会相对于学校市而言，发生了蜕变。

四　近代中国学校市组织形态的发展变化

近代中国学校市的组织形态既与生校关系、生师关系密切相关，又与学校市的组织结构紧密相关。从近代中国学校市反映出的生校关系、生师关系以及学校市的组织结构的历时态来看，近代中国学校市的组织形态呈现出不断发展变化的态势。

（一）学校市运作时的生校关系及生师关系

学校市是建立于校内的学生自治组织。学生自治组织的运作就涉及学生自治的权限问题——学校的哪些事务可以归学生自己管理？哪些不能归学生管理？因为学校事务基本与学生相关，所以确定学生自治组织权限是确定学校市自治权限的基础。这就涉及生校关系和生师关系。

学校市又是建立于校内的学生学习和训练市政的特殊学生自治组织，市政的直接监管人员和上级监督"机关"分别是教职员和学校行政机构。而学校市的市政组织如何架构？其市民是否包括教职员？学校市的最高领导者究竟是学生还是校长？如此等等，均涉及生校关系和生师（包括学校职工）关系。

不过，生校关系和生师关系如何，在根本上取决于学校市的治域、市民的范围及校市之间事权的划分。总体来说，学校市的治域与市民范

---

① 尚公小学：《首都暨苏杭教育参观报告》，《小学教育》1931年第1卷第3期，第66—81页。
② 据李林研究，学校市在全面抗战以后逐渐淡出。1943年国民政府教育部明定学生自治会为学生唯一的课外活动组织，学校市因饱受批评而终至消亡。参见《学校市：民国时期一种"学生自治"的实践及得失》，载《中国近代史》2020年第3期，第158页。

围大致有以下几种情况：

其一，以全校为治域，以全体师生为市民，以校长为市长。这种情况较少，实际上是教职员直接领导学生组织和管理学校市，与学生自治的精神不太一致，故易遭受批评。

其二，以全校为治域，以全体学生为市民，学生自选市长。这是一种比较常见的情况，也是学生自治程度最高的一种情况。

其三，以全校为治域，以全体学生为市民，由高年级或特定的班级发起，管理学校市的是高年级学生。这种情况也不少。

其四，由高年级或特定的班级发起，以该班级或年级为治域，以该班级或年级学生为市民，管理学校市的该年级或班级学生。

其五，一校两市或多市。有的学校是分部管理的，例如，分中学部和小学部，那么，如果成立学校市，就可以在中学部和小学部分别建立学校市。这样，中学部学校市和小学部学校市就分别以各部所在校域为治域。当然，两市成立的时间可能有先后。

其六，由学校市下的某部门发起建立一个学校市。这种情况比较少。

由于各校教职员督导和监管学校市的程度不同，故各校间生校关系和生师关系存在差异也就毫不奇怪。例如，有的学校市市长等重要职员的任免，要经过校领导的批准或同意。这种情况是易于遭受批评的。有的学校市重要职员的任免则完全由学生自主，教职员和学校仅仅处于从旁督导的地位，这种是学生自治权最大的情况之一。但是，如果学校市组织规程中没有明确规定"不干涉学校行政"，那么，学生的自主权往往比较容易侵蚀学校的学校行政权。

正是由于不同设市学校间学校市治域和市民的范围不同，学校市的自治权限存在着不同程度的差异，所以民国时期学校市的生校关系和生师关系不能一概而论。总体而言，有学校和教职员直接参与学校市管理的，有学校和教职员间接参与学校市管理的——从旁督导的，有学校和教职员直接和间接混合参与的（如前述学校市重要职员的任免需学校同意的，同时教职员对其他学校市事务只是从旁督导的）。

民国中期以后，南京国民政府加强了对学生自治组织的监管，通过法令的形式，规定学生自治组织不得干预学校行政，学生自治权受到了规范。在统一法令的规整下，各学校市运作时的生校关系及生师关系较民初表现出更多的一致性。

但综观民初和民国中期以后学校市运作时的生校关系及生师关系,民国时期学校市的组织形态是丰富多样的。

值得注意的是,近代中国学校市组织形态的丰富多样还表现为学校市组织结构的不尽相同,以及组织结构的发展变化。

(二) 学校市组织结构的变化

清末地方自治运动中建立的城镇地方自治机关实行议行两分制,1921年北京政府颁布的《市自治制》第一次明确规定了议行两分的市制。因此,民初的学校市一部分是采取这种体制。如奉贤县立第一高等小学校奉贤市的市自治制就明确规定:"本校全体同学参照自治制组织自治团体","本市设议事会、董事会办理自治事宜","议事会有选举董事会并监察董事会行政之权"。①

不过,民初学校市的组织由于深受美国学校市的影响——美国学校市普遍采取的是三权分立制,而大多数采用三权分立的组织形式。下列诸学校市就是如此。

江苏省立第二师范附属小学校勤敬市的《学生练习自治规程》明确规定:"学生练习自治分立法、行政、司法三大部分。"②

江苏省立第一女子师范学校附属小学校中正市实行市议会、事务处、裁判厅—检事厅分立。具体市政组织架构参见图1。

江苏吴兴女子师范学校湖市组织大纲明确规定:"吴兴女子师范学校,向重学生自治。本年更特组织湖市,合全校教职员学生为一体,实行自治制,不独三权分立,俨然立宪规模,且分区分乡,无异地方自治之雏形。"③

安徽省立第六中学校学校市采取市政厅、市议会、审检庭三权分立,其组织结构情形见图2。

---

① 《奉贤市自治制(八年十一月订)》,《奉贤县立第一高等小学校友会杂志》第3期(1920年7月),第23、24、27页。
② 《学生练习自治·学生练习自治规程》,《江苏省立第二师范附属小学校校友会杂志》第1期(1920年3月),第62页。
③ 《吴兴女师湖市大纲(十四年九月订)》,《湖州月刊》第2卷第7期(1925年10月1日),第55页。

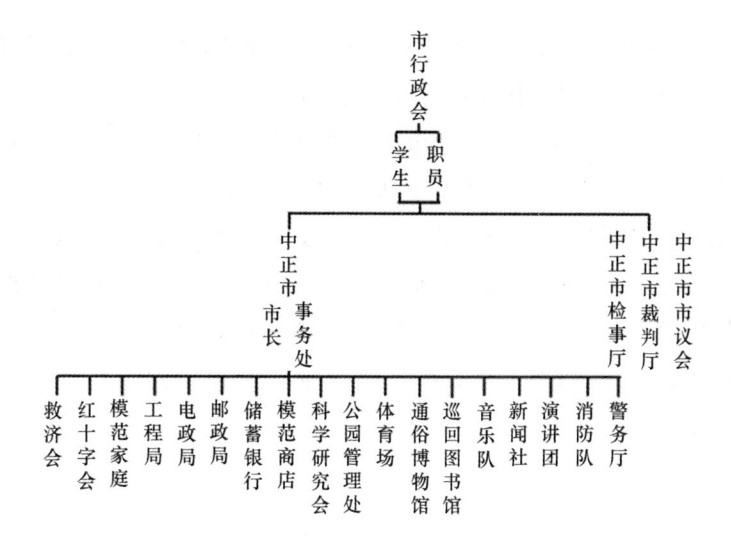

模拟市政:近代中国的学校市 / 197

图1　江苏省立第一女子师范学校附属小学校中正市组织结构图

资料来源:《江苏省立第一女子师范学校附属小学校中正市组织一览表　九年一月修正》,《江苏省立第一女子师范学校校友会杂志》第3期,1920年9月,第5—6页。

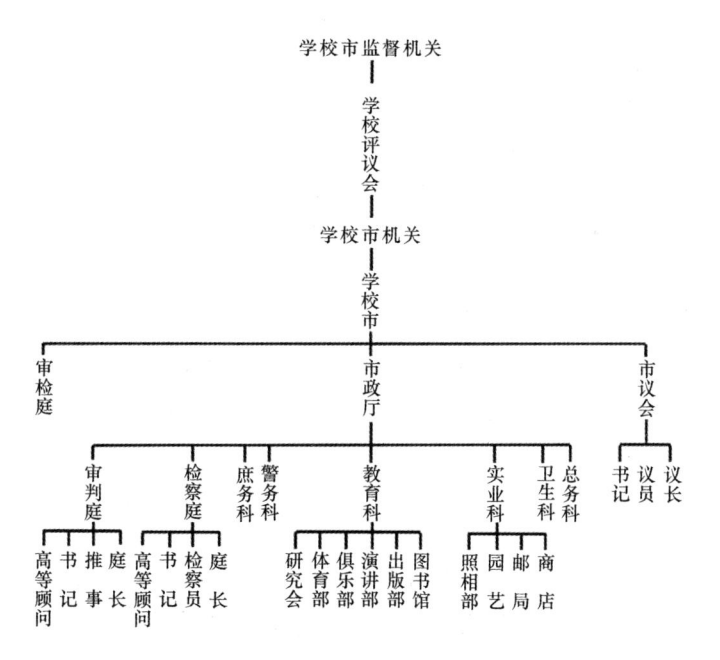

图2　安徽省立第六中学校学校市组织图

说明:此图来源于《省立第六中学校学校市组织一览表》(《安徽教育月刊》第53期,1922年,"法规",第17—18页),原图存在明显错误,兹均据《省立第六中学校组织学校市章则》(《安徽教育月刊》第53期,1922年,"法规",第7—17页)修改。

山东省立第一中学校学校市也实行三权分立，该学校市组织大纲也明确规定"设议事部、执行部、审检部三部"①。

民初实行三权分立的学校市，其组织结构并非一成不变，甚至可能是多变的，中华职业学校职业市就是其中的一个典型。职业市是笔者所见近代中国存续时间最长的学校市，自1918年10月建市，直至1937年该学校市还存在，其间虽然一度中止活动，但其存续的时间长达十数年。在1922年学校市组织改革以前，该学校市也是实行的三权分立制。其组织结构图就明确地显示了这一点，具体情形参见图3、图4。

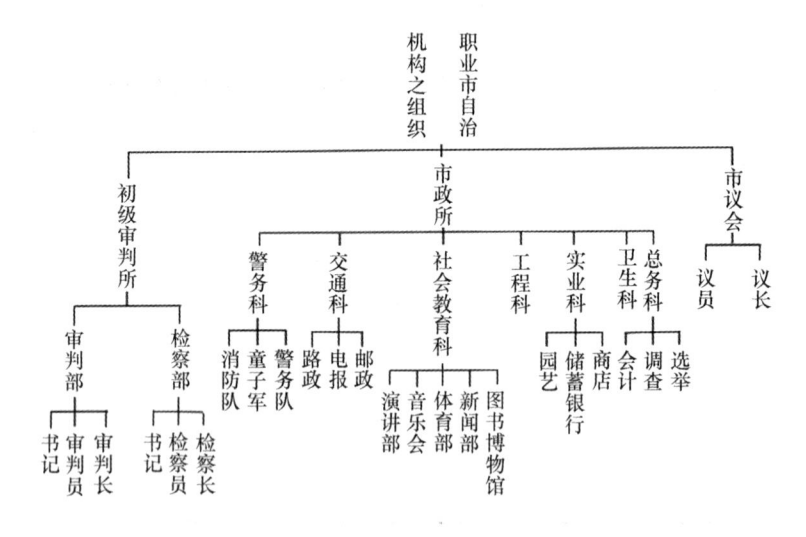

图3　1919年中华职业学校职业市组织结构图

资料来源：《中华职业学校职业市第一年概况·职业市自治会规程（八年四月第一次修改）·职业市自治机关组织表》，《教育与职业》第16期，1919年12月31日，"学生自治会概况"，第14—15页。

1920年12月20日，广东省颁布了《广州市暂行条例》，规定市长和各局局长组成广州市行政委员会，市长为市行政委员会主席（广州市市政厅组织结构图见图5）。1921年2月15日，该条例开始实施。在这之

---

① 《山东省立第一中学校学校市组织大纲》，《北京高师教育丛刊》第2卷第5期（1921年），"附录"，第34页。

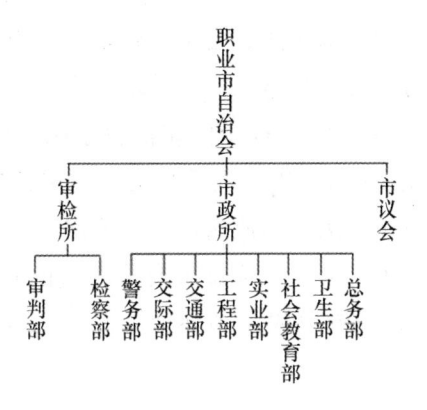

图 4　1920 年中华职业学校职业市组织结构图

资料来源:《中华职业学校内容组织一览》,载《职业与教育》第 20 期,1920 年 5 月 20 日,"中华职业学校概况",第 9 页。

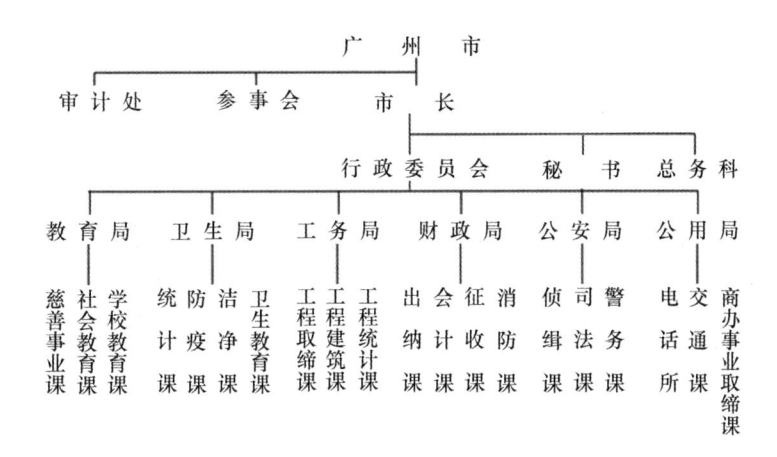

图 5　1921 年广州市市政厅组织结构图

资料来源:孙颖:《民国时期广州市政体制演变研究》,广州大学,硕士学位论文,2005 年,第 15 页。

后,中华职业学校创办人之一黄炎培考察了广州市政,职业市的组织发展随后就明显地受到广州市制的影响。1921 年,该校就有人发表了如下改组职业市的意见:"今日社会潮流,自治声浪,洋溢于耳鼓。广东既为先驱,各省亦将筹办。本市自治之制度,仿照地方自治而行,则采纳之各种方法,亦当随时势而变迁。中国自治制度,昔日效日本,近采欧美,二者比较,似欧美之方法,可餍足共和国民之欲望。而日本之制度，其根本之误点，即官治为主，自治为辅是也。今广东所采用，实为折衷之良法，吾人对之实可满意。本市前定三机构并立之程式，乃有大部分不得其当……"①主张将三权中的司法权剔除，而行政方面仿效广东（实际上就是效仿广州），以行政委员会取代市长独裁，即以委员会制取代市长制。职业市从第八届改选起，就依据广州市的自治，进行改革，内部组织分为两大部分：一为参事会（立法的），一为市行政委员会（行政的），以委员会制取代了领袖独裁制。② 改组后的职业市组织结构图如图6。

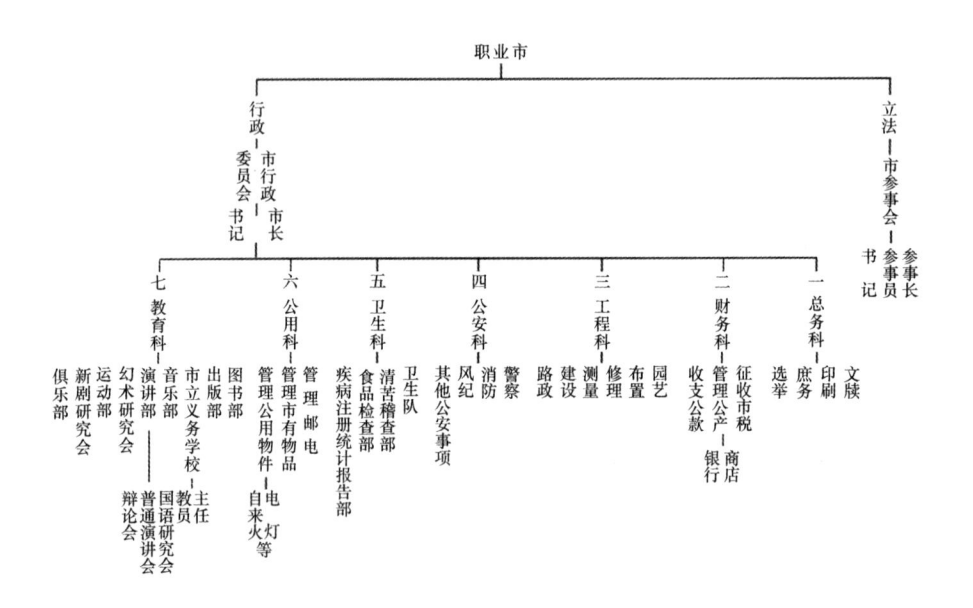

图6　1922年中华职业学校职业市组织结构图

资料来源：《最近职业市自治机关组织之概况略表》，《中华职业学校市半月刊》第16期（1922年5月19日），"职业市自治机关最近组织概况"，第23、24页。

从图6可以看出，除了没有设置审计处之外，职业市的其他主体组

---

① 刘学海：《对于职业市改组之意见》，《中华职业学校半月刊》第12期（1921年12月5日），第4—5页。
② 钱国琪：《职业市自治机关最近组织概况》，《中华职业学校半月刊》第16期，1922年5月19日，第18页。

织结构与广州市市政厅的主体组织结构相同。

最迟至 1927 年 5 月，职业市的主体组织结构与广州市市政厅的主体组织结构基本相同——前者仅少一工程科，可能因为学生是难以负责实际的工程建设的缘故。具体情形见图 7。

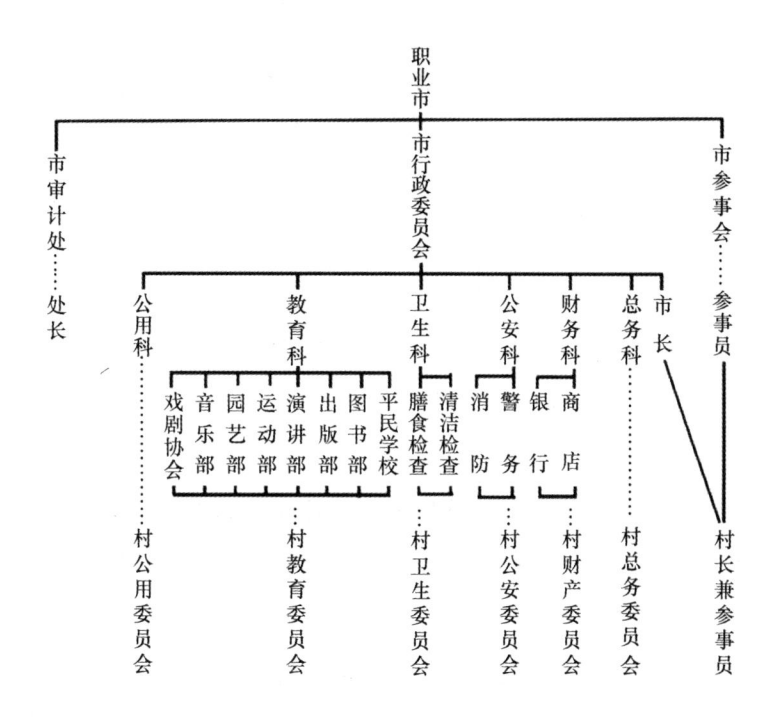

图 7　1927 年中华职业学校职业市组织结构图

资料来源：《职业市组织结构图》，《中华职业学校市月刊》第 13 期，1927 年 5 月 25 日，第 46 页。

1928 年 7 月 3 日，南京国民政府公布了《特别市组织法》和《市组织法》，两法均确定实行市长制市制，参议会的权力被批评过小，两法代表的市政被斥为官办市政，但它们仍被实行。

1929 年，职业市组织结构再次发生变动，最重要的变化是由委员会制变为市长制，其组织结构情况见图 8。可见，这一变化与全国市制变化的大趋势是一致的。

1930 年，国民政府颁布了修订后的《市组织法》，市参议会由公民选

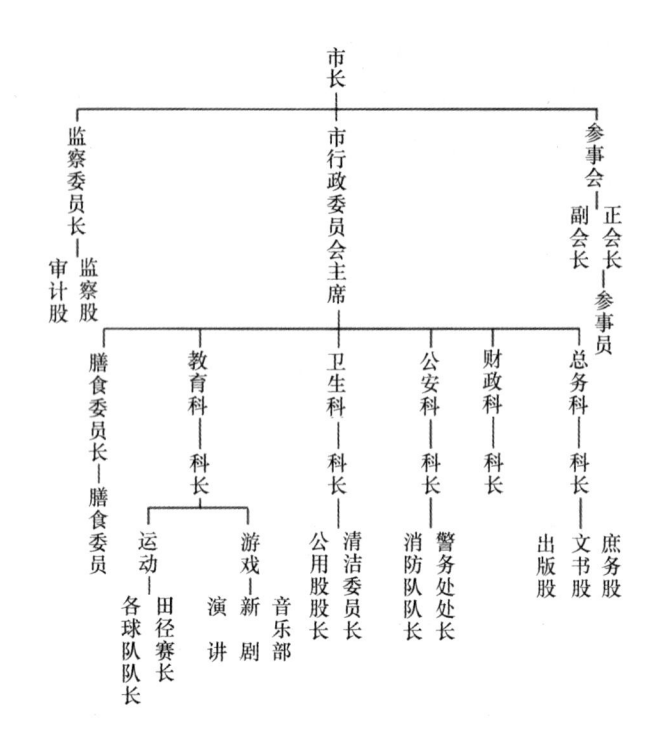

图 8　1929 年中华职业学校职业市组织结构图

资料来源：《职业市之组织及选举法》，《中华职业学校职业市季刊》第 1 期，1929 年 11 月，第 11 页。

举产生，市下分区，参议会于区长民选时设立。职业市自设市之始就实行了分区制①，到了 1930 年，是否设立市参议会，则有待考证。但可以确定的是，其后是设立了市参议会的，其市制仍然是随着现实社会中的市制变动而变动的。职业市的组织结构至迟在 1934 年 6 月时已经发生重大变化，即已经由市长制演变为市民代表大会领导下的市长制了，且设立了市参议会。具体情况见图 9。

此后，职业市的基本组织结构——市民代表大会领导下的市长制再未发生变化，所变化的是行政委员会下的主要机构的设置有所调整而已。具体情况见图 10、图 11。

---

① 唐海：《职业市小史》（七年十月至八年八月），《教育与职业》第 16 期，1919 年 12 月 31 日，"中华职业学校职业市第一年概况"，第 1—2 页。

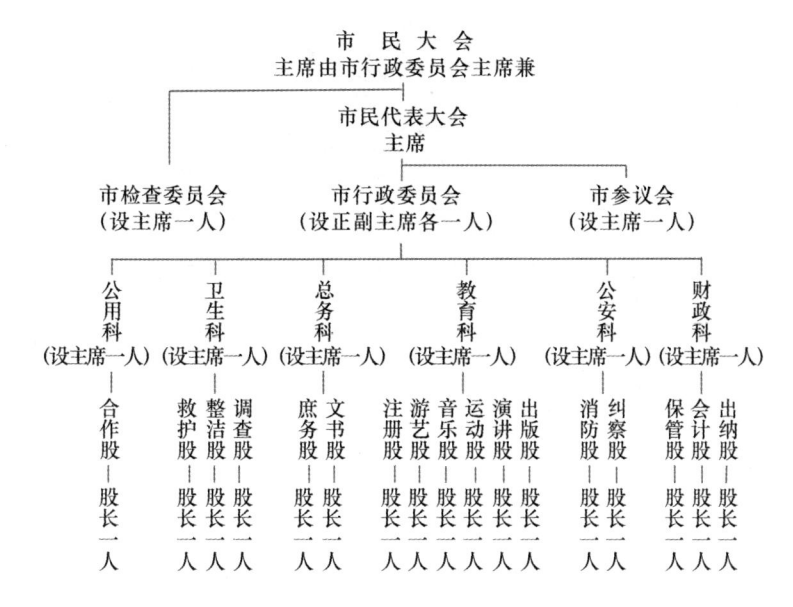

```
                    市 民 大 会
              主席由市行政委员会主席兼
                        │
                    市民代表大会
                        主席
        ┌───────────────┼───────────────┐
   市检查委员会      市行政委员会       市参议会
   (设主席一人)    (设正副主席各一人)   (设主席一人)
        ┌───────┬───────┬───────┬───────┬───────┐
       公用科  卫生科  总务科  教育科  公安科  财政科
     (设主席 (设主席 (设主席 (设主席 (设主席 (设主席
      一人)   一人)   一人)   一人)   一人)   一人)
```

图9　1934年中华职业学校职业市组织结构图

资料来源：《职业市组织系统图·中华职业学校职业市市刊》第1期，1934年6月，"职业市概况"，第19页。

有的学校市于1929年就采用了市民代表大会领导下的市长制，而市长之下就是区长。例如：江苏省立上海中学校上中市（其具体情况见图12）。至1934年，该市市制无大的变化（其具体情况见图13）。

广东省广州市市立师范附小学校市也于1929年就采用了市民代表大会领导下的市长制，"全市市民代表产生选举法，召集市民代表会，创立市公约，以为运用选举、创制、复决、罢免四权之基础"①。

广东省立琼崖师范附属小学学校市则实行市民大会而不是市民代表大会下的市长制，是否因为学生人口较少，就采用直接民权的形式，尚待考证。是否实行分区制，也有待考证。该学校市的组织结构情况见图14。

---

① 《附录：市师附小学校市市公约》，广州市市立师范毕业同学会编印：《市教育》第1期，1929年4月1日，第43页。

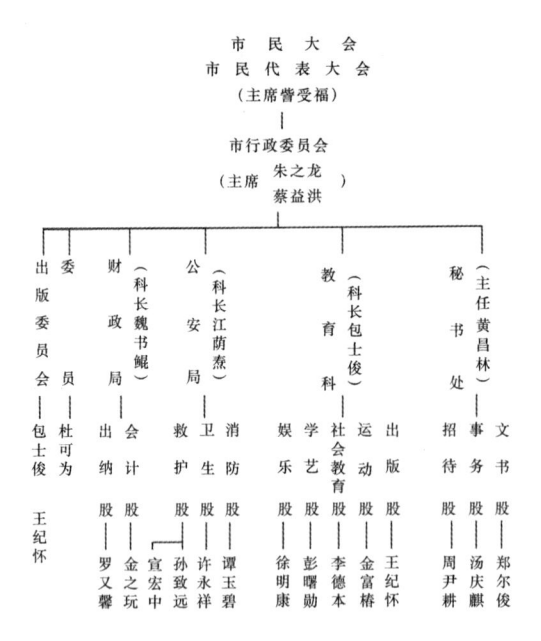

```
                    市  民  大  会
                 市 民 代 表 大 会
                    （主席訾受福）
                         │
                    市行政委员会
                           朱之龙
                    （主席       ）
                           蔡益洪
    ┌────────┬─────┬─────┬─────┬─────────┬────────┐
   出        （   （   （              （           （
   版   委    科    科    科             科           主
   委   员    长    长    长             长           任
   员   ─    财    公    魏             教           秘
   会        政    安    书             育           书
   ─    杜   局    局    鲲             科           处
   包   可    ）   ）    ）             ）           ）
   士   为
   俊        │    │    │           │           │
   │        出   救卫消  娱学社运出     招事文
   王        纳   护生防  乐艺会动出     待务书
   纪        计   股股股  股教育         股股股
   怀        股            股股股         │││
            │    │││   │││││       周汤郑
            │    孙许谭   徐彭李金王       尹庆尔
            罗金宣致永玉   明曙德富纪       耕麒俊
            又之玩中远祥   康勋本椿怀
            馨宏
```

图 10　1937 年 1 月中华职业学校职业市组织结构图

资料来源：《本市组织系统及职员表》，《中华职业学校职业市市刊》第 6 期，1937 年 1 月，"本市概况"，第 2 页。

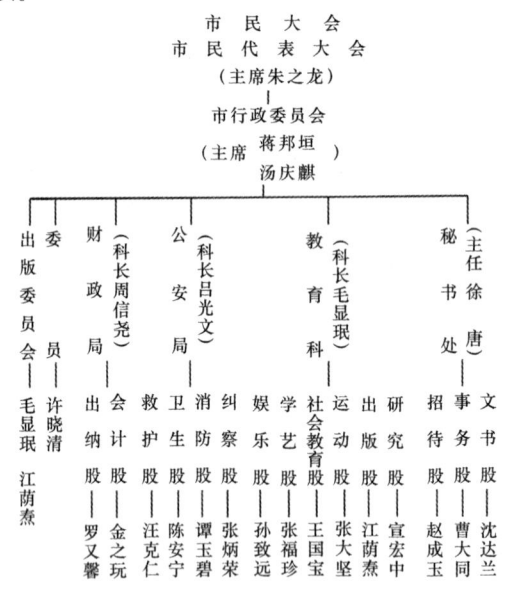

```
                    市  民  大  会
                 市 民 代 表 大 会
                    （主席朱之龙）
                         │
                    市行政委员会
                          蒋邦垣
                    （主席       ）
                          汤庆麒
    ┌────────┬─────┬─────┬─────┬─────────┬────────┐
   出        （   （   （              （           （
   版   委    科    科    科             科           主
   委   员    长    长    长             长           任
   员   ─    财    公     吕            教           秘  徐
   会   许   政    安     光            育           书  ─
   ─   晓   局    局     文            科           处   唐
   毛   清    ）   ）     ）            ）           ）
   显
   珉        │    │    │           │           │
   │        出   救卫消纠 娱学社运出研      招事文
   江        纳   护生防察 乐艺会动出究      待务书
   荫        计   股股股股 股艺教育          股股股
   燊        股            股股股            │││
            │    ││││  │││││         赵曹沈
            │    汪陈谭张  王张江宣           成大达
            罗金克安玉炳   福国荫宏           玉同兰
            又之仁宁碧荣   珍宝燊中
            馨玩
```

图 11　1937 年 6 月中华职业学校职业市组织结构图

资料来源：《本市组织系统及职员表》，《中华职业学校职业市市刊》第 7 期，1937 年 6 月，"本市概况"，第 2 页。

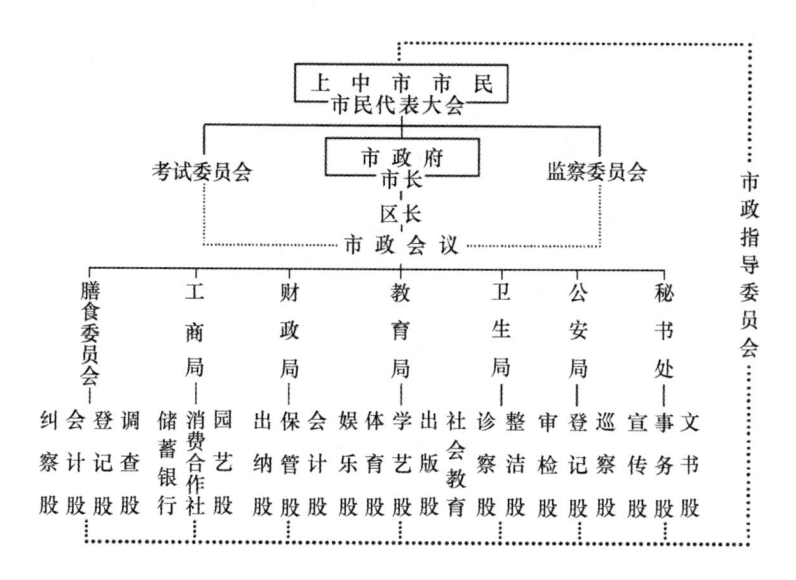

图 12　1929 年江苏省立上海中学校上中市组织结构图

资料来源:《江苏省立上海中学上中市》,《江苏省立上海中学校半月刊》(江苏省立上海中学校上中市特刊)第 30 期,1929 年 12 月 30 日,第 8 页。

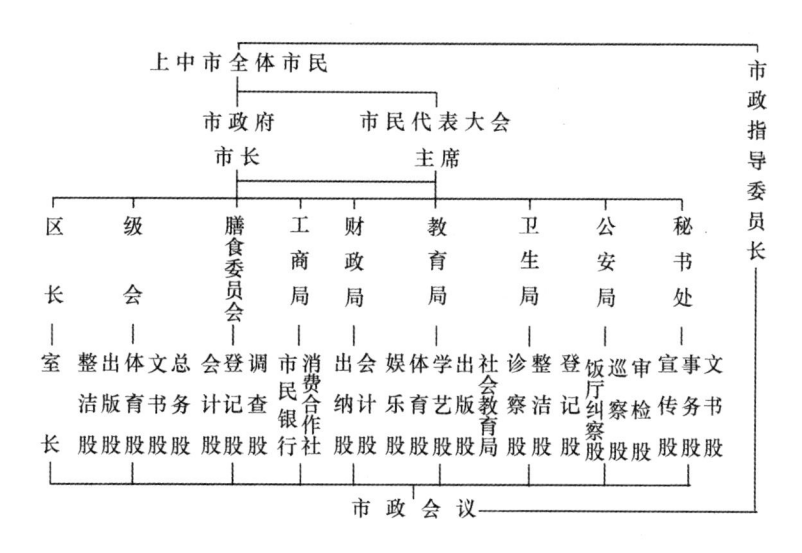

图 13　1934 年江苏省立上海中学校上中市组织结构图

资料来源:《上中市组织系统表》,《江苏省立上海中学校半月刊》第 83、84 期合刊,1934 年,第 29 页。

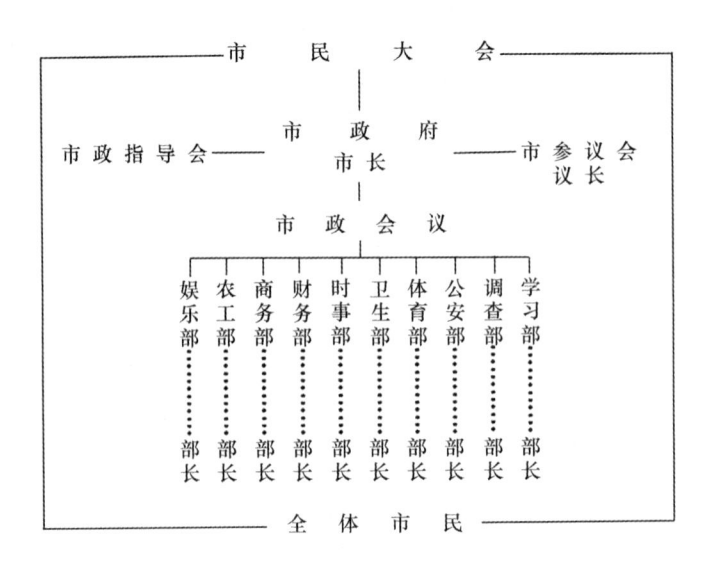

```
┌─────────────── 市  民  大  会 ───────────────┐
│                      │                       │
│                  市  政  府                   │
│  市政指导会 ───── 市   长 ───── 市 参 议 会    │
│                                    议  长     │
│                      │                       │
│                 市  政  会  议                 │
│      ┌──┬──┬──┬──┬──┬──┬──┬──┬──┐           │
│      娱 农 商 财 时 卫 体 公 调 学            │
│      乐 工 务 政 事 生 育 安 查 习            │
│      部 部 部 部 部 部 部 部 部 部            │
│      ┆ ┆ ┆ ┆ ┆ ┆ ┆ ┆ ┆ ┆                  │
│      部 部 部 部 部 部 部 部 部 部            │
│      长 长 长 长 长 长 长 长 长 长            │
└─────────────── 全  体  市  民 ───────────────┘
```

图 14　广东省立琼崖师范附小学校市组织结构图

资料来源：《附小学校市组织系统及最近工作之一部（附表）》，《琼师校刊》第 2 期，1936 年 4 月 30 日，第 63 页。

北平市的西北第二小学第二部学生市（按：即学校市）也实行了分区制，应该也实行的是市民代表大会下的市长制，从其组织职务的分配可以窥见其大概。具体情况如下：

学生市组织职务分配一览表
市长：杨文华
参事：李德真　曹淑斋　铁恩金　王淑贞
秘书处长：李世奎
财政局长：张宝珍
公安局长：刘彦臣
卫生局长：李桂华
各区长：
自治中区长：李士华
自治北区长：李嗣昌
自治南区长：赵斌

自治东区长：张瑞明①

由前述民国中期以后学校市的演变可知，一部分学校市的组织结构大同小异，而从总体上看，不同学校市间的组织结构存在着差异，但大约至1936年，绝大多数市的组织架构趋同——实行市民代表大会下的市长制或市行政委员会下的主席制，且多数实行分区制。这显然受到了现实市政体制变动的影响。

不过，其中也难免存在异数。成立于1929年的教会学校贝满女子中学校的学校市就是这样的异数，它实行的不是市民代表大会下的市长制，而是实行全体市民大会下的议会制，秉承的是西式的三权分立的基本组织架构。其具体情形见图15。

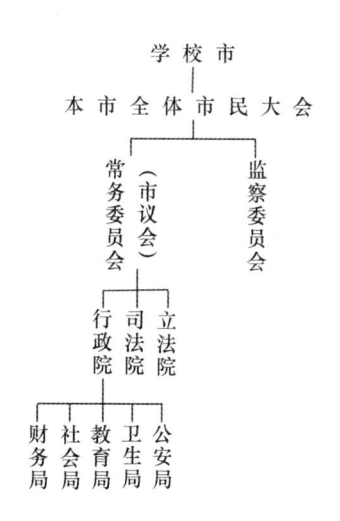

图15 贝满女中学校市组织结构图

资料来源：《贝满女中恳亲特刊》，1934年，第22页。

---

① 《学生活动：学生市组织职务配一览》，《西北第二小学校刊》第1卷第2期，1936年4月10日，第20页。

余论　学校市视野下的市政西化与本土化

对于近代中国人学习西式市政的情形，笔者以往比较关注管理城市的地方官员的市政作为、建制市市政组织结构的变化、城市商界参与市政时学习西式市政的情形、学术界有识之士尤其是市政专家们对西式市政的介绍和对学习西式市政的倡导。同时，笔者注意到五四运动之后学生组织迅速地参与到20世纪20年代中期江浙地区尤其是上海的城市自治运动——全国学生联合会甚至参与了1927年上海特别市临时市政府的组织。对此，笔者感到十分震惊——学生竟然如此深入地介入特殊时期的上海市政。为什么会这样？学生是如何与市政发生关联的？学校市无疑为我们提供了一些了解学生与市政发生关联的信息。西式市政传入中国后，不断地影响近代中国市政，并不断地受到中国国情影响而本土化，这一点在学校市的实践中就得到了体现。

学校市是在民初逐渐壮大的地方自治运动的大潮中，在全国不同地区——主要是在城市及市镇的学校中建立的，相当一部分学生因之能够通过模拟市政而不同程度地获得了对于西方市政的认知，至少通过模拟实践的方式体验了西式民主的形式，在一定程度上增强了他们的市政主体意识和社会责任感。当城市自治运动走向高潮的时候，他们的市政参与不仅仅是被动员的参与，也不仅仅是被运动裹挟的参与，还是自主自觉的参与，他们的市政参与因之成为近代中国人学习西式市政的一个组成部分。这部分学生以特殊的形式尝试和传播西式市政，更准确地说，他们是近代中国市政西化和西式市政本土化的特殊实践者。

从学校市组织形态尤其是不同学校市市政组织结构的多样化以及相同学校市组织结构的纵向演变的情况来看，西式市政在学校中的传播，既受制于校园的文化传统，受制于学校学生的受教育程度及认知能力，也受制于学生的个体素质，还受制于学校这个环境本身和校园外的大环境。在行使市政权的过程中，学生尤其是中小学生很难完全做到独立自主，他们多数是需要切实的督导甚至是跟班式的指导，这就在很大程度上与学生团体自治的精神相背离。因而才会出现有人对学校市扭曲西式市政——官督民办的保育式的市政——屈从尊上与权力机关的市政、实质上的官办市政，发出惊叹：

> 奇怪！民主国里，忽然发现训练君主立宪国民的学校市制了，真奇怪！他那草案第五条，"市内各项法规……经校长认可……"；第十八条，"议会议决之事件报经校长认可后交由市长执行之"；第二十五条，"议会开会时须请教职员一人以上出席，遇必要时得发表意见"。抱定官督民办的脑，显出他那绥靖新思潮的作用，来诳我可爱的青年；这种可怜的手段只合和杭州甲种工校的"钦定宪法"，一起摧烧了，趁上流水急时，倒入钱塘江，流出鼍子亹，免得污了一般青年的头脑。①

其实，这正是西式市政本土化在校园中的反映。

民国中期以后，由于国家权力的强势推广，现实市政中党国政治的训话，在学校市中也落地生根。学校市的成立往往极具仪式感，正如现实世界中市政府成立时极具仪式感一样。在监督学校市市长等市政职员宣誓时，监视者对学生们进行训话，一如现实中的训话一样：

> 今后贵校市政府，无非按照本党组织的大概，及教育的原理来做事，今日各位就职，即是实行三民主义的能力养成将来为社会有能力有智识及纪律的人，而得到一定的成绩的……当然在学时准备应付社会此种能力习惯，我们能够实行市政府的权力，就是将来在社会做事的基础，希望大家努力做去，那是兄弟的希望。还有一层，本党部已经按照台中市政府组织法，呈省党部批准进行了。②

---

① 玄庐：《短评：浙江省立女子师范学校学校市制草案》，《星期评论（上海1919）》第36期，1920年2月8日，第4版。
② 莫廷森讲、何锦周记：《学校市成立的效能》，《台中半月刊》第22期，1930年5月1日，第42页。

这些模拟过市政的学生终归是要走向社会的,他们若再参与现实市政,可能自觉不自觉地受已经习得的市政经验的影响,从而可能在一定程度上影响市政的西化或本土化。

　　尽管学校市的模拟市政实践被讥讽为"在床上学游泳"[①],然而从学校市的产生、推广及其模拟市政的情况来看,西式市政在近代中国不断地本土化,其传播与影响远比我们以往认识到的要广得多。

---

① 方丙荃:《民众学校教材研究》,福建省民众教育师资训练所,1938年,第144页。

市属委员会组织与近代中国城市社会治理格局变动问题初探

——以上海、汉口为中心①

在中国古代相当长的时间内，城市社会治理主要依靠地方政府和保甲之类的半官方组织。当中国古代社会进入后期，行帮、会馆、公所、善堂、善会等民间组织也参与到城市社会治理中来。到了近代，这些民间组织或延续，或演化，而新式的民间社团组织如商会、自治会、工会等，也纷纷产生并参与城市社会治理甚至国家治理。对此，学术界已经有了较多的关注。并且，像冬赈委员会、劳资评断委员会等少数官民合组的组织，也开始被学者们纳入城市社会治理研究的视野，由此引起了笔者对"委员会"这类组织的关注。笔者发现，在民国时期，一种广泛地存在于城市内部（按：并非只存在于城市内部），服务于城市自身的委员会组织类型——市属委员会组织，它们在城市社会治理中发挥着重要的作用。基于这样的发现，笔者拟以上海和汉口两个城市为重点，就市属委员会组织的兴起与发展及其与近代中国城市社会治理格局变动之间的关系，进行初步的探讨，希望有助于我们认识近代中国城市社会治理的多种面相，深化我们对近代中国城市社会治理体制演变的认识。

一 近代中国市属委员会组织的源头

在民国城市社会发展的进程中，有诸多的社会现象值得关注。就社

---

① 本文原刊于陈锋、常建华主编《中国历史上的国计民生》，社会科学文献出版社2018年版，兹略有改动。

会组织发展方面而言，不但民间社团组织得到了长足发展，诸如：工商业社团（如：商会、工会、同业公会等）、自由职业者社团、政党等社团组织的数量快速增长，黑社会组织等也得到很大的发展，而且一种新的公共权力机关——城市政府组织也在城市中逐渐朝着普及化方向发展，它们在城市社会中发展起来并确立了绝对领导权。对于这些现象，学界已经注意到。不过，在民国城市社会发展的进程中，另一种社会组织的兴起与广泛存在，也是一个十分值得我们关注的现象，这种就是市属委员会组织。

近代中国市属委员会组织最早产生于何时，恐怕很难确定。不过，可以确定的是，较早的市属委员会组织可能来源于租界。"委员会"的英文是"council"，不过，最初这个单词并不被译为"委员会"。例如：中国人称租界的"Municipal Council"为"工部局"，而不称"市政委员会"。后来，租界市政机构中的"委员会"组织才逐渐为中国人所知。1920 年，外国学者丕尔斯应邀在上海演讲《上海之市政》，他在介绍上海租界市政机构的时候，就曾提到其中有一个机构叫"地产委员会"，它由 3 个纳捐人组成，"遇有地产收归公用因价值而起争端时，秉公判定应予赔偿之数"①。而几乎同时，《申报》报道了"联太平洋路政委员会"（按：报道中的这个委员会应当是联太平洋路政委员会中国分会）在上海活动的情况，其中介绍该会主任王正廷主张成立一个包括沪、杭、宁各城商会会长、苏浙省议会正副议长、苏浙省教育会正副会长，以及外国人商会会长、税务司交涉员及境内其他商界、实业界、学界重要人物在内的"百人委员会"；还计划设立 3 个"分股委员会"。② 稍后，广州市政府建立，它实行的是委员会制市制，市政府的核心组织为市行政委员会（一般简称"市政委员会"），这是中国历史上第一个仿照西方市制而完全由中国人组建的市政委员会，因而是中国近代史上极具标志性意义的市属委员会组织。而在 1917 年，尚有报道国会召开"特别委员会"讨论自治的信息，只是这个"特别委员会"不是市属委员会组织而已，但它透露

---

① 《上海民治会开会续纪　丕尔斯演说〈上海之市政〉（再续）》，《申报》1920 年 10 月 30 日第 10 版。

② 《联太平洋路政委员之计划》，《申报》1920 年 12 月 4 日第 10 版。

出的信息是，到20世纪初年，中国人对于"委员会"这个名词并不陌生。而在此前后，中国已经产生了市属委员会组织，只不过其组织的源头要么在租界，要么在国外，也就是在西方。

二 民初上海与汉口的市属委员会组织的兴起

20世纪20年代以后，市属委员会组织日益增多，至1927年4月南京国民政府成立前夕，曾出现了一个高潮。有关这一点，从当时《申报》和《汉口民国日报》刊载的有关市属委员会方面的信息就不难看出大略。

在上海方面，《申报》报道了一定数量的市属委员会组织。诸如：1922年，上海租界纳捐人执行委员会召开常会，松江市乡委员会召开临时会议。1923年，上海总商会为反对军阀统治、争取国民自决权而成立了上海总商会民治委员会。上海商界为实现自卫成立了南北市商团筹备处，其下设有南北市商团委员会；上海市公所召开市议会，讨论在市公所下设置行政委员会。1925—1927年7月，上海市政府成立以前，上海涌现出众多的市属委员会组织，诸如：淞沪市政协会委员会、上海市政委员会、淞沪特别市起草委员会、淞沪市民协进会委员会、整顿豫园路政委员会、整顿邑庙路政委员会、修改洋泾浜章程委员会、公园委员会、新苏公会市政委员会、上海市民代表大会执行委员会、工会组织委员会、迁都南京促进委员会。同时期除上海以外的江浙闽城市，也建立了一些市属委员会组织，如：1924年，无锡电灯用户联合委员会召开大会反对电灯加价；1926年3月，厦门商会组织了监督官商合办铺贾捐的监督委员会；1927年4月初，嘉兴组织了拆城委员会，苏州组织了行政委员会，等等。

在汉口方面，在国民革命军攻战武汉，尤其是武汉国民政府成立之后，市属委员会组织才方兴未艾，《汉口民国日报》刊载的：汉口市政委员会、劳资仲裁委员会、工商纠纷委员会、汉口乞丐教养委员会、清理善堂团体委员会、管理善堂团体委员会、市公债保管委员会、汉口马路委员会、武汉群众运动委员会、汉口群众运动委员会、放足委员会、汉口特别市党部改组委员会、武汉市总工会筹备委员会、二七学校校务委员会、清理杨鑫记账目委员会，等等。

从上述市属委员会组织建立的情形来看，大到关系全市的政权组织，小到涉及一个商号的账目清理，都可能由此产生一个委员会来。有的委员会组织下又分设几个子委员会。例如：汉口乞丐教养委员会下设有常务委员会和临时委员会，临时委员会下又设有宣传、调查和财政3个委员会。① 二七学校校务委员会下还设有教务委员会和考试委员会。② 还有的委员会是前后相续的。如：为了整顿汉口贫民工厂，总政治部、汉口市党部及各社团先是组织了清算委员会，清算完毕之后组织了接收委员会予以接收，最后又组织有管理委员会进行管理。③

值得注意的是，在开展城市治理的时候，时人将组织委员会视为必要的乃至顺应潮流之举。1925年，豫园商业联合会要求整理邑庙（豫园）的时候，上海市公所就批示，要由市公所和豫园商业联合会共同组建一个委员会，以便对邑庙道路和豫园进行整理。对此，《申报》以《整顿豫园路政须先组织委员会》为标题予以报道。汉口各团联合会是汉口各街区性地方自治组织的集合体，也是具有广泛社会影响的社团组织。当1927年委员会组织在武汉兴起后，该会决定改变其组织制度，由原来的会长制改为委员制。其改变的理由是"为顺应潮流起见"④。其后，其下属的各保安会也改为委员制。对此，报道说，"汉口各段保安会，历年来在社会上，颇著成效。然各会内部组织陈腐，不合潮流，势将落伍……日昨各会人员，召集会议，议决各会改组委员制"⑤，以改行委员制（也就是委员会制）为顺应潮流，而以坚持会长制为落伍，组织理念的这种改变透露出的信息表明，市属委员会组织已经兴起成为潮流了。

---

① 《专载·汉口乞丐教养委员会简章》，《汉口民国日报》1927年3月16日第3张第2页。
② 《二七学校校务委员会成立》，《汉口民国日报》1927年2月16日第3张第1页。
③ 《贫民工厂开工》，《汉口民国日报》1927年2月11日第3张第2页。
④ 《汉口各团联合会改委员制　将于初六日会议表决》，《汉口民国日报》1927年1月10日第3张第5页。
⑤ 《汉口各保安会改委员制　简章在起草中》，《汉口民国日报》1927年1月17日第3张第2页。

三　民国中后期上海与汉口的市属委员会组织的发展概况

民国中后期上海和汉口的市属委员会组织的发展大概可以分为城市大发展时期（1927—1937年）、沦陷时期和战后（抗战胜利至中华人民共和国成立）三个阶段，其发展变化的具体情况如下。

（一）城市大发展时期上海与汉口市属委员会组织组建的概况

在1927年南京国民政府建立到1937年全面抗战爆发之前的这段时间，中国城市发展整体上进入了一个大发展时期。在这期间，上海与汉口的市属委员会组织继续发展，其数量依然可观。

笔者粗略梳理了一下，仅1927年10月—1928年12月《申报》副刊《上海特别市政府市政周刊》中载及的市属委员会组织有：上海市政设计委员会、上海特别市市政府法令审查委员会、上海特别市市政府土地评价委员会、上海特别市市政府房产估价委员会、上海特别市指导委员会、整理财政委员会（或财政整理委员会）、筹建平民住所委员会、征收土地审查委员会、上海劳资仲裁委员会、上海劳资调解委员会，等等。

此阶段市属委员会的组织，反映出上海市政府为确立市政主导权而在加强市政组织和社会治理方面做出了很多努力，同时劳资问题在城市社会治理中占有重要的地位。

1929—1935年《申报》载及的上海市属委员会组织有：市政建设讨论委员会（或上海特别市建设讨论委员会，简称建设讨论会）、上海特别市市政府预算委员会、上海市政府公营业委员会、公债基金保管委员会、市复兴公债委员会、上海市政公债监督委员会、上海特别市商人团体整理委员会（下设有设计委员会）、上海特别市保卫团整理委员会、上海自治筹备委员会、警政整理委员会、闸北市民解决水费纠纷委员会、房租纠纷委员会、浦东水电公司筹备委员会、上海市保卫委员会、上海地方协会粮食委员会、绸缎业执监委员会、工部局水费监督委员会，等等。

此阶段城市委员会组织的设立众多，反映出城市社会治理任务日益繁重。而有关市政建设、公营事业、复兴公债等委员会组织的建立，体现出市政府对市政建设的重视，一些社团和政府机构相关的委员会组织的成立，则表明当时上海的社团甚至政府机构的局部都在重整，整个上海城市社会正处于一个重要的调整期。

1936 年，吴铁城题字版《上海年鉴》载及的市属委员会组织有：上海市中心区域建设委员会、上海市政府统计委员会、上海市禁烟委员会、房屋估价委员会、整理内外债委员会、国债基金管理委员会、外汇评审委员会、上海市工商业贷款审查委员会、平民福利事业管理委员会、上海市学校建设委员会、上海市立闸北南市大礼堂筹建委员会、上海闸北浦东卫生事务所筹建委员会、上海市火葬场筹建委员会、上海市市立公墓基金保管委员会、识字教育委员会、上海市儿童幸福委员会、上海市儿童年实施委员会、上海市钱业同业公会联合会准备委员会、上海市银行同业公会联合会准备委员会票据交换所委员会，等等。

此阶段市属委员会组织众多，反映出上海城市建设处于一个积极进行阶段，文教卫事业在城市社会治理中也得到了重视。

需要指出的是，在 1929—1937 年之间，有关劳工、劳资方面的委员会组织是一直存在的。① 前述资料少有载及或未予载及，在很大程度上可能是它们更重视载述有关新成立的委员会组织方面的信息的缘故。

1929 年 4 月—1935 年 6 月，汉口市政府、湖北省政府出版的几个有关汉口市政和城市治理的重要文本中，载及的市属委员会组织也不少，诸如：火葬场筹备委员会、火葬场管理委员会、房租审定委员会、合作社指导委员会、冬赈委员会②、乞丐收容委员会③、救济委员会、浮棺收葬委员会、民众教育委员会、体育委员会和义务教育委员会（按：后 5 个委员会组织是汉口市政府组织系统下的附属组织；救济委员会由乞丐收容委员会和妇女救济院合并而来）、码头工人争议公断委员会、汉口市公益联合会防水委员会等。④

---

① 参见周卫平《南京国民政府时期劳资争议处理制度研究——以上海为视角》（华东政法大学，博士学位论文，2008 年）、杨志伟：《上海劳资争议处理制度研究（1927—1936）》（西南政法大学，法律硕士专业学位论文，2014 年）。
② 以上组织见《汉口市政府建设概况》（1929.4—1930.3）。
③ 参见《汉口市政概况》（1932.10.11—1933.12.31）。
④ 参见《汉口市政概况》（1934.1—1935.6）、《湖北省政府公报》第 118 期（1935 年）。

而 1935 年 7 月—1937 年 10 月间汉口市政府相关出版物载及的市属委员会组织有：购料委员会（按：此会系市政府直属组织）、浮棺收葬委员会、救济委员会、普及识字教育委员会、义务教育委员会、健康教育委员会、民众教育委员会、体育委员会、喜剧审查委员会（按：以上 8 会为市政府附属组织）、筹设地方自治推进委员会、劳资仲裁委员会、冬赈委员会、儿童年实施委员会、民众教育设计委员会、民众教育编辑委员会、民众教育经济审查委员会，等等。①

在此期间，杭州也已经成立很多市属委员会组织，诸如：杭州市旅游事业研究委员会、劳资仲裁委员会、杭州市体育委员会、杭州市政府统计委员会、杭州市绸业市场评价委员会、杭州市绸业市场监理委员会、杭州市平籴委员会、杭州市各坊民众学校劝学委员会、杭州市市立公墓基金保管委员会、杭州市市民小本借贷款委员会、杭州市百年教育积储金保管委员会，等等。②

由上述可知，不论是在上海还是汉口或杭州，此期成立的市属委员会已经十分普遍，它们的存在与发展已经牵涉到城市社会治理的方方面面，组织的变与不变主要与各个阶段城市社会治理的实际需要和治理任务相关。同时，不同城市有着同类的市属委员会组织，如有关劳工、社会救济、文化教育等委员会组织，反映出城市治理的共同需要；而不同城市的市属委员会存在着的不相类似，则反映出不同城市各自具有的特点：上海金融发展，同业公会组织发达；汉口面临的防水任务重；杭州的旅游事业与丝绸行业发达。

（二）沦陷时期汉口市属委员会组织组建的概况

根据笔者的不完全统计，沦陷时期汉口市属委员会组织有：武汉特别市政府市政计划委员会、武汉特别市难民救济委员会、赈务委员会、武汉特别市政府物价决定委员会、武汉特别市政府物价统制委员会、武汉特别市武汉新村建筑委员会、武汉特别市汉口区防水委员会、汉口特

---

① 参见《汉口市政概况》（1935.7—1936.6）、汉口市政府印《行政工作统计月刊》，1937 年 10 月。

② 参见《杭州市政季刊》（1933—1937 部分）。

别市防汛委员会、(汪伪)汉口(特别市)房地清理委员会、民众乐园管理委员会、汉口市清乡实施委员会、汉口特别市社会运动指导委员会、增产委员会、汉口特别市物资调查委员会、汉口特别市物资调查取缔委员会、汉口特别市政府粮食管理委员会、汉口区尸棺掩埋委员会、汉口特别市政府事业基金保管委员会、汉口特别市商会执行委员会、汉口特别市商会监察委员会、汉口市民清洁服务督导委员会,等等。①

从沦陷时期汉口市属委员会组织成立的情况来看,这些组织有的具有延续性,例如在社会救济方面和慈善事业方面就是如此。有的则适应日伪强化城市治理、服务侵略战争需要而显示出阶段性变异。例如在防水防汛方面,同样设置了汉口市防汛委员会,在沦陷之前,汉口市商会和汉口市保安联合会(汉口市公益联合会)两个民间组织是作为委员单位参与其中的,但是在沦陷时期,由于日伪当局以堤防为城防,不欲民间社团参与其事,而倚重于当时具有警察职能的保甲体系,这两个民间组织遂均被排斥在防汛委员会的委员单位之外。而武汉物资调查委员会、武汉特别市政府物价决定委员会、武汉特别市政府物价统制委员会、汉口市清乡实施委员会、物资调查取缔委员会诸会中亦无民间组织的委员。如此情形无疑体现出日伪极力强化城市社会控制的特点。

(三) 战后上海和汉口等城市的市属委员会组织组建的概况

战后的上海组织了许多市属委员会组织。诸如:上海市政府市政咨议委员会、上海市房屋租赁管理委员会、市房屋兴建策进委员会、工资评议委员会、市劳资评断委员会、市劳资争议仲裁委员会、失业工人临时救济委员会、工人福利委员会、市经济委员会、经济计划委员会,上海都市计划委员会,市参议会下设的 10 个审查委员会、11 个小组委员会、驻会委员会、上海消防委员会、上海市冬令救济委员会(下设筹募委员会)、上海市救济委员会、上海市区调解委员会、沪市各区浚河委员会、上海公共交通公司筹备委员会、保卫委员会、上海市清洁委员会、

---

① 参见武汉市档案馆编《武汉印记》(武汉出版社 2015 年版)、涂文学主编《沦陷时期武汉的社会与文化》(武汉出版社 2005 年版)、《沦陷时期武汉的政治与军事》(武汉出版社 2007 年版)、《沦陷时期武汉的经济与市政》(武汉出版社 2007 年版)。

市各界节约运动委员会、市民食调配委员会、税捐评议委员会、价格审议委员会、市标准地价评议委员会及上海市德侨管理委员会，等等。①

战后的汉口组织的市属委员会有：武汉临时救济委员会、冬令救济委员会、汉口市社会救济委员会、赈济委员会、汉口市救济福利事业审议委员会、工人福利委员会、劳资仲裁委员会、码头工人争议公断委员会、劳资评断委员会、暴尸浮棺掩埋委员会、路灯水门管理委员会，汉口码头业务管理委员会、中山公园管理委员会、毛笔商整理委员会、旅栈业同业公会整理委员会，汉口市商会复员委员会、汉口市商会整理委员会、汉口市公益联合会整理委员会，等等。②

复员后天津市政府统计的于1947年上半年存在的市属委员会组织有：市卫生工程委员会、市冬令救济委员会、市临时处理隐匿敌伪物资委员会、市政府物资管制委员会、市政府房地产清理委员会、市政府新市区建设委员会、市政府设计考核委员会、市不动产评价委员会、市公共工程委员会、市工资评价委员会、市政府员工福利委员会、市标准地价评价委员会、市旧英法意租界官有资产及官有□务清理委员会。③

从总体上看，在民国中后期，上海、汉口等城市的市属委员会组织既有变动，也有承续。一方面，由于城市劳资矛盾、劳工福利、社会救济等方面的问题一直存在，故在整个民国中后期，这方面的委员会组织一直存在，并且具有较强的延续性。另一方面，由于不同时期城市面临的社会问题或矛盾有所不同，故市属委员会组织就会发生变动，例如，在南京国民政府建立之前的大革命时期，汉口的社会运动型市属委员会组织急剧增加，而随着南京国民政府的建立，工运、农运等社会运动受到遏制，社会运动型市属委员会组织很多就消失了。在20世纪20年代末到30年代前期，随着国家对社会控制的加强，社团成为治理的重要对象，社团整治方面的委

---

① 参见上海市通志馆年鉴委员会编《上海年鉴》（中华书局1946年版）、上海市文献委员会编《上海年鉴》（上海市文献委员会、年鉴委员会发行，1947年）、《市政建设专刊》第1辑（中国战后建设协进会上海分会1947年发行）及1946年11月—1949年4月《市政评论》（中国市政协会上海分会编）。

② 参见《武汉日报》《汉口市市政公报》1948年第1卷第1期（1948年9月15日）、《汉口市政府·公益会及公益联合会分会组织规程手册》（武汉市档案馆藏，档号：9-8-3，1946年1月）。

③ 天津市政府统计室编：《天津市政统计月报》第1卷第1期（1946年7月25日）。

员会组织就产生了。而伴随着社团整顿任务的结束，相关市属委员会就会被撤销。抗战胜利后，城市治理进入复员时期，城市社团组织又经历了一次恢复或重整，社团整治方面的委员会组织就又纷纷产生了。而在所谓的"复员时期"，城市建设问题不仅受到了国民政府的重视——它于1945年4月颁布了《都市计划委员会组织规程》，各城市也纷纷投入战后城市重建或调整城市发展目标，响应中央政府的指令，组建都市计划委员会（按：笔者尚未发现汉口都市计划委员会组建的信息。当时，汉口的城市规划被纳入大武汉区域城市规划之中，与汉口城市规划相关的委员会组织是武汉区域规划委员会），以指导新时期的市政建设。

四　民国市属委员会组织的类型分析

在城市社会治理的过程中，组织主体如何组建，将会影响城市社会治理的效果。下面将按组建主体进行划分，对这些市属委员会组织进行简单的归类分析。大体说来，民国时期的市属委员会组织可以分为以下四大类型。

（一）政府自组型

纯粹由政府官员组建的市属委员会组织，笔者称之为政府自组型委员会。这类市属委员会组织的组建与存在，主要反映的是官方或者国家治理城市的意志，体现了政府或官府在城市社会治理中的绝对主导权。

在沦陷之前，上海和汉口组建的政府自组型委员会组织很少，如吴国桢任市长时的汉口市政府购料委员会等。

在沦陷时期，政府自组型委员会组织明显增多，诸如：日伪汉口特别市物资调查委员会（由经济警察相关机构人员组成）、汉口特别市政府事业基金保管委员会、汉口特别市物资调查委员会、日伪武汉特别市汉口区防水委员会、日伪汉口特别市防汛委员会[①]，均属此类。沦陷时期政府自组型委员会组织众多，反映出日伪市政权的专制实质。

不过，从纵向发展来看，政府自组型委员会组织在所有委员会组织

---

① 涂文学：《沦陷时期武汉的政治与军事》，武汉出版社2007年版，第37、413、593、612—613页。

中所占比例很小。

(二) 官民合组型

官民合组型市属委员会组织，是指由市政府机构的官员与民间社团代表或民间人士共同组成的、在官民之间起着桥梁或纽带作用的委员会组织。

官民合组型市属委员会组织在数量上比较可观，且涉及城市社会治理的方方面面。如果按组织的社会治理功能分，主要可以分为以下几类：

市政规划、建设与管理类。如：嘉兴组织了拆城委员会、上海市政设计委员会、上海特别市市政府法令审查委员会、上海特别市建设讨论委员会、上海都市计划委员会，上海自治筹备委员会、警政整理委员会，上海市政府公营业委员会、上海市中心区域建设委员会、上海市学校建设委员会、上海市立闸北南市大礼堂筹建委员会、上海闸北浦东卫生事务所筹建委员会、上海市火葬场筹建委员会，上海市政府市政咨议委员会，汉口马路委员会、汉口市火葬场筹备委员会、汉口市火葬场管理委员会、汉口市筹设地方自治推进委员会，汉口路灯水门管理委员会、码头业务管理委员会、中山公园管理委员会，上海消防委员会，等等。

经济监管类。如：上海特别市市公债保管委员会、上海特别市市政府土地评价委员会、上海特别市市政府房产估价委员会、上海特别市财政整理委员会、筹建平民住所委员会、征收土地审查委员会、公债基金保管委员会、市复兴公债委员会、上海市政公债监督委员会、上海特别市市政府预算委员会、上海市政府统计委员会、房屋估价委员会、整理内外债委员会、国债基金管理委员会、外汇评审委员会，上海市工商业贷款审查委员会、上海市市立公墓基金保管委员会、房租审定委员会，汉口市公债保管委员会、汉口贫民工厂清算管理委员会、汉口贫民工厂接收管理委员会、汉口贫民工厂管理委员会、民众教育经济审查委员会，杭州市政府统计委员会、市立公墓基金保管委员会、市民小本借贷款委员会、百年教育积储金保管委员会，日伪汉口特别市政府粮食管理委员会、汉口特别市政府事业基金保管委员会，上海市民食调配委员会、税捐评议委员会、价格审议委员会、标准地价评议委员会，等等。

社会矛盾协调类。如：各市的劳资评断委员会，上海市工商纠纷委员会、闸北市民解决水费纠纷委员会、房租纠纷委员，上海市工资评议委员会、市劳资评断委员会、市劳资争议仲裁委员会，汉口市码头工人争议公断委员会、市劳资评断委员会，上海市房屋租赁管理委员会，等等。

社会救济类。如：汉口市乞丐教养委员会、上海市平民福利事业管理委员会、上海市冬赈委员会、汉口市乞丐收容委员会、汉口市救济委员会、汉口市浮棺收葬委员会，日伪武汉特别市难民救济委员会、赈务委员会，日伪汉口特别市汉口区尸棺掩埋委员会、失业工人临时救济委员会、工人福利委员会、上海市冬令救济委员会（下设筹募委员会）、上海市救济委员会，武汉临时救济委员会、冬令救济委员会、汉口市社会救济委员会、赈济委员会、汉口市救济福利事业审议委员会、工人福利委员会、暴尸浮棺掩埋委员会，上海市失业工人临时救济委员会，等等。

文教体育促进类。如：上海市儿童幸福委员会、儿童年实施委员会，汉口市民众教育委员会、体育委员会、义务教育委员会、民众教育设计委员会、民众教育编辑委员会、儿童年实施委员会、普及识字教育委员会、义务教育委员会、健康教育委员会、民众教育委员会、体育委员会、喜剧审查委员会，汉口二七学校校务委员会及其下属委员会、杭州市体育委员会、杭州市各坊民众学校劝学委员会，等等。

社会组织筹建、调整或监管类。清理善堂团体委员会、管理善堂团体委员会、汉口特别市党部改组委员会、武汉市总工会筹备委员会、上海工会组织委员会，等等。

社会运动组织类。如：武汉群众运动委员会、汉口群众运动委员会、日伪汉口特别市社会运动指导委员会、上海市各界节约运动委员会，等等。

社会风俗改良类。如：放足委员会、上海市禁烟委员会，等等。

官民合组型市属委员会组织应该是所有类型城市委员会组织中，项类最为繁多，服务功能最为繁复的一种类型。这类城市委员会组织在民国中后期得到了快速发展，在城市社会治理中扮演着政府和民间均无法单独替代的角色。这说明在民国中后期的城市社会治理中，即便是城市政府确立了市政地位，掌握着主导权，官民协治也有着举足轻重的地位，城市政府并未完全垄断城市社会治理权。

当然，上述功能分类也只是相对而言的，因为从广义上看，所有的官民合组型委员会组织，都可以归入市政建设与管理类委员会的范围。

（三）民间自组型

市属民间自组型委员会，顾名思义，是由民间自主组织的市属委员会组织。这种类型的委员会组织可以分为四小类：

第一类为争取市政参与权的民间自组型委员会组织。诸如：淞沪市政协会委员会、上海市政委员会、淞沪特别市起草委员会、淞沪市民协进会委员会等这种组织在20世纪20年代之后逐渐增多，直到南京国民政府建立之后才归于沉寂。

第二类为地方性或街区性自治组织性的委员会，如上海的整顿豫园路政委员会（整顿邑庙路政委员会）、救火会，汉口的各保安会及其联合会会下的委员会，汉口的市公益联合会防水委员会、市公益联合会整理委员会等即是。这类市属委员会组织，主要依法从事社会公益活动，主持或参与部分市政，同时，又未取得城市共同体那样的自治权，且其自治权的大小随着地方政府或城市政府对其辅助市政的需要程度而变化。总体来说，它们的自治权限随着市政府市政主导权的确立而逐渐缩小。①

第三类为职业团体自组委员会组织。如：商会、同业公会、工会等组织筹备委员会、整理委员会、执行委员会、监察委员会、复员委员会等，皆属此类，前述上海的地方协会粮食委员会、市绸缎业执监委员会、市钱业同业公会联合会准备委员会、上海市银行同业公会联合会准备委员会票据交换所委员会，汉口的毛笔商整理委员会、旅栈业同业公会整理委员会、市商会复员委员会、市商会整理委员会，杭州市绸业市场评价委员会、杭州市绸业市场监理委员会、厦门铺贾捐监督委员会，等等，皆是。

第四类是维护经济权利性质的民间自组型委员会，如无锡电灯用户联合委员会。

从纵向上看，市属民间自组型委员会在数量总体上的增减有起伏，

---

① 参见方秋梅《近代汉口市政研究（1861—1949）》（中国社会科学出版社2017年版）的相关论述。

但总量必定不少。其中，仅同业公会委员会组织的数量就很可观，因为其中同业公会数量众多。而这类民间自组型委员会的存在，体现出民间力量在城市社会治理过程中的自治与协治并存的特点。对于在这一大类型的市属委员会组织（除了试图争执城市管理权之牛耳的那些组织之外），各级政府对于它们所拥有的自治权，均进行了限制，但又未完全剥夺其自治权。

（四）官民一体型

官民一体型市属委员会组织，就是由官民共同组成城市治理共同体。如：1926年10月—1929年1月间先后成立的汉口市政委员会、武汉市政委员会、武汉市政计划委员会、武汉市工程委员会、武汉市市政工程委员会（上述委员会组织大致均可归属为市政委员会），以及上海和汉口等城市的市临时参议会或市参议会下属的委员会组织，均属此类委员会组织。

总体而言，民国时期的官民一体型市属委员会组织，归根到底，其所依托的组织分别是委员会制市政府和市议会。前者只在为数不是太多的中国城市实行过，比如广州、汉口、苏州等城市在短期内实行过——广州当为实行最久的城市，而中国绝大多数城市或某些城市的绝大多数时候采取的是强市长制市制。至于市议会，在战后的城市政府比较普遍地建立了起来，但是在战前，也只有上海、汉口等少数城市成立了市议会。因此，官民一体型市政委员会只在少数城市的社会治理中发挥过重要的作用，而市议会则在很多城市存在过，其在不同的城市社会治理中发挥的作用，则各不相同。不过，可以肯定的是，在其存在的大部分时间里，更多地发挥着"议"的作用，而不具备"决"的功能。市议会下属的委员会的功能应该与此相一致。

其他类型。官府委托型市属委员会组织如淞沪特别市起草委员会等。这类组织数量很少，社会影响总体上比较有限。

五 近代中国城市治理格局的演变

在清末地方自治运动兴起以前，中国城市社会内部组织的发育总体来说比较缓慢，参与城市社会治理的民间组织主要有行帮、会馆、公所、善堂、善会等，而地方政府在城市社会治理过程中，不管是发挥着积极领导作用还是消极领导作用，它们起着终极决定作用。其城市治理格局基本面可以概括为地方官府与绅、商共治。

清末地方自治运动兴起之后，中国城市社会治理的格局开始发生较大的变化。其中，最大的变化就是自治性社团参与到城市社会治理中。产生这一变化的原因在于，参与城市社会治理的民间力量尽管依旧主要是绅、商或绅商，然而，由于他们逐渐接受了自治的观念，越来越多地成为新式的具有自治性的社会组织——社团的领导者和参与者。他们在参与城市社会治理的过程中，更多地体现出民间社会组织——社团的力量。这样，城市治理格局基本面可以概括为地方政府与社团协作共治。对于绝大多数中国城市而言（广州是个例外），这种基本格局在民初有所变化。总体而言，官民协作一直存在，但民间社团的自治程度空前增强，日益呈现出官民二元共治的趋势。不过，在这一格局之中，地方政府依然是城市社会治理的领导者，虽然它们未必能够主导社会治理的方方面面。

进入民国中后期，城市治理中的权力格局及国家与社会之间的关系发生了重大变化，其突出表现有二：其一，也是最重要的表现，是城市政府确立了市政主导权，民间组织已无法如民初那样可以取得部分城市治理权；其二，在自治性社团被规整的同时，市属委员会组织日趋普遍地存在。与此相应，中国城市社会治理格局发生了重大变动，城市治理的基本格局转变为：城市政府与市属委员会组织及自治性社团协作共治。

六　市属委员会组织兴盛的原因及其
　　与新的城市治理格局之间的关系

由前述可知，市属委员会组织在民初兴起，广泛地存在于在民国中后期，并在新的城市治理格局中占有比较重要的位置。值得思考的是，为什么市属委员会组织此时能够在民初兴起且在此后逐渐普遍，并进而能够在民国中后期的城市治理格局中占有比较重要的位置？

如前所述，在时人看来，建立市属委员会组织，实行委员会制度，被认为是"顺应潮流"的举动，而坚持会长制则被认为是"落伍"的表现。那么，这"顺应潮流"之"潮流"是什么？其实质是什么？在委员会制兴起之时，会长制被作为委员会制的对立面而存在，被认为是"落伍"的。那么，委员会制与会长制相比，有什么优点呢？实行会长制的组织，其权力最终集中于会长，体现的是会长集权制。而委员会制组织的权力并不集中于某一个人，体现的是委员们的集体决策，也就是民主集中制。"顺应潮流"之"潮流"是民主化，"顺应潮流"的实质是顺应社会的民主化。顺应社会民主化就是进步的；否则，就是落伍的。

事实上，上海市公所建立市政委员会，汉口各团联合会及其下属各保安会改行委员会制，显然是受租界市政组织制度及广州的市政制度和当时汉口乃至武汉市政制度影响的结果。当时，租界市政组织中的委员会制逐渐为华人所熟悉，在上海的影响日益扩大，广州市政在当时被上海乃至全国视为模范，上海市公所施行委员会制，汉口的汉口市政委员会、武汉市政工程委员会等市政委员会的建立，是上海、汉口、武汉向广州这个市政模范学习的结果。而广州市政委员会的建立又是以美国的市政委员会制度为模本的，是受西方市政民主制度影响的结果。由此可见，正是借助于革命运动追求民主进步的大潮，西方的市政民主制度的影响迅速渗透到中国大都市的社会组织中。

同时，民初之末市属委员会组织的纷纷建立，其实还是地方自治运动和西方市政民主制度在中国影响深化的结果。在清末，地方自治这种西方民主制度开始影响中国城市，清末地方自治运动在城市的展开，就是中国城市第一次大规模接受西方市政民主制度的影响。但是，地方自治运动在北洋政府时期进展得并不顺利，上海、汉口、北京、天津、青岛等地的城市自治运动，并没有取得城市民众（其代表是商或绅商）所期待的结果。在屡屡受挫的情况下，经过推行西式的市政民主制度——委员会制而取得令人瞩目的市政成绩的广州——这个被屡屡叫板北洋政府的南方革命政权作为首府而为全国瞩目的城市，很自然地成为其他城市——首先是南方城市学习的榜样，其所实行的委员会制，也自然而然地成为城市社会组织追求进步的模范。这种学习模范——推行委员会制的潮流，是中国城市进一步对西方市政民主制度所做出的尝试性选择，也是城市社会进步的表现。由于委员会制市制只是中国城市在社会治理制度上对具体的地方自治制度进行的一种选择的结果,故而也是中国城市更加深入地学习西方民主制度的结果。明乎此,我们对于1925年上海市公所总董李平书在整顿豫园路政委员会成立会的那句致辞——"以从事筹备整顿豫园为目的,深合自治之制度"①,就不难理解了。

然而,委员会制这种西式的市政民主制度并不能很好地适应中国城市社会治理的实际。在传统中国城市社会治理的过程中,人们习惯于集权。同时,中国城市的规模大,委员会市制不能很好地适应规模较大城市的社会治理的需要。职是之故,张群在出任上海市市长之后,审时度势,不顾中央政府既定的在上海实行委员会市制的决策,开始在上海推行强市长制市制。广州和汉口等城市后来也放弃了委员会市制,改而施行强市长制市制。

值得注意的是,委员会制这种组织制度虽然不适合作为规模庞大的城市的社会治理体制——市政体制,但它所具有民主集中、议行可以合一的特点,成为推动城市政府之外的其他社会组织委员会化,进而引领时代潮流,引导众多城市社会组织建立委员会制或进行委员会化的改造的动力。

因此,市属委员会组织在民初之末兴起并于民国中后期普遍存在,是近代中国城市社会民主化的产物,也是中国城市对西式民主制度进行学习与适应性选择的结果。

市属委员会组织的普遍存在,还与城市社会治理制度的改变相适应的。或者说,是建立新的城市社会治理体制的需要。

一方面,随着城市社会的发展及晚清以来地方自治运动在城市的断续展开,民间要求参与城市社会治理的呼声越来越高,甚至一些城市(如上海、汉口、天津等)在商界精英的领导下,希望建立由商界主导的城市自治政权。这表明,随着地方自治运动在城市日益深入地展开,国家与社会之间呈现出日趋明显的分离趋势;另一方面,南京国民政府建立以后,各级政府通过颁布法律法规、党政联合,对城市社团进行整顿,力图将它们规范于既定的范围之内,这恰恰与城市社团积极扩大社团自治权和追求城市自治,背道而驰,故而在南京国民政府建立后的一段时

---

① 《整顿豫园路政委员会成立纪》,《申报》1925年8月31日第15版。

间里，在城市政府逐渐确立市政主导权的这段时间里，官府与民间之间或国家与社会之间有着比较强烈的对立感和紧张感，城市社团对于政府规整举措的不满和抵制就是明证。而委员会组织的建立，则可以将官府与民间的力量整合在一起，同时民间也被赋予了参与权，因而有利于改变因城市自治运动逐渐深入地展开而导致的国家与社会分离的趋向，消解因新生的党治政权通过国家强制——立法的、行政的以及党化的——对城市社团进行大规模的规整所带来的官民之间或者国家与社会之间的对立感与紧张感。而官民合组型市属委员会和官民一体型市属委员会组织，就可以在官与民、国家与社会之间较好地起到润滑与整合的作用，这样既在一定程度上满足了民间参与城市社会治理的要求，又不至于挑战市政府的市政主导权（或者说在城市社会治理中的主导权），从而成为新的城市社会治理体制的一个组成部分。并且，一些官民合组型市属委员会和官民一体型委市属员会的组建和存续，是具有法律依据的。例如：官民一体型委市属员会、市临时参议会和市参议会的组建，其依据是中央政府颁布的《市组织法》《特别市组织法》《市参议会组织法》《市参议会选举法》；而一些官民合组型市属委员会如各城市的都市计划委员会、慈善团体财产整理委员会、财政整理委员会、冬令救济委员会、工人福利委员会、劳资评断委员会等，都是依据相关法律法规组建的。而这些法律法规往往规定这些市属委员会组织中的主席委员由市长或市政府相关部门的长官担任，这实际上也是以国家强制的形式确立市政府的市政主导权。因而，"市政府（含官组和官民合组的市属委员会组织）+民间自组委员会等城市社团"这种新的城市社会治理体制的形成和延续，实际上也强化了市政府主导市政的市政管理格局，巩固了市政府在新的城市治理格局中的绝对领导地位。

当然，市属委员会组织的普遍存在，还与城市社会治理环境的变动息息相关。

南京国民政府建立后，中国城市进入一个建设高潮期，从马路、码头、堤防的修筑，到水电、公共卫生、消防、公共交通等公用事业或公共事业的建设纷纷展开，相应的治理也随之展开；同时，劳资纠纷与矛盾问题及社会贫困问题、公共卫生问题、社会治安问题，等等，均需要大力加以治理。所有这些，单凭市政府的力量是难以做好的。因此，虽然市政府不希望民间力量挑战其市政主导权,但它们还是希望和需要民间广泛参与到城市建设与城市社会治理中来,身为东亚第一商埠和中国最大商埠的建设者与治理者的上海市政府亦不例外。上海市市长吴铁城就曾表达出市政府希望民间人士参与城市建设的愿望,并力赞过去的官民协治。他说:

>……我想市政是最足以表现自治精神的,虽然现在还没有完全达到自治时期,但是只要人民能为地方出力,就可以表现自治的精神。所以市政府同人,此后所有关于社会新事业的建设,不仅在筹备的时候要请地方领袖人士来参加筹备,就是在建设告成以后,在管理方面也还是想请地方人士来参加管理!如市政府去年兴建的运动场、体育馆、游泳池、图书馆、博物馆、市立医院、市立卫生事务所等,都莫不如此。因为如此一方面可以表现政府与人民的合作,一方面可以表现地方自治的实现。所以我们请各位先生对于最近要建设的几件社会事业,要竭力予以赞助,俾得早观厥成!①

因此,民国中后期市属委员会组织普遍存在的另一个原因,就是市政府主导城市社会治理时需要民间协治。

---

① 《上海年鉴》(1936年,吴铁城题字版)。

附 录

探讨近代中国市政发展 开辟城市研究史新领域

——评方秋梅的两部城市史专著①

冯天瑜②

一

在中国近代城市发展史上，汉口是一座地位独特而颇具影响的城市。1861年，汉口成为约开商埠。至张之洞督鄂之时，汉口经贸得到快速发展。职是之故，东西列强对于中国中部这个最大开埠城市给予了非同寻常的关注。日本驻汉口领事馆总领事水野幸吉曾这样极言汉口城市地位之重要说，"汉口为长江之眼目，清国之中枢，可制中央支那死命之地也"。又云，"与武昌、汉阳鼎立之汉口者，贸易年额一亿三千万两。夙超天津，近凌广东，今也位于清国要港之第二，将进而摩上海之垒，使视察者艳称为'东方芝加哥'"③。这就是汉口被称为"东方芝加哥"的来历。1918年，美国人魏尔·瓦尔特发表署名文章《中国的芝加哥》盛

---

① 本文原刊于《社会科学动态》2021年第12期。
② 冯天瑜，湖北红安人，武汉大学人文社会科学资深教授，专门史博士生导师，教育部人文社会科学重点研究基地武汉大学中国传统文化研究中心原主任，教育部社会科学委员会历史学部委员。冯先生长期从事中国文化史、湖北地方史研究，著有《中华文化史》《中华元典精神》《明清文化史散论》《"封建"考论》《中国文化生成史》《张之洞评传》《辛亥武昌首义史》等著作，曾获中国图书奖、教育部人文社会科学优秀成果奖、湖北省政府社会科学优秀成果奖。
③ ［日］水野辛吉：《汉口：中央支那事情》，刘鸿枢、唐殿薰、袁青选译，上海昌明公司1908年发行，"自序"之第1页。

赞汉口曰，"汉口在中国商品市场上所处的地位，可与芝加哥在美国的地位媲美"。芝加哥当时是美国的第二大城市，外国人将汉口媲美于芝加哥，充分说明了汉口独特的城市地位与巨大的海外影响。

不过，近代汉口的独特城市地位与非同一般的国际影响，其表现远不止于经贸。1911年，震惊中外的武昌起义爆发，战火燃烧最为惨烈之地实际上不是武昌，而是隔江相望的汉口。遭此兵燹，汉口华界市区大半焚毁，由此牵动国内外各利益相关方敏感的神经，汉口城市重建问题因之在民国建立伊始便耸动国内外视听，并在其后喧嚣一时。1926年国民革命军北伐，汉口易手于北伐军并于同年设市。不久，广州国民政府移驻汉口，并以汉口与武昌、汉阳为京兆区，汉口再次成为中外瞩目之地。1927年，汉口与武昌、汉阳合并成立武汉市。自此以至1949年，汉口与武昌、汉阳分分合合而分多合少，且分时又多为特别市。而即便在普通市时期，汉口的国民党市党部也名为"汉口特别市党部"。1945年，中国第六战区接受侵华日军第六方面军在武汉的投降，受降仪式在汉口中山公园举行；如此等等，亦足证近代汉口独特而极具影响的城市地位。

近代汉口独特而极具影响的城市地位引起了中外学界的关注。自20世纪80年代以来，汉口就成为海内外史学界研究的重点对象之一，且研究成果不可谓少。其中，以美国学者罗威廉的两部著作《汉口：一个中国城市的商业与社会（1796—1889）》《汉口：一个中国城市的冲突与社区（1796—1895）》，最具影响。前者的部分内容早在20世纪80年代就译介到国内，全书则于2005年翻译成中文；后者于2008年翻译成中文。罗威廉著述中有关汉口在19世纪就实现了"实质上的自治"的论断，未必与中国城市社会发展的实际相符。不过，两著均对国内城市史研究颇有启发。然而，研究最具影响的汉口史学著作究竟是出自外国学者而不是我们武汉学人的手笔，这多少令人感到遗憾。2007年秋，武汉市政协在汉口召开纪念武汉建市80周年座谈会，笔者应邀参会。在谈及武汉城市史研究时，笔者将上述认识与感想发表于会，希望有武汉学人能够展开深入研究，将罗威廉的论断是否符合中国历史实际这个问题论证清楚。没想到笔者一时的有感而发，竟真有与会的听者在意。

2018年春，江汉大学方秋梅教授（她就是我说的那位"听者"）来访，带来了她自己的城市史专著《近代汉口市政研究（1861—1949）》

（中国社会科学出版社 2017 年版，下文简称《汉口市政》）。其时，笔者因诸务繁杂，精力不济，未能一阅其书。2019 年，她再次来访，带来了她的另一部城市史专著《近代中国城市社会发展进程中的民间市政参与研究》（中国社会科学出版社 2018 年版，下文简称《市政参与》）。2020 年初，她恳请笔者为《汉口市政》撰写书评。近阅两著，觉其研究有贯通之处，在此不妨一并评议。

二

《汉口市政》给笔者印象较深的地方有三个。第一个就是该著对罗威廉有关 19 世纪的汉口已经实现了"实质上的自治"的论说进行了质疑，并且给予了较好的论证。这是迄今为止国内回应罗威廉此说论证做得最实的著述。

根据我们的理解，罗威廉所说的"实质上的自治"，其实就是西方市政概念中的"城市自治"。罗威廉运用公共领域的理论展开论述，认为在 19 世纪汉口的经济领域中商人集体自治不断增加，商人自治全面取代了政府在汉口商业领域的控制。这自然有一定的道理。他还对汉口商人在诸如消防、治安、道路建设、教育等城市公共领域发挥的作用分别进行梳理，揭示了汉口充满生机与冲突的历史面相，让我们窥见汉口城市社会日常运行之一斑，的确令人耳目一新。但是，罗威廉据此断言汉口形成了一个以行会为中心的实质层面的市政管理机构，"19 世纪的中国已出现实质上的城市自治"，则难以令人信服。为此，《汉口市政》一方面梳理了汉口官办市政的基本情况，诸如不断地整饬消防，组织冬防，管理路灯，主持筑城、防水，修筑街道，整顿路政，创设官渡，赈灾恤民，其中有的市政建设规模的确不小。尽管官府很多时候并不能够独立实施上述诸方面的市政建设与管理，然而官方也没有明确将市政管理权赋权给商人和商界，官办市政甚至还随着财力的变化而呈现出周期性的主动性，且往往得到了民间的支持与协助。因此，官方从来就没有放弃对汉口市政的直接管理，民间并未广泛抵制官方的直接管理。另一方面梳理了民间参与市政的三类情况，即与官府同时参与办理市政、在官府监督下办理市政以及自主办理市政。这些参与不仅不能说明商界对城市固有市政管理权构成实质性的挑战和威胁，反而证明民间市政参与还十分依赖官府的威权支持，或不得不接受官府的直接监督和管理，因而还达不到民间社会实质性"去官方化"运动的程度，国家力量对汉口城市社会所起的领导作用也绝非"象征性的"和"可以忽略不计的"。如此一正一反的论证，颇具说服力。

罗威廉还认为，19世纪汉口民间取得"实质上的自治"是无需国家授权的。事实上，在中国传统社会后期，以政府为代表的国家对城市实行的垂直领导，一方面显示出国家统治十分暴力刚性的面相；另一方面又显示出国家统治富有弹性的面相——它不同程度地默许民间参与城市社会治理。然而，默许并不等于无需国家授权、法律认可。既然如此，那么改变默许状况也就无需大费周折，只要官府（国家）不再满意或者无需民间参与的时候，它即可随时改变态度，不再默许而收回曾经默许的事权，或者禁止民间参与其事。如果《汉口市政》能够结合中国传统国家治理的这一特点，并进行一定的法理分析，论证将显得更加充分。

第二个印象较深的地方，是该著视清末民初汉口城市社会为一个连续体，在论述近代汉口市政发展的过程中，深入揭示汉口市政发展与辛亥革命的关系，展现清末民初汉口城市社会发展的复杂图景。

1911年，辛亥革命推翻了沿袭几千年的帝制，中国历史进程因之脱离周期性的王朝更迭而迈入民主共和时期。我们因此习惯性地以辛亥革命为界，将清末与民初视为中国近代史上两个不同的发展阶段。不过，如果换一个角度看清末民初这段历史，可能会有不同的看法。比如《汉口市政》就没有以辛亥革命为界将清末民初的历史进行硬性切割。相反，它通过辛亥革命和市政将清末民初汉口城市社会发展关联为一个前后相续的整体。《汉口市政》所论汉口市政发展与辛亥革命的关系，不仅包括清末汉口商人社团组织（如商会、街区性自治会及其联合会等）发展与辛亥革命爆发之间的关系，还包括辛亥革命的爆发对汉口商界与社团组织的发展，对城市消防、警政、路政、水电等方面的广泛影响，尤其是辛亥革命对民初汉口城市重建的深刻影响。

对于民初汉口城市重建问题，相关城市史和城市规划学文著不乏涉及。遗憾的是，相关史学著作对此基本上是点到即止，未能深入展开。而本该对此问题有深入研究的城市规划学界，往往局限于对汉口城市重建部分规划的论述，其研究总体上因此显得零碎而难以贯通。究其主要原因，皆在于缺乏城市重建规划以及实施等方面的汉口城市重建资料。《汉口市政》正好弥补上缺。该著从《国民新报》《民立报》《大汉报》《汉口中西报》《申报》《大公报》等报刊资料中，发掘了大量汉口城市重建相关史料，借此对汉口重建过程中的官民互动、汉口重建机构的变动、重建规划的频更、重建经费筹措的屡屡受挫以及重建良机的错失等，有较完整的梳理和较系统的论述，从而从城市重建的角度揭示了辛亥革命与民初汉口市政发展之间的关联。

《汉口市政》之所以能够深入揭示辛亥革命与汉口市政发展之间的关联，其原因不仅在于新史料的发掘加强了论证的力度，还在于其论述抓住了民初汉口市政发展问题中的一大要害。如前所述，近代汉口是一个独特的城市，其独特之处曾体现于汉口是辛亥革命中付出代价最为惨重的中国城市，没有之一。就此而言，我们要考察近代（民初）汉口市政的发展，就必须探讨辛亥革命对民初汉口市政发展的影响。该著正是准确地抓住了这一点：一方面，在论述辛亥兵燹给汉口城市带来巨损、辛亥革命之后湖北政治与经济总体状况及汉口官办市政管理体制变动的基础上，就民初汉口官办市政尤其是官办路政与城市重建问题展开深入论证，从中不难窥见辛亥革命对民初汉口市政发展的负面影响；另一方面，又在论述辛亥革命后城市社会经济发展、商人主体意识空前强化、城市社团组织长足发展的基础上，深入考察商人自治型市政的展开，揭示民间的积极参与对民初汉口市政建设及城市自治运动的推动、民间变革市政体制的诉求与努力，均与辛亥革命带来的观念变革对市政发展的积极影响息息相关。因此，该著不仅深化了对于清末民初汉口市政发展本身的认识，还凸显出汉口作为辛亥首义区域中的城市曾为革命付出非同寻常的代价，在民初城市重建严重受挫的同时，其市政的发展也曾因革命而受益。如此论述，既彰显了辛亥革命影响的区域性特点，又反映出辛亥革命对汉口城市社会发展所产生的深远而复杂的影响，从而深化了我们对于武汉地区辛亥革命及清末民初汉口城市社会的认识，丰富了辛亥革命区域史及近代武汉城市史研究。

第三个印象较深的地方，是该著注重梳理近代汉口市政发展的内在逻辑，长时段考察近代汉口市政体制转型的历史轨迹。

就笔者所知，《汉口市政》既不是研究近代汉口市政史的第一部专著，也不是最先探讨近代汉口市政体制的研究成果。之前探讨汉口市政体制的相关重要成果，除了前述罗威廉的专著之外，尚有《近代武汉城市史》《汉口五百年》《武汉通史》《城市早期现代化的黄金时代——1930年代汉口的市政改革》《武汉市志·政权政协志》《武汉市志·城市建设志》《武汉市市政建设志》等史志专著、编著和论文，它们或深或浅地论及近代汉口市政体制问题。《汉口市政》在既有研究的基础之上，对于近代汉口市政体制演进及转型的轨迹进行更为深入而系统的考察。其论述将汉口市政发展划分为四个阶段：汉口开埠至湖北新政前的汉口市政、湖北新政时期的汉口市政、民初汉口市政以及民国中后期汉口市政。论述对每个阶段市政的基本特点均有比较准确的把握。

《汉口市政》认为，湖北新政之前汉口市政体制尚未出现近代意义上的突破，19世纪的汉口尚处于多层级地方政府并管体制之下，形成了以府、道、县为管理核心，以官、绅、商协作办理为主，以绅、商独立自主办理为辅的市政管理模式。官府侧重在宏观的管理、调控的层面发挥作用，绅商两界则侧重于在具体操作层面发挥作用，但民间力量并不具有独立自主管理整个汉口市政的能力，从而认为罗威廉所断言的19世纪中国（汉口）就出现"实质上的自治"，不过是基于西方中心主义所描绘出的历史虚像。

到了湖北新政时期（从张之洞督鄂至辛亥革命爆发前），湖北省政府开始主导汉口市政；而随着城市自治运动的展开，商人自治型市政得到初步展开，商人自治开始与官治相背离与冲突，商界开始预求、侵夺法律赋予之外的城市治权，官商之间在市政体制方面的根本性冲突正式开始。

至民国初期，汉口市政也没有从根本上突破市政官办的旧体制，即便是地方自治运动仍得以断续展开，商界的市政管理能力较晚清明显增强，相关社团组织越来越具有类政府色彩，但商办市政的管理总体水平不高，与官办市政互补共存并低度争锋，出现官府与商界争相主导市政的双轴低效运转局面，民初汉口体制遂呈现出过渡形态。

进入民国中期之后，新兴政治势力的出现改变了这种状态，国民党建立的城市政府借助于政治强势与法律手段，不仅建立了市制，还确立起市政府主导市政的新型市政格局与市政体制，而原先表现出相当程度自治性的商人社团组织和民间市政力量，被迫接受党政力量的规整，附庸于市政府主导的市政之下，现代市政体制才得以初步确立。之后，虽经历沦陷时期的形态变化、民国末期一定幅度的调整，但大体回归为民国中期那种城市政府主导市政的市政体制，并未从根本上改变民国中期以来市政官治的实质。

正是基于对近代汉口市政体制演进的长时段实证性梳理，《汉口市政》才断言近代汉口商人自治从未达到城市自治的高度，汉口从来就没有实现城市自治，即罗威廉所说的"实质上的自治"。这样的论断更贴近历史时期汉口城市社会乃至中国城市社会发展的实际。

综上所述，《汉口市政》从问题出发，正面回应国外学者有关近代汉口市政体制变动的论说，其分析论证并未受既有理论范式的束缚，同时又注意吸收既有研究范式的合理方面，将官办市政与民办市政一同视为汉口市政整体的有机构成部分进行考察，显示出作者努力寻求城市史研究本土化的可贵探索。不过，在研究近代汉口市政时，还有个问题值得我们探讨。租界的建立给汉口楔入现代市政管理体制，租界市政曾经给华界市政产生积极示范作用。那么，租界市政在多大程度上影响了近代汉口华界市政体制或者近代汉口市政体制发展转型呢？

三

《市政参与》作为后出之作，与《汉口市政》关联度较高，两者在时间上是重叠的，重点时段均在清末民国；在内容上多方面是贯通的，《市政参与》吸收了《汉口市政》中有关民间市政参与的成果。但《市政参与》显然不是《汉口市政》的重复，它在后者的基础上，将对近代中国市政的研究由个体城市市政研究拓展为以上海、汉口为中心的全国性市政研究，由对个体城市市政的综合考察转向对全国市政的专门研究，并进一步回应了国外学者有关近代中国城市社会发展的相关论述。因此，其研究比起后者大有深化。

最显而易见的是，《市政参与》在《汉口市政》的基础上，拓展了近代中国城市史的研究范围与研究空间。《汉口市政》顾名思义是对近代汉口市政的探讨，地域范围仅限于汉口一隅。《市政参与》则将市政研究的地域范围拓展到近代中国全国范围内的城市。与此相应，将民间市政参与研究的对象，也由近代汉口这个地域个体城市拓展到近代中国全国范围内的城市。

如果说《汉口市政》已将民间与官方作为并列的两大市政主体，将汉口民办市政作为个体城市市政的专门领域，突破了一般市政史著作将市政主体局限于政府的藩篱，大大拓展了个体城市市政研究的空间的话，那么，《市政参与》则大大拓展了近代中国市政的研究空间。我们因此看到了本来不该缺失却为我们忽视或有意无意遮蔽了的广阔的城市史研究空间，认识到原来除了租界市政之外，近代中国官办市政还存在着另一参照系——近代中国民办市政。

更具创新价值的是，《市政参与》开辟了民间市政参与这个新的近代中国城市史研究专门领域。《汉口市政》对近代汉口市政发展历程的论述，既包括官办市政的起伏变化，又包括民办市政的曲折展开。民办市政是以官办市政相对位（并非相对立亦非对等）出现的，论述手法是双线并进。近代汉口民办市政并未根本上挣脱既有市政体制的制约而上升为城市自治，各种形式的民办市政实际上都可以归入民间参与市政的范畴，与官办市政共同构成近代汉口华界市政的一体两面。但该著中有关近代汉口民办市政的论述，并未上升到民间市政参与的理论高度。况且，其研究的基本对象也不是民间市政参与，而是更广泛意义上的近代汉口市政。

当然，也有部分近代中国市政研究相关史学文著不同程度地论及民办市政，甚至不乏商营水电、煤气公司方面的专门研究，只是它们缺少民间市政参与视角，故而算不上民间市政参与专门领域研究。还有少数研究近代中国市政的论文运用了民间市政参与视角，但总体上显得处于散在状态，尚不足以构成专门的民间市政参与领域研究。

《市政参与》在《汉口市政》等既有相关研究的基础上，开辟了一个近代中国城市史研究的新领域——民间市政参与专门研究。该著对"民间市政参与"进行了明确的概念界定，不仅以近代中国民间市政参与为唯一研究对象，以参与近代中国市政的非政府层面的各类民间组织为特定市政研究主体，还分别从两个层面，即体制层面之外的层面与体制层面，对近代中国民间市政参与实践进行了比较全面的梳理，从而整体勾勒出近代中国民间市政参与研究的外延。在此基础上，《市政参与》总结了近代中国民间市政参与的特点，并深入探讨了民间市政参与对近代中国城市社会发展的影响，从而初步完成了近代中国民间市政参与专门研究领域的体系建构，开辟出一个新的城市史研究专门领域，丰富了近代中国城市史研究。

《市政参与》还深化了我们对近代中国市政转型研究及近代中国城市社会的认识。如果说《汉口市政》探讨的仅仅是汉口的市政发展历程，展现的仅仅是近代汉口市政体制转型的轨迹的话，那么，《市政参与》则展示了更广泛的近代中国市政转型轨迹与面相，包括民间市政参与如何推动近代中国的市政具体领域乃至市政体制由传统转向现代，如何导致市政发展格局的转化。而该著中论及的民间市政参与过程中的市政管理的法制化、契约化，以救火会为代表的民间市政参与的区域性扩展，不同民间市政参与模式带来的中国市政西化与西化中的本土化的交织互渗，最终促成了民国中后期通用的强市长制市政模式的定型，其实皆为近代中国市政转型的不同面相。

《市政参与》对近代中国市政转型的研究是建立在对民间市政参与实践的多方面考察基础之上的，既有横向解析，也有纵向论述，是一种不乏动态研究的综合考察，这显然不同于基于市政相关法律法规文本之上的静态研究。因此，它更加鲜活而立体地展现了近代中国市政演进轨迹，丰富了近代中国市政转型的内涵。《市政参与》对近代中国民间市政参与问题的探讨，始终与其对近代中国城市社会发展进程的考察相互观照。从该著论述可知，近代中国民间市政参与的总体活跃度及不同阶段民间市政参与的活跃度存在着差异，这既受制于近代中国城市社会发展进程，又是近代中国城市社会发展状态的体现，也是影响近代中国城市发展的重要动因，如此等等，均表明近代中国民间市政参与本身就是近代中国城市社会日常运行机制的有机组成部分，与近代中国城市社会发展进程须臾不可或离。该著还指出，"我们对于近代中国民间市政参与的评价应避免简单化，即不能简单地肯定或简单地否定民间市政参与在城市化进程中所起的作用"。比如，民间市政参与的无序就曾阻碍过民国初期汉口城市重建。可见，该著对近代中国民间市政参与的探讨，尤其是对近代中国市政转型的论述，并未落入直线式的现代化研究范式窠臼，从而显现出论证的开放性，避免了模式化。

《市政参与》还有一点值得肯定。该著较好地运用了比较研究法：比较上海、汉口、北京等城市民间在地方自治运动中的参与差异，比较民国初期上海商界与汉口商界参与马路建设时的不同表现、在争取城市自治过程中对组建商团的不同态度，比较以上海为中心的长江下游城市与以汉口为中心的长江中游城市的民间市政参与及其示范效应的差异，比较上海、汉口、广州市政当局在市政建设中的施政效率及其对民间市政参与的影响等，从而揭示不同个体城市的民间市政参与之间、不同区域城市的民间市政参与之间的差异，以及政府施政效率高下与民间市政参与是否走向有序之间的关系，均富有说服力。

《市政参与》对近代中国民间市政参与问题的探讨，是一个很有现实意义的课题。一国之治理，离不开民间的参与。一城一市之治理，也离不开民间的参与。近代以来，中国城市社会的发育一方面表现为城市社会的日益复杂化，城市事务日趋繁杂，单凭政府之力难以实现对城市的有效治理；另一方面，随着市民主体意识的日益增强，城市社会民主化进程的加速，民间参与城市治理的诉求日益强烈。但是如何因应民间参与城市治理的诉求？如何保障民间能够有序参与？这既是近代中国城市治理面临的问题，也是当下中国城市治理需要应对的问题。就此而言，《市政研究》给出了颇富启示价值的解答：有序的民间市政参与有赖于法治和市政当局高效的施政。换言之，应当用法治保障民间的城市治理参与权，用法治来保障民间参与城市治理的有序性，通过提高政府施政效率促进民间参与城市治理的有序性。